应用型本科经济管理类专业基础课精品教材

应用统计学

主　编　李静秋　于学文　马　会
副主编　孙珙娜　常　晶　徐佳澍
参　编　孙　阁　万佳琪　沈　盼
　　　　刘瑜业　腾雪花　李晓楠

北京理工大学出版社
BEIJING INSTITUTE OF TECHNOLOGY PRESS

内 容 简 介

本书分理论篇和实训练习篇。理论篇以统计指标数据的分类、搜集、分析为主干线索，阐述的内容从数据分类计算、调查搜集方法至量化分析，系统地介绍了统计指标数据完整的处理过程。实训练习篇以统计工作实务为基础，阐述了指标数据的计算机处理技术和统计工作的基本技能，力求表现统计学各种计算和方法的应用环境及流程步骤，并通过大量练习熟悉统计指标数据的计算分析。

版权专有　侵权必究

图书在版编目（CIP）数据

应用统计学 / 李静秋，于学文，马会主编 . —北京：北京理工大学出版社，2019.8（2021.7 重印）

ISBN 978-7-5682-7492-0

Ⅰ.①应…　Ⅱ.①李…②于…③马…　Ⅲ.①应用统计学-高等学校-教材　Ⅳ.①C8

中国版本图书馆 CIP 数据核字（2019）第 188628 号

出版发行 /	北京理工大学出版社有限责任公司
社　　址 /	北京市海淀区中关村南大街 5 号
邮　　编 /	100081
电　　话 /	（010）68914775（总编室）
	（010）82562903（教材售后服务热线）
	（010）68948351（其他图书服务热线）
网　　址 /	http：//www.bitpress.com.cn
经　　销 /	全国各地新华书店
印　　刷 /	三河市天利华印刷装订有限公司
开　　本 /	787 毫米×1092 毫米　1/16
印　　张 /	14
字　　数 /	331 千字
版　　次 /	2019 年 8 月第 1 版　2021 年 7 月第 3 次印刷
定　　价 /	39.80 元

责任编辑 / 多海鹏
文案编辑 / 孟祥雪
责任校对 / 周瑞红
责任印制 / 李志强

图书出现印装质量问题，请拨打售后服务热线，本社负责调换

前 言

面对飞速发展的中国经济和不断完善的中国特色社会主义市场经济体制，新经济、新业态的不断涌现，使统计学这门方法论学科迎来前所未有的发展机遇。无论是进行宏观的国家经济调控管理，还是进行企业微观的生产经营管理，都需要准确、及时地获取有关各类数据信息，并对这些相关的数据信息进行处理、分析。作为数据处理和数据分析技术方法论学科的统计学，无疑成为大数据时代各行各业专业人士必备的知识。人们在从事经济研究和各种社会经济管理活动时，都需要掌握基本的统计理论和方法，运用统计工具，准确、有效地做好工作。

统计学是为本科院校经济与管理学科各专业学生开设的一门必修基础课，也是经济管理工作者和经济研究人员应该具备的一门知识。它研究如何用科学的方法去搜集、整理、分析国民经济和社会发展的实际数据，并通过统计所特有的统计指标和指标体系，表明所研究的社会经济现象的规模、水平、速度、比例和效益，以反映社会经济现象发展规律在一定时间、地点、条件下的作用，描述社会经济现象数量之间的联系关系和变动规律，也是进一步学习其他相关学科的基础。

该课程开设在政治经济学、经济数学基础、基础会计学课程之后。通过对统计学原理理论及实际应用的讲授，学生可以系统掌握统计学原理的基本原理、基本内容和基本方法，提高经济分析和经济信息处理的能力。一方面为进一步学习专业统计和计量经济课程奠定理论和方法基础；另一方面为学习经济与管理学科各专业的后续课程和进行社会经济问题研究，掌握企业经营分析、行业发展分析，或者各种经济主题分析提供了基本的数量分析方法。

相对于传统的本科教材，本教材突出应用性和实践性的特点：

（1）以"应用"为主线和特征来构建课程和教学内容体系，以重视学生应用能力的培养来构建教材内容。

（2）以"能力"培养为主线来设计学生要学习的知识、能力和素质结构。

在教材内容构建上，根据教学大纲和实际教学的要求，每章节设置了学习目标（知识目标、能力目标）、案例导读和习题，力求实现统计理论与相关统计方法的融合，将一般的统计理论方法落实到实际工作的运用上。

在写作思路上，本教材从统计数据出发，以统计数据的搜集、整理和分析为主线，突出统计在经济生活中的具体运用；运用 Excel 进行分组数据处理，使枯燥、烦琐的数据处理变得生动有趣又便捷，提高了工作效率，以引导学生积极掌握运用统计软件进行数据处理，提高其数据处理和分析的能力。

在写作方法上，本教材力求简明扼要、深入浅出、实用新颖，突出应用技能。每章的习题都紧密结合教材内容，以加强学生的基础知识和基本技能的训练，逐步养成应用统计学中搜集数据、处理数据和分析数据的思维方式。

由于水平有限，书中难免存在不足之处，恳请同行和各位读者批评指正。

编 者

目 录

第一章 导论 (1)
  1.1 统计学的内涵 (3)
    1.1.1 统计学是什么 (3)
    1.1.2 统计学的产生与发展 (3)
    1.1.3 统计学的研究对象 (5)
    1.1.4 统计学的分类 (5)
    1.1.5 统计学研究的基本方法 (5)
  1.2 统计数据的类型 (6)
    1.2.1 分类数据、顺序数据和数值型数据 (6)
    1.2.2 时间序列数据和截面数据 (7)
    1.2.3 观测数据和实验数据 (7)
  1.3 统计中的几个基本概念 (7)
    1.3.1 总体和样本 (7)
    1.3.2 统计标志和统计指标 (8)
    1.3.3 参数和统计量 (10)
    1.3.4 变量 (11)
  1.4 统计研究的应用领域与流程 (12)
    1.4.1 统计研究的应用领域 (12)
    1.4.2 统计研究的流程 (12)
  1.5 统计学的常用软件介绍 (12)
    1.5.1 Excel (12)
    1.5.2 SPSS (13)

第二章 数据调查 (16)
  2.1 统计调查的含义、要求和种类 (17)
    2.1.1 统计调查的含义 (17)

2.1.2　统计调查的要求 …………………………………………（17）
　　2.1.3　统计调查的种类 …………………………………………（18）
2.2　统计调查的组织方式 ……………………………………………（18）
　　2.2.1　普查 ………………………………………………………（18）
　　2.2.2　抽样调查 …………………………………………………（19）
　　2.2.3　统计报表 …………………………………………………（20）
　　2.2.4　重点调查 …………………………………………………（21）
　　2.2.5　典型调查 …………………………………………………（21）
2.3　统计数据的来源 …………………………………………………（22）
　　2.3.1　直接来源 …………………………………………………（22）
　　2.3.2　间接来源 …………………………………………………（22）
2.4　搜集数据的方法 …………………………………………………（23）
　　2.4.1　观察法 ……………………………………………………（23）
　　2.4.2　实验法 ……………………………………………………（24）
　　2.4.3　采访法 ……………………………………………………（25）
2.5　统计数据质量要求 ………………………………………………（25）
　　2.5.1　统计数据的误差 …………………………………………（25）
　　2.5.2　统计数据的质量要求 ……………………………………（26）
2.6　统计调查方案的设计 ……………………………………………（26）
　　2.6.1　调查目的 …………………………………………………（26）
　　2.6.2　调查对象和调查单位 ……………………………………（27）
　　2.6.3　调查项目和调查表 ………………………………………（27）
　　2.6.4　调查时间 …………………………………………………（28）
　　2.6.5　调查工作组织计划 ………………………………………（28）
2.7　调查问卷设计 ……………………………………………………（29）
　　2.7.1　问卷设计的原则 …………………………………………（29）
　　2.7.2　问卷设计的程序 …………………………………………（29）
　　2.7.3　问题的形式 ………………………………………………（30）
　　2.7.4　问卷的结构 ………………………………………………（31）
　　2.7.5　问卷设计应注意的问题 …………………………………（32）

第三章　数据整理与图示 ……………………………………………（35）

3.1　数据的预处理 ……………………………………………………（37）
　　3.1.1　数据审核 …………………………………………………（37）
　　3.1.2　数据筛选 …………………………………………………（37）
　　3.1.3　数据排序 …………………………………………………（37）
3.2　分类数据的整理与图示 …………………………………………（38）
　　3.2.1　分类数据的整理 …………………………………………（38）
　　3.2.2　分类数据的图示 …………………………………………（39）

3.3 顺序数据的整理与图示 …………………………………………（40）
　　3.3.1 顺序数据的整理 …………………………………………（40）
　　3.3.2 顺序数据的图示 …………………………………………（42）
3.4 数值型数据的整理与图示 ……………………………………（43）
　　3.4.1 数值型数据的整理 ………………………………………（43）
　　3.4.2 数值型数据的图示 ………………………………………（46）
3.5 统计表 …………………………………………………………（52）
　　3.5.1 统计表的作用 ……………………………………………（52）
　　3.5.2 统计表的构成 ……………………………………………（52）
　　3.5.3 统计表的种类 ……………………………………………（52）
　　3.5.4 统计表的设计 ……………………………………………（55）

第四章 数据的概括性度量 …………………………………………（59）

4.1 集中趋势的度量 ………………………………………………（60）
　　4.1.1 众数 ………………………………………………………（60）
　　4.1.2 中位数和分位数 …………………………………………（61）
　　4.1.3 平均数 ……………………………………………………（64）
　　4.1.4 众数、中位数和平均数的比较 …………………………（69）
4.2 离散程度的度量 ………………………………………………（70）
　　4.2.1 异众比率 …………………………………………………（70）
　　4.2.2 四分位差 …………………………………………………（71）
　　4.2.3 方差和标准差 ……………………………………………（71）
　　4.2.4 极差和平均差 ……………………………………………（73）
　　4.2.5 相对位置的度量——标准分数 …………………………（74）
　　4.2.6 相对离散程度——离散系数 ……………………………（76）
4.3 数据的分布形状 ………………………………………………（76）
　　4.3.1 偏态 ………………………………………………………（77）
　　4.3.2 峰态 ………………………………………………………（77）
4.4 如何使用软件进行概括性度量 ………………………………（79）
　　4.4.1 Excel 中的统计函数 ……………………………………（79）
　　4.4.2 Excel 中的描述统计分析 ………………………………（80）

第五章 概率和概率分布 ……………………………………………（87）

5.1 随机事件与概率 ………………………………………………（88）
　　5.1.1 事件与概率 ………………………………………………（88）
　　5.1.2 概率的计算 ………………………………………………（92）
5.2 离散型随机变量与概率分布 …………………………………（96）
　　5.2.1 二项分布 …………………………………………………（97）
　　5.2.2 泊松分布 …………………………………………………（98）

5.2.3　超几何分布 …………………………………………………………（98）
5.3　连续型随机变量与概率分布 ………………………………………………（98）
　　5.3.1　均匀分布 ……………………………………………………………（99）
　　5.3.2　指数分布 ……………………………………………………………（99）
　　5.3.3　正态分布 ……………………………………………………………（99）

第六章　参数估计 …………………………………………………………（103）

6.1　抽样方法 ……………………………………………………………………（104）
6.2　抽样分布 ……………………………………………………………………（109）
　　6.2.1　总体分布 ……………………………………………………………（109）
　　6.2.2　样本分布 ……………………………………………………………（110）
　　6.2.3　抽样分布 ……………………………………………………………（111）
　　6.2.4　样本统计量的抽样分布 ……………………………………………（111）
6.3　参数估计的基本原理 ………………………………………………………（116）
　　6.3.1　估计量与估计值 ……………………………………………………（117）
　　6.3.2　点估计 ………………………………………………………………（117）
　　6.3.3　区间估计 ……………………………………………………………（117）
　　6.3.4　评价估计量的标准 …………………………………………………（119）
6.4　一个总体参数的区间估计 …………………………………………………（120）
　　6.4.1　一个总体均值的区间估计 …………………………………………（120）
　　6.4.2　一个总体比例的区间估计 …………………………………………（123）
　　6.4.3　一个总体方差的区间估计 …………………………………………（124）
6.5　两个总体参数的区间估计 …………………………………………………（125）
　　6.5.1　两个正态总体均值差的区间估计 …………………………………（125）
　　6.5.2　两个总体比例之差的区间估计 ……………………………………（127）
　　6.5.3　两个总体方差的区间估计 …………………………………………（128）
6.6　样本容量的确定 ……………………………………………………………（129）
　　6.6.1　影响样本容量的因素 ………………………………………………（129）
　　6.6.2　估计总体均值时样本容量的确定 …………………………………（130）
　　6.6.3　估计总体比例时样本容量的确定 …………………………………（131）
6.7　如何使用软件进行参数估计 ………………………………………………（132）
　　6.7.1　用 SPSS 求一个总体均值的置信区间（小样本）…………………（132）
　　6.7.2　用 SPSS 求两个总体均值之差的置信区间（独立小样本）………（132）

第七章　假设检验 …………………………………………………………（137）

7.1　假设检验的基本问题 ………………………………………………………（138）
　　7.1.1　假设问题的提出 ……………………………………………………（138）
　　7.1.2　假设的表达式 ………………………………………………………（138）
　　7.1.3　假设检验的步骤 ……………………………………………………（139）

  7.1.4 两类错误和假设检验的规则 … (140)
 7.2 总体均值的假设检验 … (142)
  7.2.1 单个总体均值的检验 … (142)
  7.2.2 两个正态总体均值之差的检验 … (145)
  7.2.3 两个非正态总体均值之差的检验 … (146)
 7.3 总体比例的检验 … (146)
  7.3.1 一个总体比例的检验 … (146)
  7.3.2 两个总体比例之差的检验 … (147)
 7.4 总体方差的检验 … (148)
  7.4.1 一个正态总体方差的检验 … (148)
  7.4.2 两个正态总体方差之比的检验 … (149)
 7.5 检验问题的进一步说明 … (149)
 7.6 如何使用软件进行假设检验 … (150)

第八章 相关与回归分析 … (156)

 8.1 变量间的关系 … (157)
  8.1.1 函数关系 … (157)
  8.1.2 相关关系 … (158)
 8.2 一元线性回归分析 … (163)
  8.2.1 回归分析 … (164)
  8.2.2 一元线性回归模型 … (164)
  8.2.3 回归直线的拟合优度 … (166)
  8.2.4 回归分析的检验 … (168)
  8.2.5 回归分析的预测与推断 … (171)
 8.3 多元线性回归分析 … (174)
 8.4 非线性关系的回归 … (174)
 8.5 如何使用统计软件进行相关与回归分析 … (176)

第九章 方差分析 … (180)

 9.1 方差分析的基本思想 … (181)
  9.1.1 方差分析的概念 … (181)
  9.1.2 平方和误差分解 … (183)
  9.1.3 误差分析 … (184)
  9.1.4 方差分析的三个基本假定 … (184)
  9.1.5 方差分析的假设提出 … (185)
 9.2 单因素方差分析 … (185)
  9.2.1 单因素方差分析的数据结构 … (185)
  9.2.2 分析步骤 … (186)
  9.2.3 方差分析中的多重比较 … (192)

9.3 无交互作用的双因素方差分析 …………………………………………… (194)
  9.3.1 双因素方差分析及其类型 ……………………………………… (194)
  9.3.2 无交互作用的双因素方差分析 ………………………………… (194)
9.4 有交互作用的双因素方差分析 …………………………………………… (198)
  9.4.1 数据结构 ………………………………………………………… (198)
  9.4.2 方差分析 ………………………………………………………… (199)
9.5 用 Excel 进行有交互作用的双因素方差分析 ………………………… (201)

附表 1 标准正态分布表 ………………………………………………………… (206)
附表 2 t 分布表 ……………………………………………………………… (208)
附表 3 χ^2 分布表 ……………………………………………………………… (212)
参考文献 ………………………………………………………………………… (214)

第一章

导 论

学习目标

知识目标

- 理解统计学的内涵和研究对象。
- 了解统计学的分类研究方法。
- 掌握总体、样本、参数、统计量和变量等基本概念。
- 了解统计研究的应用领域与流程。

能力目标

准确识别统计学中的基本概念。

案例导读

《2018 年国民经济和社会发展统计公报》（节选）

初步核算，2018 年全年国内生产总值 900 309 亿元，比上年增长 6.6%。其中，第一产业增加值为 64 734 亿元，增长 3.5%；第二产业增加值为 366 001 亿元，增长 5.8%；第三产业增加值为 469 575 亿元，增长 7.6%。第一产业增加值占国内生产总值的比例为 7.2%，第二产业增加值占国内生产总值的比例为 40.7%，第三产业增加值占国内生产总值的比例为 52.2%。全年最终消费支出对国内生产总值增长的贡献率为 76.2%，对资本形成总额的贡献率为 32.4%，对货物和服务净出口的贡献率为 -8.6%。人均国内生产总值为 64 644 元，比 2017 年增长 6.1%。国民总收入为 896 915 亿元，比 2017 年增长 6.5%。全国万元国内生产总值能耗比 2017 年下降 3.1%。全员劳动生产率为 107 327 元/人，比 2017 年提高

6.6%，具体如图1-1所示。

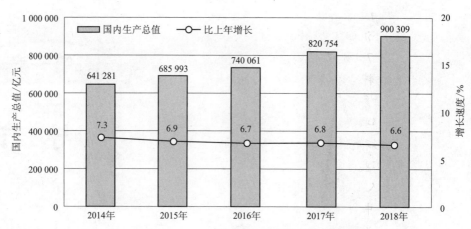

图1-1 2014—2018年国内生产总值及其增长速度

2018年年末全国大陆总人口为139 538万人，比2017年年末增加530万人，其中城镇常住人口83 137万人，占总人口比例（常住人口城镇化率）为59.58%，比上年末提高1.06%。户籍人口城镇化率为43.37%，比上年末提高1.02%。全年出生人口为1 523万人，出生率为10.94‰；死亡人口为993万人，死亡率为7.13‰；自然增长率为3.81‰。全国人户分离的人口为2.86亿人，其中流动人口为2.41亿人，具体如表1-1所示。

表1-1 2018年年末人口数及其构成

指标	年末数/万人	比例/%
全国总人口	139 538	100.0
其中：城镇	83 137	59.58
乡村	56 401	40.42
其中：男性	71 351	51.10
女性	68 187	48.90
其中：0~15岁（含不满16周岁）	24 860	17.80
16~59岁（含不满60周岁）	89 729	64.30
60周岁及以上	24 949	17.90
其中：65周岁及以上	16 658	11.90

2018年年末全国就业人员为77 586万人。其中，城镇就业人员为43 419万人。全年城镇新增就业1 361万人，比上年增加10万人。2018年年末全国城镇调查失业率为4.9%，比上年末下降0.1%；城镇登记失业率为3.8%，下降0.1%。全国农民工总量28 836万人，比上年增长0.6%。其中，外出农民工为17 266万人，比上年增长0.5%；本地农民工为11 570万人，比上年增长0.9%。

全年居民消费价格比上年上涨2.1%。工业生产者出厂价格比上年上涨3.5%。工业生产者购进价格比上年上涨4.1%。固定资产投资价格比上年上涨5.4%。农产品生产者价格比上年下降 0.9%。2018 年 12 月，70 个大中城市新建商品住宅销售价格月同比上涨的城市个数为 69 个，下降的为 1 个。

2018 年年末国家外汇储备为 30 727 亿美元，比上年末减少 672 亿美元。全年人民币平均汇率为 1 美元兑 6.617 4 元，比上年升值 2.0%。

请根据以上统计资料思考：

1. 本报告的研究对象是什么？你对研究对象的哪些特征感兴趣？
2. 本报告运用了哪些统计指标？这些统计指标如何统计与核算？
3. 这些数据、图形和表格反映出 2018 年我国国民经济和社会发展的哪些变化？
4. 读懂报告需要哪些方面的统计知识？

"统计"一词，在人们的日常生活中经常用到。例如，上课时老师让学习委员统计一下缺课的人数；篮球比赛中裁判要统计各队球员的命中率和犯规次数；报刊里定期或不定期公布的国内生产总值、失业率、CPI、人口增长率等。这里的"统计"主要指的是统计数据和统计资料，而统计学要研究的内容比这些更广泛、更深入。所以，对应用统计学的认识，可以先从统计学的内涵开始。

1.1 统计学的内涵

1.1.1 统计学是什么

统计学是一门很古老的科学，始于古希腊的亚里士多德时代，迄今已有 2 300 多年的历史。在统计学的发展过程中，不同的组织和学者曾给"统计学"下过不同的定义。例如，《中国大百科全书》认为，统计学是收集、分析、表述和解释数据的科学；Mario F. Triola 在其教材《初级统计学》中提道：统计指的是一组方法，用来设计实验、获得数据，然后在这些数据的基础上组织、概括、演示、分析、解释和得出结论；《韦伯斯特国际辞典（第 3 版）》指出，统计学是一门收集、分析、解释和提供数据的科学。可见，统计的核心词就是"数据"，统计学是一门对客观事物总体数量特征和数量关系进行计量描述和分析推论的科学，它包括数据收集、数据处理、数据分析、数据解释，以及从数据中提取结论。

数据收集重在获取所需要的数据，它是统计研究工作的起点，数据是否完整、准确、及时，直接关系到数据处理的好坏。

数据处理重在根据研究的需要，通过科学的分组、汇总、列表等加工处理，将分散的、不系统的原始数据条理化、系统化，为数据分析打下基础，它起着承前启后的作用。

数据分析重在选择适宜的统计方法和统计指标来研究数据的规律性，并对未来趋势进行预测，它是统计研究的最后阶段，能揭示数据的本质特征，并得到发展变化规律的结论，是统计工作获取成果的阶段。

1.1.2 统计学的产生与发展

统计理论来源于统计实践，是统计实践活动的经验总结和理论概括。统计学随着统计的产生而产生，统计的起源很早，但统计学只有 300 多年的历史。从统计学发展的过程来看，可以将其划分为古典统计学、近代统计学和现代统计学三个时期。

1. 古典统计学时期

古典统计学时期是指17世纪中叶至18世纪中叶的统计学萌芽时期，其代表学派有国势学派和政治算术学派。

国势学派也称为记述学派，产生于17世纪的德国，主要代表人物是海尔门·康令（H. Goning，1606—1681）和戈特弗里德·阿痕瓦尔（G. Achenwall，1772—1791）。国势学派认为，统计学是关于国家显著事项的学问。在大学中开设"国势学"，采用记述性材料，对国家组织、人口、军队、领土、居民职业等"显著事项"进行记述，借以说明管理国家的方法。其特点是偏重于事物质的解释而忽视了量的分析。

政治算术学派产生于17世纪的英国，主要代表人物是威廉·配第（W. Petty，1623—1687）和约翰·格朗特（J. Graunt，1620—1674）。威廉·配第的代表著作《政治算术》对当时的英国、荷兰、法国等的"国富和力量"进行了数量的计算和比较，以此批判了当时英国国内的悲观论调。马克思称其为"政治经济学之父"。格朗特写出了第一本关于人口统计的著作，名为《关于死亡表的自然和政治观察》，书中运用大量观察法，对伦敦人口的出生率、死亡率、性别比例和人口发展趋势等做了分类计算和预测，开创了从数量方面研究社会经济现象的先例。格朗特被称为"人口统计学之父"。政治算术学派运用大量观察法、分类分析法和对比分析法来综合研究社会经济问题，因此被认为是虽无统计之名，但有统计之实的学派。

2. 近代统计学时期

18世纪末到19世纪末，是近代统计学时期，这一时期的一个重大贡献是大数定律和概率论被引入统计学。之后，最小二乘法、误差理论和正态分布理论等也相继成为统计学的重要内容。其代表学派有数理统计学派和社会统计学派。

数理统计学派产生于19世纪中叶，代表人物是比利时的凯特勒，其代表作为《关于概率论》和《社会物理学》。他主张用研究自然科学的方法来研究社会现象，正式把概率论引入统计学，并最先用大数定律论证了社会生活中随机现象的规律性，还提出了误差理论和"平均人"思想。凯特勒使统计学的发展进入一个新的阶段，因此，凯特勒被称为"统计学之父"。

社会统计学派始于19世纪末，主要代表人物是恩格尔和梅尔。恩格尔的主要贡献有：在人口调查中提倡用个人调查卡片法；在消费计量上首创消费权数；发明恩格尔法则和恩格尔系数；建设社会统计学体系。梅尔是第一个对社会现象表现出来的规律性形式及其性质进行系统阐述的统计学家。他认为统计学是社会科学中的一门独立科学，是研究规律性的实质性科学。

3. 现代统计学时期

从19世纪末到现在，是现代统计学时期。这一时期的显著特点是数理统计学同自然科学、工程技术科学紧密结合并被广泛应用于各个领域而获得迅速发展，各种新的统计理论与方法，尤其是推断统计理论与方法大量涌现，如英国统计学家卡尔·皮尔逊的卡方分布理论、统计学家戈赛特的小样本 t 分布理论、统计学家费希尔的 F 分布理论和实验设计方法，波兰统计学家尼曼和英国统计学家皮尔逊的置信区间估计理论和假设检验理论，以及非参数统计法、序贯抽样法、多元统计分析法、时间数列跟踪预测法等都应运而生,并逐步成为现代统计学的主要内容。现代统计学时期是统计学发展最辉煌的时期。

1.1.3 统计学的研究对象

统计研究所要认识的客体就是统计学的研究对象。这个客体指的是客观事物的总体数量特征和数量关系。它具有三个特点。一是具体性。统计学反映的是客观事物的某些数量规律,这个"客观事物"是具体的、真实的,不是抽象的、假想的。二是群体性。群体性也叫大量性。统计学是通过对大量事物的观察研究,或者个别典型单位多次的、大量的深入观察研究,来反映客观事物总体的数量特征。三是数量性。数字是统计学的语言,统计学是通过对研究对象数量方面的调查、整理、分析,以数字形式反映客观事物的类型、顺序、大小和关系等,以反映其本质和规律。

1.1.4 统计学的分类

统计学可以从不同的角度进行不同的分类,常见的分类有两种:从研究内容来看,可以把统计学分为理论统计学和应用统计学;从研究方法来看,可以把统计学分为描述统计学和推断统计学。

理论统计学也称数理统计学,主要研究统计学的数学原理,包括概率理论、抽样理论、实验设计、估计理论、假设检验理论、决策理论、非参数统计、序列分析和随机过程等,其中概率理论是其理论基础。理论统计学的基本原理在各个学科的应用,就形成了应用统计学,如经济统计学、教育统计学和生物统计学等。如果说理论统计学重在数学原理的推导和证明,应用统计学则重在研究统计方法如何应用于某个具体的领域,如何解决某个领域的具体问题。

描述统计学是整个统计学的基础。描述统计学就是研究如何有效实现数据收集,并通过图表形式对所收集的数据进行加工处理和显示,进而通过综合概括与分析,反映客观现象的规律性数量特征的方法。推断统计学是研究如何根据样本数据去推断总体数量特征的方法,它是在对样本数据进行描述的基础上,对统计总体的未知数量特征做出以概率形式表述的推断。由于在对现实问题的研究中,所获得的数据主要是样本数据,因此推断统计在现代统计学中的地位和作用越来越重要,已成为统计学的核心内容。

1.1.5 统计学研究的基本方法

尽管统计学的研究方法很多,但是归纳起来,主要有三种:大量观察法、统计分组法和综合指标法。

(1) 大量观察法。大量观察法是统计研究的一种基本方法。大量观察法是对被研究的客观事物足够多的单位进行观察、综合、归纳、推断和分析的方法。例如,为了研究城乡人民物质生活的提高程度,就要观察足够多的职工、农民家庭的收支情况,以便得出正确的结论。在我国,大量观察法被广泛运用于各种基本的、必要的统计报表、普查、重点调查和抽样调查等。大量观察法之所以能够成为统计认识的基本方法之一,其原因就是只有通过大量观察,才能使大量的社会经济现象中非本质的偶然因素相互抵消或削弱,显示出整个现象的一般特征,即统计规律。它的意义在于使观察值与实际的总体量之间误差尽可能缩小,甚至归于消失。

(2) 统计分组法。统计分组法是指根据统计研究的任务,将所研究的社会经济现象总体按照一定标志划分为若干组的方法。统计分组法是统计研究的基本方法之一。例如,研究人口性别比将总体按性别分组;研究要素对经济增长的贡献率按要素类型分组;研究学生成绩分布按优秀、良好、中等、及格、不及格进行分组等。借助统计分组,可以确定研究对象的同质总体,并划分总体的不同类型组,从而运用统计指标来揭示现象发展的特征和规律性。此外,利用统计分组还可反映总体的内部构成及其变化情况,以及研究各种标志之间的相互依存关系。统计分组要事先对研究对象的特征和发展规律进行理论分析,才能做出具体的分组分析。

(3) 综合指标法。综合指标法是统计分析的基本方法之一,是指利用各种综合指标对客观事物总体的一般数量特征和数量关系进行分析的研究方法。对大量的原始资料进行整理汇总,计算各种综合指标,可以显示出现象在具体时间、地点条件下的总量规模、相对水平、平均水平和变异程度等。现象总体的综合指标概括地描述了总体各单位在数量方面的综合特征和变动趋势。综合指标还可以用来探讨总体内部的各种数量关系,有利于揭露矛盾,发现问题,寻找解决问题的方法。在统计分析中,广泛运用总量指标分析法、相对指标分析法、平均指标分析法、变异指标分析法、动态分析法、指数分析法和相关分析法等,可综合地反映社会经济现象的规模水平、比例关系和发展速度等,使我们对所研究的事物有一个深入的认识。

1.2 统计数据的类型

统计数据是对客观事物进行统计研究的基础和前提,是对客观事物进行测量,用于反映其规模、结构和水平等特征的结果。从不同的角度,可以对统计数据进行不同的分类。按计量尺度的不同,可以将统计数据分为分类数据、顺序数据和数值型数据;按时间状况的不同,可以将统计数据分为时间序列数据和截面数据;按收集方法的不同,可以将统计数据分为观测数据和实验数据。

1.2.1 分类数据、顺序数据和数值型数据

分类数据是指反映事物类别的数据。分类数据一般用文字来表述,具有有限的不同值,值之间没有什么顺序。分类数据的值可能很少,如按性别将人分为男人、女人两类;也可能很多,如按地理位置,现在可将我国划分为 34 个省级行政区,即 4 个直辖市、23 个省、5 个自治区、2 个特别行政区。为了便于统计,分类数据可以用数字代码来代替文字表述,例如,可以用 1 代表"男性",用 0 代表"女性",等等。

顺序数据是只能归于某一有序类别的非数字型数据。顺序数据虽然也是类别,但这些类别是有序的。例如,将考试成绩分为优秀、良好、中等、及格、不及格等;将产品质量分为一等品、二等品、三等品、次品等;将个人的受教育程度分为小学、初中、高中、大学及以上;将一个人对某一事物的态度分为非常同意、同意、保持中立、不同意、非常不同意,等等。同样,对顺序数据也可以用数字代码来表示。例如,可以用 1 代表"非常同意",用 2 代表"同

意"，用3代表"保持中立"，用4代表"不同意"，用5代表"非常不同意"。

数值型数据是按数字尺度测量的观察值，其结果表现为具体的数值。现实中处理的大多数数据都是数值型数据。例如，某个职员的月收入是3 800元、某个大学生高等数学的期末成绩是100分、一袋大米的质量是10千克等，这些数值都是数值型数值。数值型数据也称为定量数据或数量数据，可直接用算术方法进行加总分析，而分类数据和顺序数据通常称为定性数据或品质数据，不能直接加总求和，需要用特殊方法来处理。

1.2.2 时间序列数据和截面数据

时间序列数据是在不同时间点上收集到的数据，这类数据是按时间顺序收集到的，用于描述研究对象随时间变化的情况。这类数据反映了某一事物、现象等随时间的变化状态或程度。很多计量经济学的模型也用到了时间序列数据。例如，案例导读中的2014—2018年我国国内生产总值和增长速度的数据就属于时间序列数据。同样，如果将小学6年里每个学期的数学成绩按时间显示出来，则其也属于时间序列数据分析。

截面数据是指在相同或近似相同的时间点上收集的数据。截面数据是在同一时间、不同统计单位、相同统计指标组成的数据列。时间序列数据是按时间顺序排列的，截面数据是按照统计单位排列的。因此，截面数据不要求统计对象及其范围相同，但要求统计的时间相同。也就是说，必须是同一时间截面上的数据。例如，在本学期末，沈阳工学院经济与管理学院拟将金融学、会计学、农林经济管理、工商管理、市场营销、国际经济与贸易、人力资源管理、酒店管理这8个专业的统计学成绩进行比较，就属于截面数据分析。同样，如果你想研究一下2018年我国不同省份的国内生产总值，这也属于截面数据分析。

1.2.3 观测数据和实验数据

观测数据是通过观察、观测和调查收集到的数据，这类数据是在没有对事物人为控制条件下得到的。例如，在某路口观察，记录每分钟经过的机动车与非机动车辆数，获得一组观测数据；利用仪器，在某一固定地点，每5分钟记录一次空气中二氧化碳的含量，获得一组观测数据；在学校食堂门口随机找同学进行某问卷调查，共获得100份有效问卷，得到多组观测数据。

收集数据的另一类方法是通过实验，在实验中控制一个或多个变量，在有控制的条件下得到观测结果。实验数据是指在实验中控制实验对象而收集到的变量的数据。例如，对在一起饲养的一群牲畜，分别喂给不同的饲料，以检验不同饲料对牲畜增重的影响。实验是检验变量间因果关系的一种方法。在实验中，研究人员要控制某一情形的所有相关方面，操纵少数感兴趣的变量，然后观察实验的结果。自然科学领域的大多数数据都属于实验数据。

1.3 统计中的几个基本概念

1.3.1 总体和样本

1. 总体

所谓总体，是指包含所研究客观事物的全部个体（数据）的集合，也称统计总体。例如，沈阳工学院的一位研究人员希望估计该大学本科生平均每月的生活费支出，为此，他调查了200名学生，发现他们每月的平均生活费支出是500元。该研究人员感兴趣的总体就是该大学的在校本科生。总体必须同时具有三个特征：同质性、大量性和差异性。总体的同质性，是指构成总体的各个单位具有某种共同性质；统计研究的大量观察法表明，只有观察足够多的量，在对大量现象的综合汇总过程中，才能消除偶然因素，使大量社会经济现象的总体呈现出相对稳定的规律和特征，这就要求统计总体必须包含足够多数的单位；总体中的个体具有差异性的特点，所以有必要采用统计方法来加以研究，以便准确描述总体的数量特征。结合沈阳工学院本科生平均每月的生活费支出的例子，你可以尝试分析一下为什么总体必须同时具有同质性、大量性和差异性三个特征。

按照总体中所包含的个别事物是否可以计数，总体分为有限总体和无限总体两种。有限总体包含的个体单位数是有限的，可以计数的；反之，就是无限总体。如上例中很明显就是一个有限总体，因为这个大学的本科生数是有明确的数量的；但在科学实验中，每一个实验数据都可以看作总体的一个单位，实验可以无限进行下去，因此由实验数据构成的总体就是一个无限总体。一般来说，社会科学统计学研究总体几乎都是有限总体，而自然科学统计学研究的总体几乎都是无限总体。通常情况下，统计上的总体是一组观测数据，而不是一群人或一些物品的集合。

2. 样本

按照一定的抽样规则从总体中取出的一部分个体称为样本，又称子样。样本中个体的数目称为样本容量。例如，沈阳工学院的一位研究人员希望估计该大学本科生平均每月的生活费支出，为此，他调查了200名学生，发现他们每月的平均生活费支出是500元。该研究人员抽取的样本就是他调查的200名学生，样本容量为200。抽样的目的是根据样本提供的信息去推断总体的特征。在此例中，就是要根据200名学生平均每月的生活费支出来推断该大学本科生整体平均每月的生活费支出。

1.3.2 统计标志和统计指标

1. 统计标志

统计标志是指统计总体各单位所具有的共同特征的名称。从不同角度考察，每个总体单位可以有许多特征，如每个职工可以有性别、年龄、民族和工种等特征。这些都是职工的标志。

按变异情况，可将统计标志分为不变标志和变异标志；当一个统计标志在各个单位的具体表现都相同时，这个标志称为不变标志；当一个标志在各个单位的具体表现有可能不同时，这个标志称为变异标志或可变标志。如中国第五次人口普查规定："人口普查的对象是具有中华人民共和国国籍并在中华人民共和国国境内常住的人。"按照这一规定，在作为调查对象的人口总体中，国籍和在国境内居住是不变标志，性别、年龄、民族、职业等则是变异标志。不变标志是构成统计总体的基础，因为至少必须有一个不变标志将各总体单位联结在一起，才能使它具有同质性，从而构成一个总体。变异标志是统计研究的主要内容，因为如果标志在各总体单位之间的表现都相同，那就没有进行统计分析研究的必要了。

按其性质，可将统计标志分为品质标志和数量标志。品质标志表示事物的质的特性，是不能用数值表示的，如职工的性别、民族、工种等。数量标志表示事物的量的特性，是可以用数值表示的，如职工年龄、工资、工龄等。品质标志主要用于分组，将性质不相同的总体单位划分开来，便于计算各组的总体单位数，计算结构和比例指标。数量标志既可用于分组，也可用于计算标志总量以及其他各种质量指标。

总体单位是统计标志的直接承担者，是载体；统计标志依附于总体单位并说明总体单位的属性和特征。依附于某个总体单位的标志可以有多个。

2. 统计指标

统计指标不同于一般的数据，它是说明社会经济现象总体数量特征的名称和数值，是统计活动对客观存在的种种社会经济现象，按其具体名称（如人口总数、钢铁总产量等），在一定空间、时间条件下，进行科学计量的数字结果。一个完整的统计指标应该包括两个内容：一是指标的名称，二是指标的数值。不过，对于指标也有另一种理解，即仅把说明总体数量特征的名称看作指标。一般是在讨论统计理论和进行统计指标设计时采用此概念，但在对数据进行加工整理、分析研究时所说的指标都是指名称和数值。

统计指标具有两个特点：一是可量性，即形成指标的现象特征必须是可以用数量来表现的；二是总体性，即统计指标是由个体数量特征汇总或整理加工后得到的数值，说明总体的数量特征。统计指标与统计调查和分组中标志的概念不同。标志说明总体单位的特征，这种特征可以既是个体的品质特征，不可以测量，也是个体的数量特征。而统计指标反映的是总体的数量属性，是可以测量的。

统计指标根据具体内容和计量方法的特点，一般可以分为总量指标、平均指标和相对指标三个类别。

1）总量指标

总量指标反映总体现象的规模水平，以绝对数的形式表现，故也称为绝对指标，如总人口、国民生产总值等。

假设一个生产班组共有 11 个工人，每人的日产量分别为 15、17、19、20、22、22、23、23、25、26、30。这里，总体单位总量是 11（11 个工人），它说明生产班组的规模；而总体总量是 242，是每个工人的日产量之和。

总量指标按其所反映的时间状况不同，可以分为时点总量和时期总量。时点总量反映被研究现象在某一时刻的数量，如人口数、职工人数和库存量等。时点总量指标的特点是其数值在时间上不能累积。时期总量反映被研究现象在一段时期内的发展全过程的总数量，如生产量、产值和人口出生数等。时期总量的特点是可以连续累积。

总量指标是认识客观现象的起点，社会经济现象总体的基本情况通常表现为总量，它既是实现宏观经济调控和企业经营管理的基本指标，也是统计计量描述的基础，将总量指标做进一步计算就可以得到其他统计指标。

2）平均指标

将总量指标除以总体单位总量，就得到了平均指标，其计算公式可表示为

$$平均指标 = 总量指标 \div 总体单位总量$$

例如，计算以上所假设的某生产班组 11 个工人的平均日产量，已知这 11 个工人总的日产量为 242，而总体单位数是 11，有

平均日产量 = 242 ÷ 11 = 22

平均指标把总体各个单位某一数量标志值的差异抵消掉后，用一个一般水平来代表总体这一特征，所以它是一个代表指标。利用平均指标可以使原本不可比的现象变得可比。例如，由于可耕地面积不同，不同地区的粮食总产量不便直接对比说明两地的粮食生产情况，通过平均亩产量就可以进行对比；各国人口规模不同，不同国家的国民收入不能直接对比用于说明人民的生活水平，但计算人均国民收入就可进行对比。平均指标还是统计推断的一个重要参数。

3）相对指标

相对指标又称相对数，是用两个有联系的指标的比值来反映社会经济现象数量特征和数量关系的综合指标。

相对指标通过数量之间的对比，可以表明事物相关程度和发展程度，可以弥补总量指标的不足，使人们清楚了解现象的相对水平和普遍程度。例如，某企业去年实现利润50万元，今年实现利润55万元，则今年利润增长了10%，这是总量指标不能说明的；把现象的绝对差异抽象化，使原来无法直接对比的指标变为可比。不同的企业由于生产规模条件不同，直接用总产值、利润比较评价意义不大，但如果采用一些相对指标，如资金利润率、资金产值率等进行比较，便可对企业生产经营成果做出合理评价；说明总体内在的结构特征，为深入分析事物的性质提供依据。例如，计算一个地区不同经济类型的结构，可以说明该地区经济的性质。又如，计算一个地区的第一产业、第二产业和第三产业的比例，可以说明该地区社会经济现代化程度等。

统计指标还可以从其他角度做出更多的分类。例如，按计量单位不同，可以将其分为实物量指标和价值量指标；按用途不同可将其分为观察指标和考核指标；按内容不同可以将其分为数量指标和质量指标两类，总量指标即数量指标，平均指标和相对指标统称为质量指标。可见统一指标可以从不同角度理解，也就可以从不同角度分类，各种分类都不是孤立、绝对的，而是相互联系、交叉的。

3. 统计指标体系

由相互联系的若干统计指标组成的一个指标系统称为指标体系。

客观总体现象往往是错综复杂的，若要全面反映总体的各个方面及发展变化的全过程，就需要把只能说明现象的一个方面的单个指标有机地结合起来，形成一个指标体系。如工业企业经济效益评价指标体系，由反映产品产量、产值、销售和利润等多方面情况的几十项统计指标组成。

指标体系与指标一样，也可以从不同角度进行多种分类。如按指标体系所反映的内容可将其分为基本统计指标体系和专题统计指标体系。基本统计指标体系反映社会经济发展的基本情况，人口统计指标体系、科技统计指标体系等属于基本统计指标体系。专题统计指标体系是就某一专门问题而设置的，如企业经济效益评价指标体系等。

1.3.3 参数和统计量

1. 参数

参数是描述总体特征的概括性数字度量，它是研究者想要了解的总体的某种特征值。统计研究常用的参数有总体平均数、总体标准差和总体比例等。在统计研究中，通常用固定的希腊字母来代表某个总体参数，如用 μ 代表总体平均数，用 σ 代表总体标准差，用 π 代表总体比例等。由于总体数据通常是未知的，是需要推断的，因此参数通常是一个未知的常数。比如，我们不知道某高校所有本科生平均每个月的生活费支出，不知道其标准差，不知道平均每个月的生活费支出超过 2 000 元的学生占总体的比例等。但是，我们可以抽取一部分本科生来作为样本，根据样本计算出某些值，从而估计总体参数。

2. 统计量

从样本推断总体通常是通过统计量进行的。统计量是用来描述样本特征的概括性数字度量，它是根据样本数据计算出来的一个量。统计研究常用的统计量有样本平均数、样本标准差和样本比例等。在统计研究中，通常用固定的英文字母来代表某个样本统计量，如用 $\bar{x}$ 代表样本平均数，用 s 代表样本标准差，用 p 代表样本比例等。由于样本是已知的，故可以根据样本来计算统计量，进而用样本统计量去估计总体参数。如可以用样本平均数（$\bar{x}$）去估计总体平均数（μ），用样本标准差（s）去估计总体标准差（σ），用样本比例（p）去估计总体比例（π）等。例如，在上面的例子中，就是用调查的 200 名学生每月的平均生活费支出 500 元这个样本统计量值作为该大学本科生平均每月的生活费支出这个总体参数的估计值。

1.3.4 变量

变量来源于数学，是指没有固定的值、可以改变的数，常以非数字的符号来表达，一般用拉丁字母表示。在统计学中，变量是说明客观事物某种特征的概念，其特点是从一次观察到下一次观察结果会呈现出差别或变化。例如，在工业普查中，工业企业的职工人数、工资总额、资金总额、工业总产值和利润总额等；在人口普查中，每个人的年龄、身高和体重等都是变量。变量的具体数值称为变量值，统计数据就是统计变量的某些具体的值，比如考试成绩可以是 92 分、88 分、66 分等。变量可以分为以下几种类型：

1. 分类变量

分类变量是说明事物类别的一个名称，其取值是分类数据。例如，"性别"就是一个分类变量，其变量值为"男"或"女"；"行业"也是一个分类变量，其变量值可以为"零售业""旅游业""汽车制造业"等。分类变量的数据不能用简单的四则运算进行统计处理。

2. 顺序变量

顺序变量也叫"等级变量"。其值仅表明事物属性在数量大小、多少上的次序的变量，其取值是顺序数据。顺序变量各个数值之间的距离不一定相等，也没有一定的比例关系。例如，把你们班所有同学的统计学成绩根据分数依次排为第一名、第二名、第三名……显然，第一名与第二名之间的分数差，并不等于第二名与第三名之间的分数差，仅表明他们之间的顺序关系。顺序变量的数据也不能用简单的四则运算来进行统计处理。

3. 数值型变量

数值型变量是说明客观事物数字特征的一个概念，其取值是数值型数据。如产品产量、商品销售额、零件尺寸、年龄、时间等都是数值型变量，这些变量可以取不同的数值。数值型变量根据其取值的不同，又可以分为离散型变量和连续型变量。离散型变量是只能取可数值的变量，它只能取有限个数值，而且其取值都以整位数断开，可以一一举例，如学生数、产品产量等就是离散型变量。连续型变量是可以在一个或多个区间中取任何值的变量，它的取值是连续的，不能一一举例，如温度、时间等都是连续型变量。

1.4 统计研究的应用领域与流程

1.4.1 统计研究的应用领域

随着人们对定量研究的日益重视，统计研究在自然科学和社会科学领域应用日益广泛，可以说，只要有数据的地方就会用到统计方法，统计学已经发展成为由若干分支学科组成的学科体系。举例来说，统计学的应用包括但不局限在以下社会科学领域：政治学、经济计量学、金融学、人类学、教育学、审计学、精算学、人口统计学、管理科学、质量控制、市场营销学、历史研究、语言学、文学、心理学、社会学、宗教研究等；统计学的应用包括但不局限在以下自然科学领域：农学、动物学、工程学、遗传学、地理学、考古学、晶体学、生态学、医学诊断、气象学、军事科学、核材料安全管理、制药学、物理学、地质学、水文学、工业等。

1.4.2 统计研究的流程

统计研究始于统计调查与数据收集，然后经过统计组织与数据整理，研究者可以统计列表和图示形式展示数据，从而对数据的总体情况进行描述统计分析。如果统计资料是作为总体收集的，则可以直接得出有关总体的结论；如果统计资料只是样本资料，则在些基础上还需要进行推断统计分析，从而最后得出关于总体的结论。

1.5 统计学的常用软件介绍

1.5.1 Excel

Excel 是 Microsoft Office 办公软件中的电子表格程序。可以使用 Excel 创建工作簿（电子表格集合）并设置工作簿格式，以便分析数据和做出更明智的业务决策。特别是，可以使用 Excel 跟踪数据，生成数据分析模型，编写公式以对数据进行计算，以多种方式透视数据，并以各种具有专业外观的图表来显示数据。简言之，Excel 是用来处理数据的办公软件。

Excel 的一般用途包括会计专用、预算、账单和销售、报表、计划跟踪、使用日历等。

在 Excel 中，有大量的公式函数可以应用选择，使用 Excel 可以执行计算、分析信息并管理电子表格或网页中的数据信息列表与数据资料图表制作，可以实现许多方便的功能，带给使用者方便。

与其配套组合的有：Word、PowerPoint、Access、InfoPath 及 Outlook 和 Publisher。Excel 2002 版本用得不是很多。Excel 2003 支持 VBA 编程，VBA 是 Visual Basic for Application 的简写形式。VBA 的使用可以达成执行特定功能或是重复性高的操作。

1.5.2 SPSS

SPSS 是世界上最早的统计分析软件，由美国斯坦福大学的三位研究生 Norman H. Nie、C. Hadlai (Tex) Hull 和 Dale H. Bent 于 1968 年研究开发成功。

SPSS 是世界上最早采用图形菜单驱动界面的统计软件，它最突出的特点就是操作界面极为友好，输出结果美观漂亮。它几乎将所有的功能都以统一、规范的界面展现出来，用 Windows 的窗口方式来展示各种管理和分析数据方法的功能，用对话框来展示出各种功能选择项。用户只要掌握一定的 Windows 操作技能，精通统计分析原理，就可以使用该软件为特定的科研工作服务。SPSS 采用类似 Excel 表格的方式输入与管理数据，数据接口较为通用，能方便地从其他数据库中读入数据。其统计过程包括常用的、较为成熟的统计过程，完全可以满足非统计专业人士的工作需要。输出结果十分美观，存储时则是专用的 SPO 格式，可以转存为 HTML 格式和文本格式。对于熟悉老版本编程运行方式的用户，SPSS 还特别设计了语法生成窗口，用户只需在菜单中选好各个选项，然后单击"粘贴"按钮就可以自动生成标准的 SPSS 程序，极大地方便了中、高级用户。

SPSS for Windows 是一个组合式软件包，它集数据录入、整理、分析功能于一身。用户可以根据实际需要和计算机的功能来选择模块，以降低对系统硬盘容量的要求，有利于该软件的推广应用。SPSS 的基本功能包括数据管理、统计分析、图表分析和输出管理等。SPSS 统计分析过程包括描述性统计、均值比较、一般线性模型、相关分析、回归分析、对数线性模型、聚类分析、数据简化、生存分析、时间序列分析和多重响应等几大类，每类中又分好几个统计过程，比如回归分析中又分线性回归分析、曲线估计、Logistic 回归、Probit 回归、加权估计、两阶段最小二乘法和非线性回归等统计过程，而且每个过程中又允许用户选择不同的方法及参数。SPSS 也有专门的绘图系统，可以根据数据绘制各种图形。

关键术语：

统计工作　统计数据　统计学　总体　样本　指标　标志　参数　统计量

习　题

一、选择题

1. 统计研究的基本方法包括（　　）。
   A. 调查方法、汇总方法、分析方法
   B. 调查方法、整理方法、预测方法
   C. 相对数法、平均数法、指数法
   D. 大量观察法、统计分组法、综合指标法
2. 统计总体的基本特征是（　　）。
   A. 总体性、数量性、同质性　　　B. 总体性、同质性、差异性
   C. 数量性、同质性、大量性　　　D. 同质性、大量性、差异性
3. 某研究部门准备在全市 200 万个家庭中抽取 2 000 个家庭，以推断这个城市所有职工

家庭的年人均收入。这项研究的总体是（　　）。
A. 200 万个家庭
B. 2 000 个家庭
C. 200 万个家庭的总收入
D. 2 000 个家庭的年人均收入

4. 某研究部门准备在全市 200 万个家庭中抽取 2 000 个家庭，以推断这个城市所有职工家庭的年人均收入。这项研究的样本是（　　）。
A. 200 万个家庭
B. 2 000 个家庭
C. 200 万个家庭的总收入
D. 2 000 个家庭的年人均收入

5. 某研究部门准备在全市 200 万个家庭中抽取 2 000 个家庭，以推断这个城市所有职工家庭的年人均收入。这项研究的参数是（　　）。
A. 200 万个家庭
B. 2 000 个家庭
C. 200 万个家庭的年人均收入
D. 2 000 个家庭的年人均收入

6. 某研究部门准备在全市 200 万个家庭中抽取 2 000 个家庭，以推断这个城市所有职工家庭的年人均收入。这项研究的统计量是（　　）。
A. 200 万个家庭
B. 2 000 个家庭
C. 200 万个家庭的年人均收入
D. 2 000 个家庭的年人均收入

7. 在相同或近似相同的时间点上收集的数据称为（　　）。
A. 实验数据　　　B. 观测数据　　　C. 截面数据　　　D. 时间序列数据

8. 通过调查或观测收集到的数据称为（　　）。
A. 实验数据　　　B. 观测数据　　　C. 截面数据　　　D. 时间序列数据

9. 在不同间点上收集的数据称为（　　）。
A. 实验数据　　　B. 观测数据　　　C. 截面数据　　　D. 时间序列数据

10. 统计工作流程可划分为（　　）几个阶段。
A. 数据调查、统计整理、统计分析
B. 统计设计、数据调查、统计整理、统计分析
C. 统计设计、数据调查、统计分组、统计综合
D. 数据调查、统计汇总、统计分析报告

二、简答题

1. 什么是统计学？
2. 统计数据可分为哪几种类型？
3. 总体和样本有什么区别与联系？
4. 参数和统计量有什么区别与联系？
5. 分类变量、顺序变量和数值型变量有什么区别？

三、案例分析题

1. 一家研究机构从 IT 从业者中随机抽取 1 000 人作为样本进行调查。其中，60% 的人回答他们的月平均收入在 15 000 元以上，50% 的人回答他们的消费支付方式是用信用卡。回答以下问题：

(1) 这一研究的总体是什么？

(2) 月收入是分类变量、顺序变量还是数值型变量？

(3) 消费支付方式是分类变量、顺序变量还是数值型变量？

(4) 这一研究涉及的数据是截面数据还是时间序列数据？

(5) "60%的人回答他们的月平均收入在15 000元以上"是参数还是统计量？

2. 报纸上报道一项民意调查的结果："43%的美国人对总统的整体表现感到满意。"报道最后写道："这份调查是根据电话访问1 210位成人所得，访问对象遍布美国各地。"回答以下问题：

(1) 这个调查中度量的变量是什么？

(2) 这个调查中的总体是什么？

(3) 这个调查中的总体单位是什么？

(4) 这个调查中的样本是什么？

(5) 研究者使用的是描述统计方法还是推断统计方法？

四、实践训练

1. 请你根据最近媒体中对某一热点问题的新闻调查，从统计学的角度回答下面的问题：

(1) 该调查感兴趣的研究对象是什么？

(2) 该调查对研究对象的哪些特征感兴趣？

(3) 该调查研究了样本单位的哪些属性和特征？

(4) 该调查有没有说明样本是如何得到的？

(5) 该调查有没有说明样本所包含的单位个数？

(6) 该调查构造或使用了什么指标？

(7) 该调查对总体特征做出了什么样的结论？

(8) 该调查有没有告诉你所作推断的可信度？

2. 用已经学过的统计基本理论和方法分析一些具体的社会经济问题。本班同学的生活消费状况包括学习、餐饮、衣着、日用品、社会交往、文体活动等方面的消费。要求：

(1) 初步了解同学们生活消费的基本情况。

(2) 在此基础上设计一个"学生生活消费指标体系"。

第二章

数据调查

> **学习目标**

> **知识目标**

- 了解统计调查的含义和种类。
- 了解统计数据的两种来源。
- 了解统计数据的各种收集方法。
- 掌握普查、抽样调查、重点调查和典型调查等调查组织方式的特点及应用场合。

> **能力目标**

具备编制统计调查方案和设计调查问卷的能力。

> **案例导读**

美国民调机构 2016 年总统大选预测的失手

2016 年轰动全球的重大事件之一是美国民调机构总统大选预测的失手。舆论普遍预测，民主党的希拉里将在这次大选中获胜，但投票结果令人大跌眼镜，共和党的特朗普出人意料地成为第 58 届美国总统，舆论一片哗然。美国总统大选预测是有历史的，该预测采用抽样调查的方法，在选民中抽取少量人作为样本，根据样本调查结果，对总体进行推断。被称为民意调查创始人的乔治·盖洛普是美国舆论统计学家。1935 年创建美国民意调查研究所，开始正式进行各类全国性民意调查。在 1936 年的美国大选中，另一个著名机构文艺文摘宣称，根据他对 240 万选民的调查，共和党候选人兰登将会当选；而盖洛普公司基于对 5 万选民的调查，预测民主党候选人罗斯福将获胜。事实证明，盖洛普公司的预测是正确的。样本量 5 万比样本量 240 万的预测还要准确，从此盖洛普公司名声大振，由此也催生和带动了美国的民意调查和市场调查业的发展。近几十年来盖洛普公司对美国总统大选的预测无一失手，大选预测的许多材料成为统计学课程中的经典案例。

但 2016 年美国总统选举结果却狠狠打了民调机构的脸，这次民调机构普遍预测希拉里将胜出，美国将出现历史上第一位女总统。但选举结果着实出人意料，是什么原因导致总统竞选预测结果的失败？

调查专家们进行了总结和反思。其实，就最后的选票看，希拉里的选票高于特朗普票数近 300 万，但美国总统非直接民选，而是由各州依人口比例委任选举人团代表选出。获得一州相对多数选票的候选人，其所属政党可推选该州的所有选举人团代表。这就意味着，哪位总统候选人在该州获得的票数多，该州的选举人团票就基本上属于这位总统候选人。这样，希拉里和特朗普的决斗胜负取决于几个摇摆的州，希拉里只要在其中一二个州胜出就可获得最后胜利。但命运偏偏眷顾特朗普。媒体说，投票结果公布后，奥巴马政府情报部门进行了调查，发现有国外因素涉入，某国的"黑客"在投票前公布了一些不利于希拉里的绝密文件，影响了最后投票的走势。特朗普最后也被迫承认"黑客门"的信息对自己有利，但反驳说外部势力没有也不可能改动选票。除了这个因素，分析还认为，有人查阅了网站竞选预测指针的源代码，发现其变化并非来自实时数据，而是呈现随机摇摆，由此推测样本点的分布不够均匀。调查中的缺失数据和失真数据是一个重要原因。数据分析表明，许多特朗普的支持者在调查中或保持沉默，或说了假话，对统计推断产生了误导。上述分析表明，预测失败不是因为抽样技术和统计推断不科学，而是因为偏离了正确的抽样。调查数据存在虚假，推断中没有考虑关键的影响变量。

2.1　统计调查的含义、要求和种类

2.1.1　统计调查的含义

统计调查也称统计观察，是根据调查的目的与要求，运用科学的调查方法，有计划、有组织地搜集数据信息资料的统计工作过程。明确调查的目的，确定调查对象和调查表，规定调查时间和地点等，是统计资料整理和分析的前提。统计调查是对客观事实进行的观察和登记。统计调查所涉及的资料有两种：一种是直接向调查单位搜集的未经加工、整理的资料，一般称为原始资料，又称为初级资料；另一种是根据研究目的搜集，经初步加工、整理过的，能够在一定程度上说明总体现象的资料，一般称为次级资料或二手资料。统计调查一般指的是对原始资料的搜集，并将其进行加工、整理、汇总，使其成为从个体特征过渡到总体特征的资料，但有时也包括对二手资料的搜集。

统计工作中的统计设计、统计调查、统计整理和统计分析的这些环节是彼此密切联系的，统计调查则是整个统计工作的基础环节。如果统计调查做得不好，得到的材料残缺不全或有错误，就会影响整个统计工作。

2.1.2　统计调查的要求

为了保证调查资料的质量，使其正确反映客观事物，要求统计调查必须具有真实性、准

确性、系统性、完整性和及时性。真实性和准确性就是如实反映客观实际，资料准确，这是保证统计资料质量的首要环节，是统计工作的生命线。如果统计资料不真实，必将给统计各个阶段的工作带来不良影响。系统性和完整性是指搜集的资料有条理，合乎逻辑，不杂乱无章，便于汇总；调查单位不重复、不遗漏、所列调查项目的资料收集齐全。若统计资料残缺不全，就不可能反映所研究对象的全貌和正确认识社会经济现象的特征，最终也就难以对社会经济现象的规律性做出明确的判断，甚至会得出错误的结论。及时性就是时效性，即要求在统计调查方案规定的时间内，尽快提供资料。如果统计资料收集不及时，就会耽误统计整理分析的时间，使统计失去应有的作用。

2.1.3 统计调查的种类

根据不同的情况，统计调查可分为不同的类别。

（1）按调查对象包括的范围不同，可分为全面调查和非全面调查。全面调查是指对调查中的全部单位无一例外地都进行登记或观察。普查、全面统计报表都属于全面调查。非全面调查是指只对调查对象总体中的一部分单位进行登记或观察。这种调查方式的调查单位少，可以用较少的人力、物力、财力和时间调查较多的内容，收集到较深入、细致的情况和资料，但未包括全面资料，因此常常需要与全面调查结合起来使用。

（2）按调查登记时间是否有连续性，可分为经常性调查和一次性调查。经常性调查就是按不断变化的研究现象，连续不断地进行登记或观察，以反映事物在一定时期内的全部发展过程。一次性调查就是对被研究现象在某一时刻或瞬间的状况进行一次性登记或观察，以反映事物在一定时点上的发展水平。

（3）按组织方式不同，可分为统计报表和专门调查。统计报表是按照统一规定的表式要求，自上而下地统一布置，自下而上地统一提供统计资料的一种调查组织方式。专门调查是为研究某些专门问题，由进行调查的单位专门组织的调查，这种调查属于一次性调查，如人口普查、经济普查和农业普查等。实践证明，对经济情况多组织专门的统计调查，可满足各级领导部门制定有关方针、政策和领导工作的需要。所以，专门调查在我国统计中占有重要地位，进行专门调查可以有很多种形式，如普查、重点调查、抽样调查和典型调查等。

2.2 统计调查的组织方式

统计调查是取得社会经济数据的主要来源，也是获得直接统计数据的重要手段。统计调查的组织方式是指组织搜集数据信息资源的方式。统计调查的组织方式主要有普查、抽样调查、统计报表、重点调查和典型调查。

2.2.1 普查

普查是指为了某一特定目的而专门组织的一次性全面调查。普查是一个国家或地区用于定期掌握国情、国力（如人口、经济发展状况）的统计调查方式，可为政府制定社会经济发展战略和方针政策提供依据。另外，普查所取得的资料，还可以为经常性的抽样调查提供抽样框和各种辅助资料，提高抽样调查的效果。目前，我国的普查主要有人口普查、经济普查和农业普查三种。

普查的组织方式一般有两种：一是建立专门的普查机构，配备一定数量的普查人员，对观测单位直接进行登记，如我国历次的人口普查；二是利用观测单位的原始记录和核算资料，发放调查表，由观测单位按要求填报，如物资库存普查等。但每一种方式都需要有专门的机构和专门的人员来组织领导。有时，为了满足国家的迫切需要，还可以采用快速普查的形式，即改变一般普查"逐级布置，逐级汇总"的做法，直接由最高普查机构把任务布置到基层单位，基层单位直接把资料报送给最高普查机构，越过中间环节，实行越级汇总、集中汇总。

普查作为一种特殊的数据收集方式，具有以下几个特点：

1. 普查通常是周期性的

由于普查涉及面广、调查单位多，在调查过程中需要耗费大量的人力、物力和财力，因此不易进行连续调查，通常是间隔较长时间组织一次，一般每隔 10 年进行一次。如我国的人口普查从 1953 年到 2010 年共进行了 6 次。今后，我国的普查将更为规范化、制度化，即每逢年份的末尾数字为"0"的年份进行人口普查，尾数为"3"的年份进行第三产业普查，尾数为"5"的年份进行工业普查，尾数为"6"的年份进行农业普查，尾数为"1"或"6"的年份进行统计单位普查。

2. 规定统一的标准时点

标准时点是指对被调查对象登记时所依据的统一时点。这个时点一经确定，所有调查资料都要反映这一时点上的状况，以避免搜集资料时因情况变动而产生重复登记和遗漏现象。例如，我国第六次人口普查的标准时点是 2010 年 11 月 1 日 0 时，农业普查的标准时点定为普查年份的 1 月 1 日 0 时。标准时点一般定在调查对象比较集中、相对变动较小的时间。

3. 普查是全面调查

普查是全面调查，数据比较准确，规范化程度高，它能够掌握大量、详细、全面的统计资料。因此，它可以为抽样调查或其他调查提供基本依据。

4. 普查适用对象较窄

普查适用对象较窄，只能调查一些最基本、特定的现象。

2.2.2 抽样调查

抽样调查是指从调查对象的总体中按照随机原则抽取一部分单位作为样本进行调查，并根据样本调查结果来推断总体数量特征的一种非全面调查组织形式。例如，电视显像管的平均使用寿命、农民年收入情况调查等。

抽样调查是实际中应用最广泛的一种调查方式，它具有以下几个特点：

1. 经济性

这是抽样调查的一个最显著优点。由于抽样调查的单位少，大大减轻了工作量，调查、登记和汇总都可以专业化，因而节省人力、物力和费用开支。特别对于总体范围很大、单位很多、情况很复杂的现象，抽样调查更显优越性。

2. 时效性

抽样调查可以迅速、及时地获得所需要的信息。由于工作量小，调查的准备时间、调查时间、数据处理时间等都可以大大缩减,从而提高数据的时效性。与普查等全面调查相比,抽样调查可以频繁地进行,随着事物的发生和发展,及时取得有关信息,以弥补普查等全面调查的不足。例如,在两次人口普查之间,各年份的人口数据都是通过抽样调查取得的。

3. 准确性

抽样调查的数据质量有时比全面调查更高,因为全面调查的工作量大、环节多,登记性(或调查)误差往往很大;而抽样调查工作量小,可使各环节的工作做得更细致,误差往往很小。当然,用样本数据去推断总体时,不可避免地会有推断误差,但这种误差的大小是可以计算并加以控制的,因此推断的结果通常是可靠的。

4. 适应性

抽样调查可以获得更广泛的信息,它适用于各个领域、各种问题的调查。从适用的范围和问题来看,抽样调查既能调查全面调查能够调查的现象,也能调查全面调查所不能够调查的现象,特别是对一些特殊现象的调查,如产品质量检验、农产品实验和医药的临床实验等。从调查的项目和指标来看,抽样调查内容和指标可以更详细、更深入,能获得更全面、更广泛和更深入的数据。

2.2.3 统计报表

统计报表是按照国家有关法规,自上而下地统一布置,以一定的原始记录为依据,按照统一的表式、统一的指标项目、统一的报送时间和报送程序,自下而上、逐级地定期提供统计资料的一种调查方式。

统计报表的优点:一是报表资料的来源建立在各个基层单位原始记录的基础上,基层单位可利用其资料对生产、经营活动进行监督管理;二是由于统计报表是逐级上报和汇总的,故各级领导部门都能获得管辖范围内的报表资料,了解本地区、本部门的经济和社会发展情况;三是统计报表属于经常性调查,调查项目相对稳定,有利于积累资料,并进行动态对比分析。

统计报表根据其性质和要求不同,有以下几种分类:

1. 按照报送范围不同分类

按照报送范围不同,统计报表可分为全面统计报表和非全面统计报表。

全面统计报表要求调查对象中的每一个单位都填报。例如,中国公路水路交通行业发展统计公报、中国海洋经济统计公报等报表。非全面统计报表只要求调查对象中的一部分单位填报。目前,我国大多数统计报表要求调查对象全部填写,具有统一性、全面性、周期性和可靠性的特点。

2. 按照报送周期长短不同分类

按照报送周期长短不同,统计报表可分为日报、旬报、月报、季报、半年报和年报等。

除年报外,一般称为定期报表。其中,日报和旬报也可称为进度报表。这些报表不仅反映时间长短的差别,且所包括指标项目的繁简也有所不同。周期短的,要求资料上报迅速,因此项目不能多;周期长一点的,内容就要求全面一些,对指标的要求也可以详细一点。年报具有年度总结性质,指标要求更全面,内容要求更详尽。

3. 按照报表内容和实施范围不同分类

按照报表内容和实施范围不同,统计报表可分为国家统计报表、部门统计报表和地方统计报表。

国家统计报表也称国民经济基本统计报表，由国家统计部门统一制发，用以反映全国性的经济和社会基本情况，包括农业、工业、建筑、物资、商业、外贸、劳动工资和财政等方面最基本的统计资料。部门统计报表是为了适应本部门业务管理需要而制定的专业统计报表，在本系统内实行，用以搜集有关部门的业务技术资料。地方统计报表是针对地区特点而补充规定的地区性统计报表，它是为本地区的计划和管理服务的。

4. 按照填报单位不同分类

按照填报单位不同，统计报表可分为基层统计报表和综合统计报表。

基层统计报表即由基层企事业单位填报的报表；综合统计报表是由主管部门或统计部门根据基层报表逐级汇总填报的报表。

统计报表的资料来源于基层单位的原始记录。从原始记录到统计报表，中间还要经过统计台账和企业内部报表。因此，建立和健全原始记录、统计台账和企业内部统计报表制度，是保证所搜集到的统计资料具有高质量的基础。

2.2.4 重点调查

重点调查是指只在调查对象中选择一部分重点单位进行调查，借以了解总体基本情况的一种非全面调查。重点单位是指就调查标志而言，其标志值占总体标志总量的大部分比例的少数单位。通过搜集重点单位的资料，就可以掌握调查对象的基本情况和发展趋势。例如，我国的钢铁企业有数百家，但钢铁产量的高低差别很大，其中首钢、宝钢、鞍钢和包钢等几个大型钢铁企业，虽然在企业数上只是少数，但在全国钢铁总产量中所占的比例是绝对大的，只要对这些重点企业进行观测，就可以大概了解全国钢铁生产的基本情况。又如，要了解棉花、木材等的生产情况，只要对主产区进行观察就可以掌握大致的情况。

重点调查的特点是省时、省力，能反映总体的基本情况。重点调查既可用于经常性调查，也可用于一次性调查。当调查任务只要求掌握调查对象的基本情况，而在总体中部分单位又能较集中地反映所要研究的问题时，进行重点调查是比较适宜的。

组织重点调查的重要问题是确定重点单位。重点单位选多选少，要根据调查任务确定。一般来说，选出的单位应尽可能少些，而这些单位又能反映总体的一般情况。这样，选中的单位能提供较为可靠的资料，达到重点调查的目的。但值得注意的是，重点调查的结果不能用数理统计的方法来分析。

2.2.5 典型调查

典型调查是指根据调查的目的和要求，在对研究对象进行全面分析的基础上，有意识地选择部分有代表性的单位进行的一种非全面调查。典型调查的目的是通过典型单位来描述或揭示客观现象的本质和规律，因此所选择的典型单位应具有所研究问题的本质属性或特征。例如，要研究家电企业的经济效益问题，可以在全国家电行业中选择一个或几个经济效益有代表性的企业进行深入、细致的调查，以探寻企业经济效益形成的过程、原因和特点。

典型调查有两种选"典"方式：一种是"解剖麻雀"式，如果在调查单位之间，情况差异较少，则可选择一个或两个典型单位进行研究性调查，主要用于探寻事物发生发展的原因和规律；另一种是"划类选典"式，如果作为调查对象的各个单位之间差异较大，则先按有关标志将研究对象分类，再在各类别中选择有代表性的单位进行调查。

典型调查的优点在于调查范围小，调查单位少，灵活机动，具体深入，节省人力、财力和物力等。其不足之处在于实际操作中选择真正有代表性的典型单位比较困难，而且容易受人为因素的干扰，从而可能导致调查的结论有一定的倾向性。典型调查的结果一般情况下不宜用于对总体的推断。

不同的统计调查方式，各有其特点和作用。在实际工作中，并非单用一种方式，而是多种方式结合运用。这是因为：国民经济和社会发展的情况复杂，国民经济门类众多，必须应用多种多样的统计调查方式，才能搜集到丰富的统计资料；任何一种统计调查方式，都有它的优越性与局限性，各有不同的实施条件，只用一种统计调查方式，不能满足多种需要。

2.3 统计数据的来源

从统计数据本身的来源看，统计数据最初都源于直接的调查或实验。但从使用者的角度看，统计数据主要来源于两种渠道：一是源于直接的调查和科学实验，对使用者来说，这是统计数据的直接来源，称为第一手数据或直接数据；二是源于别人调查或实验的数据，对使用者来说，这是统计数据的间接来源，称为第二手数据或间接数据。一般而言，有可供利用的间接数据是最经济的，只有缺乏间接数据或因为情况的改变间接数据不可采用时，才去获取直接数据。

2.3.1 直接来源

统计数据的直接来源主要有两个：一是调查或观察；二是实验。调查是取得社会经济数据的重要手段，其中包括统计部门进行的统计调查。例如，国家统计局每10年进行一次全国农业普查，尾数逢"6"的年份为普查年度，标准时点为普查年度的12月31日24时。1996年实施了第一次全国农业普查，2006年开展了第二次全国农业普查。第三次全国农业普查的标准时点为2016年12月31日，时期资料为2016年度资料。

除此之外，其他部门或机构为了特定目的也会进行一些调查。例如，美国的盖洛普公司是全球知名的民意测验和商业调查、咨询公司。盖洛普公司向客户提供盖洛普专有的商业和管理调查、研究、咨询和培训的全套产品，包括新产品测试、消费者态度和使用习惯研究、市场分层、广告效能监测、媒体策划、市场份额监测、品牌资产监测与管理、分销渠道研究、营销策略、企业形象评测与研究、客户满意度和忠诚度监测、员工满意度和忠诚度监测、工作环境质量监测、员工选拔与培养、管理层评估和培训、管理方法和领导术培训等。

实验是取得自然科学数据的主要手段。在下一节，我们将重点讨论取得社会经济数据的主要方式和方法。

2.3.2 间接来源

使用者收集并使用了他人的调查或实验而得到的统计数据就称为统计数据的间接来源。相应地，与研究内容有关的原数据已经存在，使用者对这些数据重新加工、整理，使之成为可以使用的数据，我们称之为间接数据或二手数据。

从数据收集的范围来看，间接数据可以来自系统的内外部。来源于系统内部的间接数据包括系统内的业务数据，如各种原始凭证、台账、记录、统计报表、文件档案和分析资料等。来源于系统外部的间接数据主要包括国内外公开出版的各种出版物，当然有些是尚未公开出版的数据。社会经济数据主要来自国家和地方的统计部门以及各种报刊媒介。例如，在我国，公开的出版物有《中国统计年鉴》，其系统收录了全国和各省、自治区、直辖市的经济、社会各方面的统计数据，其中包括：综合、国民经济核算、人口、就业人员和职工工资、固定资产投资、对外经济贸易、能源、财政、价格指数、人民生活、城市概况、资源和环境、农业、工业、建筑业、运输和邮电、批发和零售业、住宿餐饮业和旅游业、金融业、教育和科技、文化体育和卫生、社会服务及其他、香港和澳门特别行政区主要社会经济指标、台湾省主要社会经济指标等。《中国统计年鉴》是一部全面反映中华人民共和国经济和社会发展情况的资料性年刊。除此之外，还有《中国统计摘要》《中国工业经济统计年鉴》《中国农村统计年鉴》《中国社会统计年鉴》《中国金融年鉴》，以及各省、市、地区的统计年鉴等。提供世界各国社会和经济数据的出版物也有很多，例如，《国际统计年鉴》《世界经济年鉴》《国外经济统计资料》，世界银行各年度的《世界发展报告》等。联合国的有关部门及世界各国也定期出版各种统计数据。各种年鉴一般反映年度数据，时效性略差。对于反映我国经济社会动态的数据，则可由《中国统计》《中国经济景气月报》《中国经济数据分析》等期刊获得。

除此之外，还可以通过其他渠道使用一些尚未公开发布的统计数据，可以利用各种报纸、杂志、图书、广播、电视传媒中的数据。

在计算机与网络技术飞速发展的今天，互联网已成为获取统计数据的重要途径。我们获取统计数据的主要网站有：中国统计信息网（www.stats.gov.cn）、中国经济信息网（www.cei.gov.cn）、中国经济时报网（www.cet.com.cn）以及其他相关网站。

二手数据的收集比较快捷、容易且成本低，是研究者的首选。研究者应尽量利用间接数据，这不仅是因为节省费用和时间，也因为某些数据（如历史性的、地域广或专业性很强的）由个人或个别机构组织直接收集通常是不可能的。但是，二手数据也有局限性，比如使用二手数据时应注意统计数据的含义和收集时间、计算口径、计算方法，以免误用和滥用。同时，在引用二手数据时，一定要注明统计数据的来源，以尊重他人的劳动成果。

2.4 搜集数据的方法

搜集数据的具体方法应当根据调查对象、调查单位的特点和调查内容的不同要求来确定。常用的方法有观察法、实验法和采访法。

2.4.1 观察法

观察法是指调查者有目的、有计划地凭借自己的感觉器官或运用各种记录工具，深入调查现场，直接观察和记录被调查对象的行为或状态，以收集资料的一种方法。观察法是一种可替代直接发问的方法。例如，调查者到商场、各种展销会、交易会等现场，亲自观察和记录顾客的购买情况、购买情绪、同类产品竞争程度以及各种商品的性能、式样、价格、包装等。

观察法的主要优点是：

（1）可以实地记录客观现象的发生，能够获取直接的资料，对客观现象的实际过程和当时的环境气氛都可以了解。

（2）收集到的信息在大多数情况下是完全真实客观的，无须征得被调查者的同意。

（3）对被调查者的配合与否及其能力大小没有要求。

（4）观察结果真实、客观，有说服力。

观察法的主要缺点是：

（1）调查成本较大，花费的时间较长，观察过程受时间限制。

（2）调查结果往往受观察人员本身素质的影响，而且结果难以进行量化统计分析。

（3）观察法只能观察表面现象，无法了解深层次的情况，因而无法获取观察现象的内在信息。

观察法按是否使用仪器可分为直接观察和间接观察。直接观察是指观察者直接用自己的感觉器官对事物进行调查。例如，在生猪饲养调查中，调查人员深入养殖现场，"踏栏计数，目测估重"。间接观察就是观察者借助观察仪器进行的观察调查。例如，通过录像监控设备，调查营业场所顾客购买商品和营业人员营销服务的情况。

观察法按观察者是否参与被观察者活动，分为参与观察与非参与观察。参与观察是观察者加入观察对象之中，通过与观察对象的共同活动，去收集观察对象的有关信息资料。例如，调查营业人员的工作情况，调查者与营业人员一起开展商品营销，从中收集营业人员工作热情、业务技术、工作方法和工作效率等有关情况。非参与观察以局外人角色对所研究的对象进行观察。例如，一个中等规模的企业，想要了解员工平时的工作状态是否积极饱满，则随机抽取一定数量的员工，并对他们进行暗中观察，这样得到的结果往往能真实地反映该企业员工的总体工作状态。

2.4.2 实验法

实验法是一种特殊的观察调查方法，它是在所设定的特殊实验场所，在特殊状态下，对被调查对象进行实验，以取得所需资料的一种调查方法。实验调查的目的是控制一个或多个自变量（如施肥量、降雨量等），研究在其他因素（如光照、土壤肥沃程度等）都不变或相同的条件下，这些自变量对因变量（如亩产）的影响。例如，某方便面企业为了扩大其产品在市场上的占有率，将其方便面的外包装做了改进，把改进后的样品投放到市场上，检验其是否能起到提高销售量的作用。

实验法的主要优点是：

（1）通过实验调查能直接揭示客观现象之间的因果关系。

（2）实验调查可重复进行。

（3）实验法有利于探索解决问题的具体途径和方法。

实验法的主要缺点是：

（1）应用范围有限。

（2）无法完全排除非实验因素影响。

（3）对实验者要求较高，花费的时间长。

实验法根据场所的不同，可分为室内实验和市场实验。进行室内实验时，通常要对某些实验因素加以人为控制，进而探索自变量与因变量之间的关系。例如，把调查对象分为甲、乙两组，甲组不做任何干扰，对乙组定期推送关于转基因的信息和开展有关转基因的培训，然后观测两组的反映。室内实验法重复性强、周期短、便于操作，但有些因素由于条件限制难以模拟环境分解状况，因此仍需辅之以市场实验。在市场实验法中，如果其他未控制的因素真的保持不变，那么实验的结果应该是和自然科学实验一样准确的。但是市场上未能控制而又可能在实验期间内有所变化的外来因素太多（例如，消费者偏好、产品的市场需求等），这些外来因素都可能对实验的结果有所影响。为此，在进行实验设计时，要尽可能地减少这些不确定性带来的实验误差。

实验调查根据目的不同，可分为研究性实验和应用性实验。研究性实验是以揭示实验对象的本质及其发展规律为主要目的的实验。应用性实验则是以解决实际问题为目的的实验。

2.4.3 采访法

采访法是根据被调查者的答复来搜集统计资料的一种调查方法，此法又可分为口头询问法和被调查者自填法两种。口头询问法是由调查人员与被调查者直接交谈，当面填答。被调查者自填法是由调查人员把调查表交给被调查者，向被调查者说明填表的要求和方法，并对有关注意事项加以解释，由被调查者按实际情况一一填好，然后交给调查人员审核收回。我国人口普查、城镇居民家庭收入调查中对经常性住户资料的搜集就是采用这种方法。

采访形式可以多种多样，可以是直接面对面的调查，也可以通过电话进行调查，直接面对面调查，逐项询问，互相核实，搜集的资料比较真实可靠，但需要时间长，且耗费大量的人力、物力和财力。电话调查是采访法的一种特殊形式，节省人力、财力和时间，成本较低，但往往不易获得对方的合作，而且不便询问比较复杂的问题。另外，还可以借助互联网进行自填式调查。目前已有很多提供调查服务互联网平台，用户量比较多的互联网调查平台有问卷星、问卷网和第一问卷网等。借助互联网平台进行调查，具有成本低、效率高、方便数据整理等优点。但是，网络调查难以甄别被调查者是否为调查对象，样本的代表性难以保证。因而，非特殊情况适宜网络调查的不要轻易采用网络调查。

2.5 统计数据质量要求

收集统计数据是统计研究的第一步，如何保证统计数据的质量是数据收集阶段应重点解决的问题，因为统计数据质量的好坏直接影响统计分析结论的客观性和真实性。

2.5.1 统计数据的误差

统计数据的误差是指收集到的数据与研究对象真实结果之间的差异。统计误差有登记性误差和代表性误差两类。

登记性误差是指数据收集过程中由于工作失误而造成的误差。它又分为计量技术误差和登记工作误差两种情况。前者是由于计量技术和手段的局限性带来的、无法绝对符合现象的真值而产生的误差，如计量标准件的误差、循环小数的取值等。后者是指因为被调查者回答误差和无回答误差，调查员误差地登记、录入、计算、汇总、抄报等无意错误以及人为的虚报、瞒报的有意错误所而产生的误差。登记性误差在所有的数据收集方法中都可能存在。

代表性误差是仅存在于非全面调查中的一种统计数据误差，它是在非全面调查中利用部分总体单位所构造的样本统计量来推断总体参数所导致的误差。代表性误差也分为两种：一种是随机误差，指在随机抽取样本单位时由于代表性不足而产生的偏差；另一种是人为误差，指在抽取样本单位时因为人的主观因素，破坏了随机原则而导致的偏差。

任何统计调查，都伴随着这样或那样的误差。最大限度地消除误差，以保证统计数据的可靠性至关重要。为保证数据的可靠性，在数据收集过程中要注意做好数据的质量控制。

2.5.2 统计数据的质量要求

数据的质量包括多方面的含义，它不仅仅指数据本身的准确性或误差的大小。就一般的统计数据而言，可将其质量评价标准概括为六个方面：

（1）精度，即最低的抽样误差或随机误差。
（2）准确性，即最小的非抽样误差或偏差。
（3）关联性，即满足用户决策、管理和研究的需要。
（4）及时性，即在最短的时间内取得并公布数据。
（5）一致性，即保持时间序列的可比性。
（6）经济性，即在满足以上标准的前提下，以最低成本取得数据。可见统计数据的质量是多方面要求的综合体现。现在，人们对统计数据的质量提出了越来越高的要求，当我们为某一需要收集统计数据时，在调查方案的设计、数据的收集、数据的处理与分析的各个环节中，都应该注意保证数据的质量，以便得出切合实际的客观结论。

2.6 统计调查方案的设计

统计调查是一项复杂细致的工作。在统计调查工作正式开始之前，需要制定一个完整、周密的调查方案。正确制定统计调查方案是保证统计调查有计划、有组织地进行的首要步骤，它是对整个调查工作的通盘考虑和安排，是指导整个调查过程的纲领性文件。一个完整的统计调查方案，其内容主要包括以下几个方面：

2.6.1 调查目的

确定调查目的是制定统计调查方案的首要问题，也是应该首先明确的核心问题，这是统计调查的第一步工作，调查活动的各个方面、各个环节都是围绕调查目的进行的。调查目的，就是所要达到的具体目标。确定调查目的，就是明确在调查中要解决哪些问题，通过调查要取得什么样的资料，取得这些资料有什么用途等问题。只有明确了调查目的，才能进一步确定调查对象、内容和方法。调查目的要明确具体，突出重点，易于理解和把握。例如，我国2010年进行的第六次全国人口普查的目的是："查清2000年以来我国人口数量、结构、分布和居住环境等方面的变化情况，为科学制定国民经济和社会发展规划，统筹安排人民的物质和文化生活，实现可持续发展战略，构建社会主义和谐社会，提供真实准确、完整及时的人口统计信息支持。"

2.6.2 调查对象和调查单位

在确定调查目的后，就要据此确定调查对象和调查单位，其目的是回答向谁调查，由谁来提供统计资料的问题。调查对象是所调查的客观现象的总体，由大量具有共同属性的被调查个体组成。调查单位是指在某项调查中登记其具体特征的单位，即构成调查对象的每一个基本单位，它是调查项目和标志的承担者或载体，是收集数据的基本单位。例如，调查的目的是获取某地区工业企业的产值，调查对象就应该是该地区的所有工业企业，而调查单位就是构成该地区工业企业总体的每一家工业企业。例如，我国第六次人口普查的对象是指普查标准时点在中华人民共和国境内的自然人，以及在中华人民共和国境外但未定居的中国公民，不包括在中华人民共和国境内短期停留的境外人员。人口普查以户为单位，户分为家庭户和集体户。

在确定调查对象和调查单位时，应注意以下三个问题：

(1) 由于调查对象的复杂性，因此必须用科学的理论为指导，严格规定调查对象的含义，并指出它与其他有关现象的界限，以免造成由于界限不清而发生的差错。例如，以城市职工为调查对象，就应明确职工的含义，划清城市职工与非城市职工、职工与居民等概念的界限。

(2) 调查单位的确定取决于调查目的和对象，调查目的和对象改变，调查单位也要随之改变。例如，要调查城市职工本人基本情况时，调查单位就不再是每一户城市职工，而是每一个城市职工。

(3) 不同的调查方式会产生不同的调查单位。如果采取普查方式，则调查总体内所包含的全部单位都是调查单位；如果采取抽样调查方式，则用各种抽样方法抽出的样本单位是调查单位。为此，要明确地给出具体的抽样设计思路。

需要强调的是，调查单位与填报单位有区别。填报单位也称为报告单位，是负责提供资料的单位、人或组织机构。而调查单位是调查项目的承担者，可以是人、机构，也可以是物。填报单位和调查单位两者有时是一致的，例如，调查辽宁省工业企业的生产经营状况，调查单位和填报单位均可以是辽宁省的每个具体的工业企业；两者有时又是不一致的，例如，调查 2011 年全国高校教师的工资情况，调查单位为全国的每一名高校教师，而填报单位一般是每一所高校。

所以，在确定调查对象、调查单位的同时，需要确定填报单位，以保证调查工作紧密衔接。

2.6.3 调查项目和调查表

调查项目就是调查中所要登记的调查单位的特征，也就是需要被调查者回答的具体问题。它可以是调查单位的数量特征，例如，人的收入，超市的营业额，企业的产量、产值等；也可以是调查单位某种属性或品质特征，例如，人的职业、籍贯、性别，企业所属的行业类别等。在拟定调查项目时要注意以下三个问题：一是所选择的项目必须是能取得确切资料的,对于不必要或者虽然需要但没有可能取得资料的项目,就不应该列入;二是调查的每一个项目应该有确切的含义和统一的解释,以免调查人员或被调查者按照各自不同的理解进行回答,使调查结果无法汇总。三是各个调查项目相互之间尽可能做到互相联系,彼此衔接,以便从整体上了解现象的相互联系,也便于有关项目相互核对,提高调查资料的质量。

按照一定的顺序把各个调查项目排列在一定的表格上,就构成了调查表。调查表是统计调查的核心部分。好的调查表,项目要少而精、措词要精炼,要使被调查者易填、易答。调查表有一览表和单一表两种形式。一览表是能够登记多个调查单位资料的调查表。在调查项目不多时,采用该类表式。它较为简单,便于合计和核对数据。单一表是只登记一个调查单位资料的调查表,可容纳较多标志,它便于分类整理,一般在调查项目较多的时候使用。

调查表一般由表头、表体和表外附加三部分组成。表头是调查表的名称,用来说明调查的内容,被调查单位的名称、性质、隶属关系等;表体是调查表的主要部分,内容包括调查的具体项目;表外附加又称表脚,通常由填表人签名、填表日期、填表说明等内容组成。表2-1所示为第二次全国经济普查中的一部分调查表。

表2-1 住宿和餐饮业经营情况调查表

指标名称	代码	本年实际/千元	指标名称	代码	本年实际/千元	指标名称	代码	本年实际/千元
营业额			(2)餐费收入			(4)其他收入		
(1)客房收入			(3)商品销售额					

单位负责人: 统计负责人: 填表人: 报出日期: 年 月 日

说明:本表由国民经济各行业多产业法人所属的批发和零售业、住宿和餐饮业活动单位填报。

2.6.4 调查时间

统计上的调查时间包括两个方面的含义,即调查时间和调查期限。调查时间是指调查资料所属时间。在统计调查中,如果所调查的是时期现象,就要明确规定调查资料所属时间。如果要调查的是时点现象,就要明确规定调查资料所属时点。例如,我国第二次全国经济普查规定标准时点为2008年12月31日24时,时期资料的调查时间是从2008年1月1日起到2008年12月31日止,共1年时间。

调查期限是指整个调查工作的起止时间,包括手机资料和报送资料等全部工作所需要的时间。例如,我国第二次经济普查方案规定,2009年1月至9月为普查登记及数据处理阶段,即普查期限为9个月。我国第五次人口普查的期限是2000年11月1日至11月10日,共10天。

2.6.5 调查工作组织计划

为了使调查工作顺利进行,在着手调查之前要首先制订调查工作组织计划,其主要内容可概括为以下几个方面：
(1) 确定调查工作的领导机构和办事机构。
(2) 明确调查人员的组织与分工。
(3) 明确调查前的准备工作，包括宣传教育、人员培训、文件资料的印发、方案的传达布置、调查经费的预算及开支办法等。
(4) 规定调查工作的检查、监督方法。
(5) 确定公布调查成果的时间等。

2.7 调查问卷设计

调查问卷又称调查表或询问表，这种调查表是现代调查中最为普遍使用的搜集资料的工具。尤其是抽样调查，一般使用调查问卷。

调查问卷的作用在于：

(1) 可以使调查研究规范化。规范化是使提问和答案的内容和形式一律标准化。

(2) 可以使调查研究程序化。调查访问按问卷规定的提问和回答的次序进行，所以持卷访问也叫结构式访问。

(3) 可以使调查研究科学化。科学化是指使用调查问卷可以提高搜集资料的可靠性和分析资料的正确程度。本节中我们专门讲一讲调查问卷（以下简称问卷）设计中的有关问题。

2.7.1 问卷设计的原则

在问卷的设计过程中应该遵循一定的原则：

(1) 有明确的主题。根据调查主题，从实际出发拟题，问题目的明确，重点突出，没有可有可无的问题。

(2) 结构合理，逻辑性强。问题的排列应有一定的逻辑顺序，符合应答者的思维习惯。一般是先易后难，先简后繁，先具体后抽象。

(3) 通俗易懂。问卷应使应答者一目了然，并愿意如实回答。问卷的语气要亲切，符合应答者的理解能力和认知能力，避免使用专业术语。对敏感性问题采取一定的技巧调查，使问卷具有合理性和可答性，避免主观性和暗示性，以免答案失真。

(4) 控制问卷的长度。回答问卷的时间控制在 20 分钟左右，问卷中既不要浪费一个问句，也不要遗漏一个问句。

(5) 便于资料的校验、整理和统计。

2.7.2 问卷设计的程序

1. 确定主题和资料范围

根据调查目的，研究调查内容、所需收集的资料及资料来源、调查范围等，酝酿问卷的整体构思，将所需要的资料一一列出。分析哪些是主要资料、哪些是次要资料、哪些是可要可不要的资料，淘汰那些不需要的资料，再分析哪些资料需要通过问卷取得、需要向谁调查等，并确定调查地点、时间及对象。

2. 分析样本特征

分析了解各类调查对象的社会阶层、社会环境、行为规范和观念习俗等社会特征，需求动机、潜在欲望等心理特征，理解能力、文化程度和知识水平等学识特征，以便针对其特征来拟题。

3. 拟定并编排问题

首先构想每项资料需要用什么样的句型来提问，尽量详尽地列出问题；然后对问题进行检查、筛选，看有无多余的问题，有无遗漏的问题，有无不适当的问句，以便进行删、补、换。

4. 进行试问试答

站在调查者的立场上试行提问，看问题是否清楚明白，是否便于资料的记录、整理；站在应答者的立场上试行回答，看是否能答和愿答所有的问题，问题的顺序是否符合逻辑思维。估计回答时间是否合乎要求。有必要在小范围内进行实地试答，以检查问卷的质量。

5. 修改、复印

根据试答情况，对问卷进行修改，再试答，再修改，直到完全合格以后才定稿付印，制成正式问卷。

2.7.3 问题的形式

根据调查内容不同，问题可分为事实性问题、意见性问题和解释性问趣。事实性问题要求被调查者依据现有事实来做出回答，不必提出主观看法。这些问题又称为分类性问题，因为可根据所获得的资料而将应答者分类。例如"您目前的职业是什么？""您使用什么品牌的洗发水？"等。在问卷中，通常将事实性问题放在后面，以免应答者在回答有关私人的问题时有所顾忌，从而影响以后的答案。意见性问题用于了解被调查者的意见、看法、评价、态度、要求和打算等，如"您是否喜欢××电视节目？""您对您目前的职业是否满意？"等。意见性问题即态度调查问题。固然要考虑应答者是否愿意表达他真正的态度，但态度强度各有不同，如何从答案中衡量其强弱，显然也是一个需要克服的问题。解释性问题用于了解被调查者行为、意见、看法等产生的原因，了解个人内心深层的动机。例如"您为什么喜欢看××电视节目？""您为什么要从事目前的职业？"等。解释性问题虽然回答难度和统计处理难度加大了，但收集到的资料能比较深入地说明所研究的问题。

根据回答方式不同，问题可分为开放式问题和封闭式回题。开放式问题也称为自由回答式问题，是指不提供备选答案而需要被调查者自由做出回答的问题。例如，"您对我国目前大学生就业难有何看法？"显然，应答者可以自由回答以上问题，并不需要按照问卷上已拟定的答案加以选择，因此应答者可以充分地表达自己的看法和理由，并且比较深入，有时还可获得研究者始料未及的答案。通常而言，问卷上的第一个问题采用自由式问题，让应答者有机会尽量发表意见，这样可制造有利的调查气氛，缩短调查者与应答者之间的距离。然而，开放问题也有其缺点。例如，调查者的偏见，因记录应答者答案是由调查者执笔，所以极可能失真，或并非应答者原来的意思。如果调查者按照他自己的理解来记录，就有出现偏失的可能，但这些不足可运用录音设备来弥补。开放式问题的第二个主要缺点是资料整理与分析的困难。由于各种应答者的答案可能不同，用词各异，因此在答案分类时难免出现困难，整个过程相当耗费时间，而且免不了夹杂整理者个人的想法。因此，开放性问题在探索调研中是很有帮助的，但在大规模的抽样调查中，它就弊大于利了。

封闭式问题是指已列出所有可能的答案以供被调查者选择。例如，"您家现在住房的面积是多少？A. 50 m^2 以下；B. 50~80 m^2；C. 80~100 m^2；D. 100 m^2 以上"等。

封闭式问题的优点包括以下几个方面：

（1）答案是标准化的，对答案进行编码和分析都比较容易。
（2）回答者易于作答，有利于提高问卷的回收率。
（3）问题的含义比较清楚。因为所提供的答案有助于理解题意，这样就可以避免回答者由于不理解题意而拒绝回答。

封闭式问题也存在一些缺点：

（1）回答者对题目有不正确理解的，难以觉察出来。
（2）可能产生"顺序偏差"或"位置偏差"，即被调查者选择答案可能与该答案的排列位置有关。研究表明，对陈述性答案被调查者趋向于选第一个或最后一个答案，特别是第一个答案；对一组数字（数量或价格）则趋向于取中间位置的。为了减少顺序偏差，可以准备几种形式的问卷，每种形式的问卷答案排列的顺序都不同。

2.7.4 问卷的结构

调查问卷一般可由三大部分组成：卷首语（开场白）、正文和结尾。

1. 卷首语

问卷的卷首语或开场白是致被调查者的信或问候语。其内容一般包括下列几个方面：

（1）称呼、问候，如"××先生、女士：您好！"。
（2）调查人员自我说明调查的主办单位和个人的身份。
（3）简要地说明调查的内容、目的和填写方法。
（4）说明作答的意义或重要性。
（5）说明所需时间。
（6）保证作答对被调查者无负面作用，并替他保守秘密。
（7）表示真诚的感谢，或说明将赠送小礼品。

开场白的语气应该是亲切、诚恳而礼貌的，简明扼要，切忌啰唆。问卷的开头是十分重要的。大量的实践表明，几乎所有拒绝合作的人都是在开始接触的前几秒钟内就表示不愿参与的。如果潜在的调查对象在听取介绍调查来意的一开始就愿意参与，那么绝大部分都会合作，而且一旦开始回答，就几乎都会继续并完成，除非在非常特殊的情况下才会中止。

2. 正文

问卷的正文实际上也包含了三大部分。

第一部分包括向被调查者了解最一般的问题。这些问题应该适用于所有的被调查者，并能很快、很容易回答的问题。在这一部分不应有任何难答的或敏感的问题，以免吓坏被调查者。

第二部分是主要的内容。包括涉及调查的主题的实质和细节的大量题目。这一部分的结构组织安排要符合逻辑性并对被调查者来说应是有意义的。

第三部分一般包括两方面的内容，一是敏感性或复杂的问题，以及测量被调查者的态度或特性的问题；二是人口基本状况、经济状况等。

3. 结尾

问卷的结尾一般可以加上一两道开放式题目，给被调查者一个自由发表意见的机会。然后，对被调查者的合作表示感谢。在问卷的最后，一般应附上一个"调查情况记录"。这个记录一般包括：调查人员（访问员）的姓名、编号；受访者的姓名、地址、电话号码等信息；问卷编号；访问时间；其他（如设计分组等）。

2.7.5 问卷设计应注意的问题

1. 问卷的开场白

问卷的开场白必须慎重对待，要以亲切的口吻询问，措辞应精心，做到言简意赅，亲切诚恳，使被查者自愿与之合作，认真填好问卷。

2. 问题的语言

由于不同的字眼会对被调查者产生不同的影响，因此往往看起来差不多的相同的问题，会因所用字眼不同，而使应答者做出不同的反应和给予不同的回答。故问题所用的字眼必须小心，以免影响答案的准确性。一般来说，在设计问题时应留意以下几个原则：

（1）避免一般性问题。如果问题的本来目的是求取某种特定资料，但问题过于一般化使应答者所提供的答案资料无多大意义。

例如，某汽车厂家想了解消费者对该厂生产的某种型号的轿车的外形和价格是否满意，因而做以下询问："您对该款轿车是否感到满意？"这样的问题，显然不够具体。由于所需资料牵涉外形和价格两个问题，故应分别询问。可以问："您对该款轿车的外形是否满意？""您对该款轿车的价格是否满意？"

（2）问卷的语言尽量要口语化，符合人们交谈的习惯，避免过于书面化的语言。

3. 问题的选择及顺序

通常问卷的头几个问题可采用开放式问题，旨在使应答者多讲话，多发表意见，使应答者感到十分自在，不受拘束，这样应答者与调查者之间的陌生距离便会缩短，应答者能充分发表自己的见解。不过要留意，最初安排的开放式问题必须较易回答，不可具有高敏感性（如困窘性问题）。如果一开始的提问就被应答者主观抵触，那么以后的问题就会很难继续。因此，问题应是容易回答且具有趣味性的，旨在提高应答者的兴趣。核心问题往往置于问卷中间部分，分类性问题如收入、职业、年龄通常置于问卷之末。

在问卷中，问题的顺序一般按下列规则排列：

（1）容易回答的问题放前面，较难回答的问题及困窘性问题放后面，个人资料的事实性问题放卷尾。

（2）封闭式问题放前面，自由式问题放后面。由于自由式问题往往需要时间来考虑答案和语言的组织，因此放在前面会引起应答者的厌烦情绪。

（3）要注意问题的逻辑顺序，按时间顺序、类别顺序等合理排列。

关键术语：

统计调查　普查　抽样调查　统计报表　重点调查　典型调查　观察法　实验法
采访法　统计数据的误差

习 题

一、选择题

1. 2010 年 11 月 1 日 0 时的全国人口普查是（　　）。
   A. 一次性调查和非全面调查　　　B. 经常性调查和非全面调查
   C. 一次性调查和全面调查　　　　D. 经常性调查和全面调查
2. 城镇职工家庭收入调查一般采取（　　）方法。
   A. 普查　　　B. 重点调查　　　C. 典型调查　　　D. 抽样调查
3. 调查几个重要棉花产地就可以了解我国棉花生产的基本情况，这种调查属于（　　）。
   A. 抽样调查　　B. 普查　　　C. 典型调查　　　D. 重点调查
4. 某地区对小学学生情况进行调查，则每所小学是（　　）。
   A. 调查对象　　B. 调查单位　　C. 调查项目　　　D. 填报单位
5. 在非全面调查中，最完善、最有计量科学依据的方式方法是（　　）。
   A. 抽样调查　　B. 非全面统计报表　C. 典型调查　　D. 重点调查
6. 通过调查我国几个主要油田来了解石油生产的基本情况，这种调查方式属于（　　）。
   A. 普查　　　B. 典型调查　　　C. 重点调查　　　D. 抽样调查
7. 调查单位和填报单位（　　）。
   A. 二者是一致的　　　　　　　　B. 二者有时一致，有时不一致
   C. 二者没有关系　　　　　　　　D. 调查单位大于填报单位
8. 下属调查属于经常性调查的是（　　）。
   A. 每隔 10 年进行一次人口普查　　B. 对 5 年来商品价格变动情况进行调查
   C. 对 2010 年职称评审结果进行调查　D. 按月上报商品销售额
9. 在对医院的医疗设备进行普查时，每个医院是（　　）。
   A. 调查对象　　B. 调查总体　　C. 调查单位　　　D. 填报单位
10. 对辽宁省 2011 年餐饮业从业人员的健康状况进行调查，调查单位是（　　）。
    A. 辽宁省餐饮业的全部网点　　　B. 辽宁省餐饮业所有从业人员
    C. 辽宁省餐饮业的每个网点　　　D. 辽宁省餐饮业每个从业人员
11. 如果一个样本因人为操纵而出现偏差，则这种误差属于（　　）。
    A. 抽样误差　　B. 非抽样调查　　C. 设计误差　　　D. 试点误差
12. 下列陈述中错误的是（　　）。
    A. 抽样误差只存在于概率抽样中
    B. 非抽样误差只存在于非概率抽样中
    C. 无论是概率抽样还是非概率抽样都存在非抽样误差

D. 在全面调查中也存在非抽样误差

13. 下列陈述中错误的是（　　）。

A. 抽样误差是可以避免的　　　　B. 非抽样误差是可以避免的

C. 抽样误差是不可以避免的　　　　D. 抽样误差是可以控制的

二、简答题

1. 简述普查与抽样调查的特点。
2. 统计数据的具体收集方法有哪些？
3. 统计调查方案包括哪几个方面的内容？
4. 调查问卷包含几个部分？
5. 统计数据的误差包括哪两个方面？

三、分析题

某电视机生产厂家想要通过市场调查了解以下情况：

（1）该企业的知名度；

（2）电视机的市场占有率；

（3）用户对其所生产的电视机质量的评价及满意程度。

要求：

（1）设计出一份完整的调查方案；

（2）设计出一份调查问卷；

（3）你认为应该采用什么调查方法开展此项调查？

第三章

数据整理与图示

学习目标

知识目标

- ➢ 了解数据的预处理过程。
- ➢ 理解统计分组的意义，正确掌握统计分组方法。
- ➢ 重点掌握数值型数据的分组步骤和原则。
- ➢ 掌握统计表的构成和编制原则。
- ➢ 了解统计图的意义，掌握常用统计图的绘制方法。

能力目标

准确掌握不同类型数据的整理与图示。

案例导读

不同原因引起的寿命损失

统计研究表明，某种原因会使寿命减少。我们用三种方式来描述统计研究的结果。

第一种方式是用文字来描述。比如，未结婚的男性寿命会减少3 500天，女性则减少1 600天；吸烟的男性寿命会减少2 250天，女性则减少800天；饮酒会使寿命减少130天；超重30%会使寿命减少1 300天；滥用药物会使寿命减少90天……

第二种方式是用表格来描述不同原因引起的寿命减少的天数，结果如表3-1所示。

第三种方式是用图形来描述这些结果，如图3-1所示。

表3-1 不同原因引起的寿命减少的天数

原因	寿命减少的天数/天
未结婚（男性）	3 500
惯用左手	3 285
吸烟（男性）	2 250
未结婚（女性）	1 600
超重30%	1 300
超重20%	900
吸烟（女性）	800
抽雪茄	300
危险工作，事故	300
交通事故	200
饮酒	130
滥用药物	90
一般工作，事故	74
自然放射性	8
喝咖啡	6
医疗X射线	6

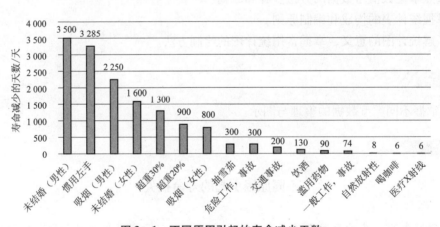

图3-1 不同原因引起的寿命减少天数

比较上述三种方式，你认为哪种方式更好？

合理使用图表来描述统计结果是应用统计的基本技能之一。所谓统计数据整理，是指根据统计研究的目的，对收集到的数据进行科学的加工处理，使之系统化、条理化和综合化，使之成为能反映研究对象总体数量特征，以满足统计分析需要的统计数据的过程。本章主要介绍对原始数据的整理，即通过分组和汇总，使大量的、零散的、反映个体特征的数据，转化为综合的、反映总体特征的数据。

3.1 数据的预处理

数据的预处理是统计整理的先前步骤,是在统计分组、汇总前对原始数据所做的必要工作,包括数据审核、数据筛选和数据排序。

3.1.1 数据审核

在对统计数据进行整理时,首先要进行审核,以保证数据的质量,为进一步整理与分析打下基础。从不同渠道取得的统计数据,其审核内容和方法有所不同;不同类型的数据在审核内容和方法上也有所区别。

对于通过直接调查取得的第一手数据,应该主要从完整性和准确性两个方面去审核。完整性审核主要是检查应调查的单位或个体是否有遗漏,所有的调查项目或指标是否填写齐全等。准确性审核即检查数据资料是否真实地反映了客观实际情况,主要有逻辑和计算两方面的检查。逻辑检查主要用于对分类数据和顺序数据的审核,它从定性角度审核数据是否符合逻辑、内容是否合理、各项目或数字之间有无矛盾现象。计算检查主要用于对数值型数据的审核,它检查统计表中的各项数据在计算结果和计算方法上有无错误。

对于二手数据,除了对其完整性和准确性进行审核以外,还要对其适用性和实效性进行审核。由于二手数据来自多种渠道,有些数据可能是为了特定的目的通过专门调查取得的,或者已经做了一定的加工处理。因此,对于使用者来说,首先应该弄清数据的来源、统计口径以及相关背景资料,以便确定所搜集数据是否符合研究需要,是否需要重新进行加工整理,切忌盲目生搬硬套。另外,还要对数据进行时效性审核。尤其是对于一些时效性较强的问题,如果数据过于滞后,就失去了研究的意义。一般来说,应尽可能使用最新的统计数据。数据经过审核后,确认符合实际需求,才有必要进行下一步的整理。

3.1.2 数据筛选

对于审核过程中发现的错误应该尽可能予以纠正。调查结束后,当数据中发现的错误不难予以纠正,或者有些数据不符合调查的要求而又无法弥补时,就需要对数据进行筛选。其主要包括两个方面的内容:一是将某些不符合要求的数据或者有明显错误的数据予以剔除;二是将符合某种特定条件的数据筛选出来,对不符合特定条件的数据予以剔除。数据的筛选在市场调查中是十分重要的。

3.1.3 数据排序

数据排序是按照一定的顺序将数据排列,以便初步显示数据的一些明显特征和规律,为研究者找到解决问题的线索。此外,排序还有助于对数据检查纠错,为分组、汇总提供依据。在某些特定的研究中,排序本身就是分析的目的之一。例如,了解究竟谁是中国汽车生产的巨头,对于汽车生产厂商而言,不论它是伙伴还是竞争者,都是非常有用的信息。美国的《财富》杂志每年都要在全世界范围内排出500强企业,通过这一信息,不仅可以了解自己企业所处的位置，清楚自己的差距，还可以从侧面了解竞争对手的状况，有效制定企业的发展规划和战略目标。

对于分类数据，如果是字母型数据，排序则有升序、降序之分，但习惯上升序用得更多，因为升序与字母的自然排列相同；如果是汉字型数据，则有很多排序方式，比如按汉字的首个拼音字母排列，这与字母型数据的排序完全一样；也可按姓氏笔画顺序，其中也有笔画多少的升序、降序之分。交替运用不同方式排序，在汉字型数据的检查纠错过程中十分有用。

对于数值型数据，排序只有两种，即递增和递减。设一组数据为 x_1，x_2，…，x_n，递增排序后可表示为 $x_1 < x_2 < \cdots < x_n$，递减排序后可表示为 $x_1 > x_2 > \cdots > x_n$。排序后的数据也称为顺序数据。不管数据类型如何，均可借助 Excel 完成排序。

3.2 分类数据的整理与图示

3.2.1 分类数据的整理

分类数据本身就是对事物的一种分类，因此，在整理时应首先列出所分的类别，然后计算出每一类别的频数、频率或比例、比率等，便可以形成一张频数分布表，最后根据需要选择合适的图形进而对数据进行展示，进而对数据及其特征有一个初步直观的了解。

1. 频数与频数分布

频数（Frequency）是落在某一特定类别或者组别中的数据的个数。把各个类别及落在其中的相应频数全部列出，并用表格的形式表现出来，称为频数分布（Frequency Distribution）。将频数分布用表格形式表现出来就是频数分布表。

【例 3-1】为调查辽宁某高校在校男大学生吸烟状况，调查小组对该校大学生随机抽取 100 人做了问卷调查，其中有效问卷为 72 份。其中的一个问题是："您吸烟的主要原因是什么？"

（1）受朋友、同学影响；（2）模仿偶像；（3）好奇，感觉时尚；（4）受到挫折

这里的变量就是"吸烟原因"，不同类型的原因就是变量值。调查数据经过分类整理后形成的频数分布表，见表 3-2。

表 3-2　某高校男同学吸烟原因频数分布表

吸烟原因	人数/人	比例	频率/%
受朋友、同学影响	25	0.34	34
模仿偶像	7	0.10	10
好奇，感觉时尚	18	0.25	25
受到挫折	22	0.31	31
合计	72	1.00	100

很显然，如果不做分类整理就去了解 100 个男同学的吸烟原因，既不便于理解，也不便于分析。经过分类整理以后，可以大大简化数据，很容易看出吸烟的主要原因——"受朋友、同学影响"的人数最多，而"模仿偶像"人数最少。

2. 比例

比例（Proportion）是一个总体中各个部分的数量占总体数量的比重，通常用于反映总体的构成或结构。假定总体数量 N 被分成 k 个部分，每一部分的数量分别为 N_1, N_2, $\cdots$, N_k，则比例定义为 $\frac{N_i}{N}$。显然，各个部分的比例之和等于 1，即

$$\frac{N_1}{N} + \frac{N_2}{N} + \cdots + \frac{N_k}{N} = 1$$

比例是将总体中各个部分的数值都变成同一个基数，也就是都以 1 为基数，这样就可以对不同类别的数值进行比较了。

3. 百分比

将比例乘以 100% 就是百分比（Percentage）或百分数。它是将对比的基数抽象化为 100 计算出来的，用 % 表示，它表示每 100 个分母中拥有多少个分子。比如在上面的例子中，频率一列将比例乘以 100% 而得到的百分比。百分比是一个更为标准化的数值，很多相对数都用百分比来表示。当分子的数值很小而分母的数值很大时，也可以用千分数来表示比例，例如人口出生率、死亡率和自然增长率等。

4. 比率

比率是各个不同类别的数量之间的比值。它可以是一个总体中各个不同部分的数量对比，为便于理解，通常将分母化为 1。

由于比率不是总体中部分与整体之间的对比关系，因此其比值可能会出现大于 1 的情况。方便起见，比率可以不用 1 作基数，而用 100 或者其他方便理解的数作基数。比如，人口的性别比例就是用每 100 名女性人口所对应的男性人口来表示。例如，107∶100，表示每 100 个女性就对应 107 个男性，即说明男性人口数量略大于女性人口数量。

在经济和社会问题研究中，经常使用比率。如经济学的积累与消费纸币，国内生产总值中的第一产业值纸币、第二产业值纸币、第三产业产值纸币等。比率也可以用同一现象在不同时间或空间上的数量之比表示，比如将 2018 年北京市的国内生产总值与 2010 年国内生产总值进行对比，可以得到北京市的经济增长率；而将 2018 年北京市的国内生产总值与上海市的国内生产总值进行对比，反映的是两个地区的经济发展水平差异，等等。

3.2.2 分类数据的图示

分类数据的图示主要有条形图和圆形图。

1. 条形图

如图 3-2 所示，条形图是用宽度相同的条形的高度或长度来表示数据频数或频率的图形。条形图有单式、复式等形式。绘制时，各数据可以放在纵轴，称为条形图；也可以放在横轴，称为柱形图。条形图主要用于分类数据的显示。

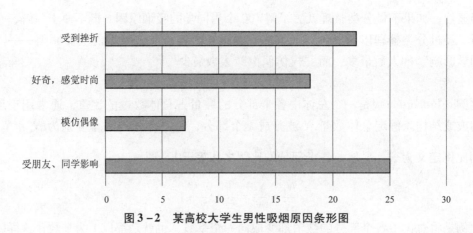

图 3-2　某高校大学生男性吸烟原因条形图

2. 圆形图

圆形图也称饼图，是用圆形及圆内扇形的面积来表示数值大小的图形。圆形图主要用于表示总体中各组成部分所占的比例，对于结构性问题十分有用。在绘制圆形图时，总体中各部分所占的百分比用圆内的各个扇形面积表示，这些扇形的中心角度是按各部分百分比占360°的相应比例确定的。圆形图主要用于分类数据的显示，根据表3-2绘制的圆形图如3-3所示。

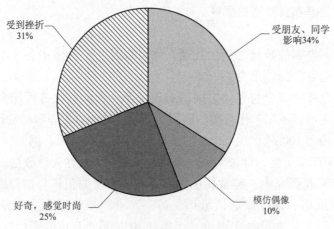

图 3-3　某高校大学生男性吸烟原因圆形图

3.3　顺序数据的整理与图示

3.3.1　顺序数据的整理

前面介绍的分类数据的整理方法，如频数、比例、百分比、比率等，也都适用于顺序数据。但有些整理方法只适用于顺序数据，不适用于分类数据。对于顺序数据，除了可使用上面的整理方法外，还可以计算累计频数和累计频率（百分比）。

1. 累计频数

累计频数（Cumulative Frequencies）就是将各类别的频数逐级叠加起来。其方法有两种:一种是从类别顺序开始的一方向类别顺序的最后结束一方逐级叠加频数(如果是数值型数据,则是从变量值小的一方向变量值大的一方逐级叠加),称为向上累计频数;另一种是从类别顺序最后结束的一方向类别顺序开始的一方逐级叠加(如果是数值型数据,则是从变量值大的一方向变量值小的一方逐级叠加),称为向下累计频数。通过累计频数的计算,可以很容易地发现某一类别(或者数值)以下或某一类别(或者数值)以上的频数之和。

2. 累计频率或百分比

累计频率或百分比(Cumulative Percentages)就是将各类别的百分比逐级叠加起来,也分为向上累计频率和向下累计频率两种方法。

【例3-2】调查辽宁省某高校的两个学生食堂的服务质量在学生心目中的情况。研究人员对该校随机抽到的200名大学生进行问卷调查,其中的一个问题是:"您对甲食堂饭菜价格状况是否满意?";另一个问题是:"您对乙食堂饭菜价格状况是否满意?"

(1)非常不满意;(2)不满意;(3)一般;(4)满意;(5)非常满意

调查结果经过整理如表3-3和表3-4所示。

表3-3 某高校大学生对甲食堂饭菜价格状况的评价

回答类别	甲食堂					
	人数/人	百分比/%	向上累计		向下累计	
			人数/人	百分比/%	人数/人	百分比/%
非常不满意	24	12	24	12	200	100
不满意	78	39	102	57	176	88
一般	53	26.5	155	77.5	98	49
满意	35	17.5	190	95	45	22.5
非常满意	10	5	200	100	10	5
合计	200	100	—	—	—	—

表3-4 某高校大学生对乙食堂饭菜价格状况的评价

回答类别	乙食堂					
	人数/人	百分比/%	向上累计		向下累计	
			人数/人	百分比/%	人数/人	百分比/%
非常不满意	21	10.5	21	10.5	200	100
不满意	79	39.5	100	50	179	89.5
一般	53	26.5	153	76.5	100	50
满意	34	17.5	187	93.5	47	23.5
非常满意	13	6.5	200	100	13	6.5
合计	200	100	—	—	—	—

3.3.2 顺序数据的图示

上面介绍的适用于分类数据的图形同样适用于顺序数据，但有些适用于顺序数据的图形却不适合分类数据，顺序数据的图示主要有环形图和累计频数分布图。

1. 环形图

环形图与圆形图类似，但又有区别。环形图中间有一个"空洞"，总体中的每一个部分数据用环中的一段来表示。圆形图只能显示一个总体各部分所占的比例，而环形图可以同时绘制多个总体的数据系列，每一个总体的数据系列为一个环。因此，环形图可以显示多个总体各部分所占的相应比例，从而有利于进行比较问题的研究。例如，根据表3-3和表3-4数据绘制的某高校大学生对甲、乙两个食堂价格评价情况的环形图，如图3-4所示，其中内环为对甲食堂的评价，外环为对乙食堂的评价。

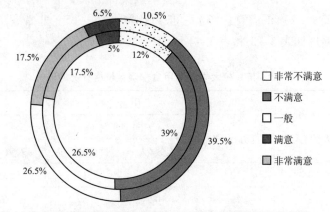

图 3-4 某高校大学生对甲、乙两食堂价格状况的评价

2. 累计频数分布图

根据累计频数或累计频率，可以绘制累计频数或累计频率分布图。例如，根据表3-3数据绘制的累计频数分布图，如图3-5和图3-6所示。

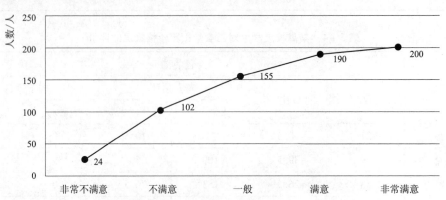

图 3-5 某高校学生对甲食堂价格状况评价向上累计分布图

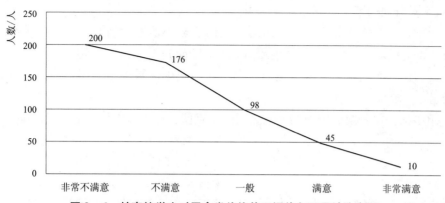

图 3-6 某高校学生对甲食堂价格状况评价向下累计分布图

3.4 数值型数据的整理与图示

3.4.1 数值型数据的整理

数值型数据包括定距数据和定比数据，在整理时通常要进行数据分组，就是根据统计研究的需要，将数据按照某种标准化分成不同的组别。分组后再计算各组中出现的次数或频数，就形成了一张频数分布表。分组的方法有单变量值分组和组距式分组两种。

1. 单变量值分组

单变量值分组就是把每一个变量值作为一组，这种分组方法通常只适用于离散变量并且变量值较少的情况。单变量值分组形成的频数分布见表 3-5。

表 3-5　某高校在校学生年龄情况频数分布表

按年龄分组/岁	学生人数/人	百分比/%
17	154	8.97
18	289	16.83
19	338	19.69
20	384	22.36
21	231	13.45
22	197	11.47
23	124	7.23
合计	1 717	100.00

2. 组距式分组

在连续变量或变量值较多的情况下，可采用组距式分组。它将全部变量值依次划分为若干个区间，并将这一区间的变量值作为一组。

1) 组距式分组的基本概念

(1) 组限。在组距式分组中，每组的极大值和极小值称为组限，其中一个组的极小值称为下限（Low Limit），极大值称为上限（Upper Limit）。

(2) 开口组与闭口组。开口组是指缺少上限或缺少下限的组；闭口组是指既有上限又有下限的组。

(3) 组中值。每一组的下限和上限之间的中点值，称为组中值（Class Midpoint），即

$$组中值 = （下限值 + 上限值）/2$$

$$缺下限开口组组中值 = 上限 - 邻组组距/2$$

$$缺上限开口组组中值 = 下限 + 邻组组距/2$$

组距分组掩盖了各组内的数据分布状况，为反映各族数据的一般水平，我们通常用组中值作为该组数据的一个代表值，但这种代表值有一个必要的假定条件，即各组数据在本组内呈均匀分布或在组中值两侧呈对称分布。如果实际数据的分布不符合这一假定，则用组中值作为一组数据的代表值会有一定的误差。

(4) 等距分组与不等距分组。采用组距分组时，如果各组的组距相等，则称为等距分组；如果各组的组距不相等，则称为不等距分组。比如，上面的例子就是等距分组。有时，对于某些特殊现象或为了特定研究的需要，通常也采用不等距分组。比如，对人口年龄分组，可根据人口成长的生理特点分成0~6岁（婴幼儿组）、7~17岁（少年儿童组）、18~59岁（中青年组）、60岁及以上（老年组）等。

(5) 分组原则。采用组距分组时，一定要遵循"不重不漏"的原则。"不重"是指一个数据只能分在其中的某一组，不能在其他组中重复出现；"不漏"是指在所分的全部组别中，每个数据都能分在其中的某一组，不能遗漏。

为解决"不重"的问题，统计分组时习惯上规定"上组限不在内"，即当相邻两组的上下组限重叠时，恰好等于某一组上限的变量值不算在本组内，而算在下一组内。例如，某同学在某一科目的考试中，得了60分，应该将其归入"60~70分"所在组内。对于离散变量可以采用相邻两组组限重叠的方法，根据"上组限不在内"的原则解决"不重"的问题，也可以一个组的上限值来采用小数点的形式，小数点的位数根据所要求的精度具体确定。例如，对零件尺寸可以分组为10~11.99、12~12.99、13~13.99等。因此，为了一致，无论是离散变量还是连续变量，均采用上下组限重叠的方式进行分组。

在组距分组中，如果全部数据中的最大值和最小值与其他数据相差悬殊，为避免出现空白组（即没有变量值的组）或个别极端值被漏掉，第一组和最后一组可以采用"×××以上"或"×××以下"这样的开口组，以解决"不漏"的问题。例如，学生的考试成绩的最低组和最高组可以采用"60分以下""90分以上"这样的开口组形式，可以避免某一分数出现空白组的情况。

2) 组距式分组的基本步骤

采用组距式分组（见图3-7）需要经过以下几个步骤。

第一步：确定组数（Group Number）。组数的确定应以能够显示数据的分布特征和规律为目的。若组数太少，数据的分布就会过于集中；而组数太多，数据的分布就会过于分散，这都不便于观察数据分布的特征和规律。在实际分组时，可以按美国学者斯特杰斯（Sturges）提出的经验公式来确定组数 K，即

$$K = 1 + \frac{\lg(n)}{\lg(2)} = 1 + 3.22\lg(n) \tag{3.1}$$

式中，n 为数据的个数。

对式（3.1）计算的结果用四舍五入的办法取整数即组数。当然，这只是一个经验公式，实际应用时，可根据数据的多少和特点及分析的要求，参考这一标准来灵活确定组数。

第二步：确定各组的组距。组距（Class Width）是一个组的上限与下限之差，可根据全部数据的最大值和最小值及所分的组数来确定，即

组距 =（最大值 – 最小值）÷ 组数

为便于计算，组距宜取 5 或 10 的倍数，而且第一组的下限应该小于最小的变量值，最后一组的上限应该大于最大的变量值。

第三步：确定每一组的上限和下限。为了方便起见，每组的上、下限通常取 5 或 10 的整数倍。

第四步：根据分组，将其整理成频数分布表。

【例 3-3】某车间记录的某月份 60 名工人加工零件的原始数据如表 3-6 所示，试对数据进行统计分组。

表 3-6　某车间某月份 60 名工人加工零件数

202	270	185	183	192	214	218	170	191	251
215	215	255	226	228	200	258	225	212	240
205	235	273	262	241	176	232	245	197	248
223	231	203	218	255	217	187	227	212	197
230	267	221	244	281	225	237	288	214	230
236	247	256	248	250	245	245	236	266	246

解：第一步：确定组数。

$$K = 1 + \frac{\lg(n)}{\lg(2)} = 1 + 3.22\lg(n) = 1 + 3.22 \times \lg(60) \approx 6.9$$

第二步：确定各组的组距。在上面 60 个数字中，最大值为 288，最小值为 170，这里 $K=7$，因此有组距 =（288 – 170）/7 ≈ 16.86，这里取 10 的整数倍 20。

第三步：确定每一组的上限和下限。最小值为 170，最大值为 288，因此，最低组的下限比 170 小，最高组的上限比 288 大。

第四步：根据分组整理成频数分布表，如表 3-7 所示。

表 3-7　某车间某月份 60 名工人加工零件数频数分布表

按零件数分组/个	工人数/人	百分比/%
170~190	5	8.3
190~210	8	13.3

续表

按零件数分组/个	工人数/人	百分比/%
210~230	16	26.7
230~250	18	30.0
250~270	9	15.0
270~290	4	6.7
合计	60	100.0

3.4.2 数值型数据的图示

数值型数据是统计处理过程中主要使用的数据类型。上面介绍的适合于分类数据和顺序数据的图示方法同样适用于数值型数据，但数值型数据还有一些特定的图示方法，它们并不适用于分类数据和顺序数据。

1. 分组数据

1）直方图

直方图（Histogram）是用矩形的宽度和高度来表示频数分布的图形，实际上是用矩形的面积来表示各组的频数分布。绘制图形时，在直角坐标系中，用横轴表示数据分组，用纵轴表示频数或频率，各组与相应的频数就形成了一个矩形，即直方图。

对于等距分组的数据，可以用矩形的高度来直接表示频数的分布。如果是不等距分组的数据，用矩形的高度来表示各组频数的分布就不再适用了。这时，可以用矩形的面积来表示各组的频数分布，或根据频数密度来绘制直方图，从而更准确地表示各组频数分布的特征。实际上，无论是等距分组数据还是不等距分组数据，用矩形的面积或频数密度来表示各组的数据分布都更为合适，因为这样可使直方图下的总面积等于1。比如，在等距分组中，矩形的高度与各组的频数成比例，如果取矩形的宽度（各组组距）为一个单位，高度表示比例（即频率），则直方图下的总面积等于1。在直方图中，实际上是用矩形的面积来表示各组的频数分布。

直方图与条形图不同，主要体现在以下三个方面：一是条形图是用条形的长度（横置时）来表示各类别频数的多少，其宽度（表示类别）则是固定的，没有意义；直方图是用面积来表示各组频数的多少，用矩形的高度来表示每一组的频数或百分比，宽度则表示各组的组距，其高度与宽度均有意义。二是由于分组数据具有连续性，因此直方图的各矩形通常是连续排列的，条形图则是分开排列的。三是条形图主要适用于分类数据，而直方图主要适用于分组的数值型数据。根据表3-7绘制的直方图，如图3-7所示。

依据直方图可以直观地看出工人日加工零件数及人数的分布状况。

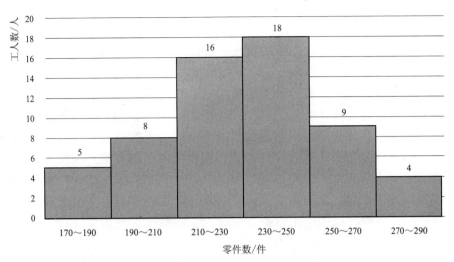

图 3-7　某车间工人某月份加工零件数直方图

2）折线图

折线图也称频数多边形图（Frequency Polygon）。折线图就是在直方图的基础上，把直方图顶部的中点（组中值）用直线连接起来，再把原来的直方图抹掉。需要注意的是，折线图的两个终点要与横轴相交，具体的做法是：第一个矩形的顶部中点通过竖边中点（即该组频数一半的位置）连接到横轴，最后一个矩形顶部中点与其竖边中点连接到横轴。这样才会使折线图下围成的面积与直方图的面积相等，从而使二者表示的频数分布一致。例如，在图 3-7 的基础上绘制的折线图，如图 3-8 所示。

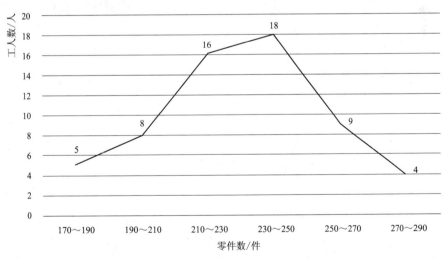

图 3-8　某车间工人某月份加工零件数折线图

若对数据所分的组数很多，组距就会越来越小，这时所绘制的折线图就会越来越光滑，逐渐形成一条平滑的曲线，这就是频数分布曲线。频数分布曲线在应用统计学中有着十分广泛的应用，是描述各种统计量和分布规律的有效方法。

2. 未分组数据

1）茎叶图

茎叶图又称枝叶图，由统计学家约翰托奇设计。由"茎"和"叶"两部分构成，其图形是由数字组成的，用于显示未分组的原始数据的分布，如图3-9所示。茎叶图是将数组中的数按位数进行比较，将数的大小基本不变或变化不大的位作为一个主干（茎），将变化大的位的数作为分枝（叶），列在主干的后面，这样就可以清楚地看到每个主干后面的几个数，每个数具体是多少。在通常状况下，以该组数据的高位数值作树茎，低位数字作树叶，数据的分布会呈现茎叶的形式。用茎叶图表示数据：一是统计图上没有原始数据信息的损失，所有数据信息都可以从茎叶图中得到；二是茎叶图中的数据可以随时记录，随时添加，方便记录与表示。但是，茎叶图只便于表示个位之前相差不大的数据，而且茎叶图只方便记录两组的数据。两个以上的数据虽然能够记录，但是没有表示两个记录那么直观、清晰。

茎叶图是一个与直方图相类似的特殊工具，但又与直方图不同，茎叶图保留原始资料的资讯，直方图则失去原始资料的讯息。将茎叶图的茎和叶逆时针方向旋转90°，实际上就是一个直方图，可以从中统计出次数，计算出各数据段的频率或百分比，从而可以看出分布是否与正态分布或单峰偏态分布逼近。茎叶图在质量管理上的用途与直方图差不多，但它通常是作为更细致的分析阶段使用。由于它是用所有的原始数据绘制而成的，因此通常我们会使用专业的软件进行绘制。

树茎	树叶	数据个数
17	6	2
18	357	3
19	1277	4
20	235	4
21	224455788	9
22	1355678	7
23	00125667	8
24	0145556788	10
25	015568	6
26	267	3
27	03	2
28	18	2

图3-9 某车间某月份60名工人加工零件的茎叶图

2）箱线图

箱线图于1977年由美国著名统计学家约翰·图基（John Tukey）发明。它能显示出一组数据的最大值、最小值、中位数及上、下四分位数。箱形图（Box-plot）又称盒须图、盒式图或箱形图,是一种用作显示一组数据分散情况资料的统计图,因形状如箱子而得名。它主要用于反映原始数据分布的特征,还可以进行多组数据分布特征的比较。

对于一组数据,统计上也称为一个数据批,或单批数据;而对于多组数据,我们可以绘制批比较箱线图。通过箱线图,不仅可以反映出一组数据分布的特征,还可以进行多组数据分布特征的比较。

(1) 单批箱线图。如图 3-10 所示,单批箱线图绘制的方法是:先找出一组数据的最大值、最小值、中位数和两个四分位数,然后连接两个四分位数画出箱子,再将最大值和最小值与箱子相连接,中位数在箱子中间。

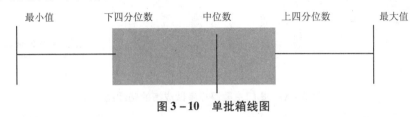

图 3-10　单批箱线图

(2) 多批箱线图。对于多批数据,可以将各批数据的箱线图并列起来,从而进行分布特征的比较。具体可以参考下面的例子。

【例 3-5】从某大学经济管理专业二年级学生中随机抽取 11 人,对 8 门主要课程的考试成绩进行调查,所得结果如表 3-8 所示。试绘制各科考试成绩的批比较箱线图,并分析各科考试成绩的分布特征。

表 3-8　11 名学生各科的考试成绩

课程名称	学生编号										
	1	2	3	4	5	6	7	8	9	10	11
英语	76	90	97	71	70	93	86	83	78	85	81
经济数学	65	95	51	74	78	63	91	82	75	71	55
西方经济学	93	81	76	88	66	79	83	92	78	86	78
市场营销学	74	87	85	69	90	80	77	84	91	74	70
财务管理	68	75	70	84	73	60	76	81	88	68	75
基础会计学	70	73	92	65	78	87	90	70	66	79	68
统计学	55	91	68	73	84	81	70	69	94	62	71
计算机应用基础	85	78	81	95	70	67	82	72	80	81	77

根据表 3-8 的计算结果绘制的箱线图如图 3-11 所示。

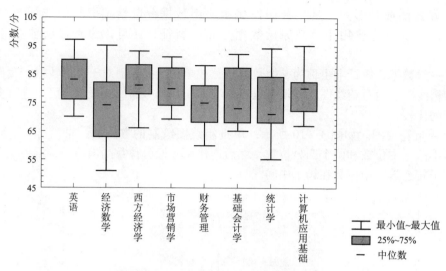

图 3-11　8 门主要课程考试成绩的箱线图

思考题：如何制作 11 名学生学习成绩的批箱线图？

3. 时间序列数据：线图

如果定距数据和定比数据是在不同时间上取得的，即数据为时间序列数据，则还可以绘制线图。线图是在平面坐标上用折线表现数量变化特征和规律的统计图。线图主要用于显示时间序列数据，以反映事物发展变化的规律和趋势。

根据表 3-9 数据绘制的线图如图 3-12 所示。

表 3-9　2010—2014 年我国城乡居民家庭人均收入

年份	城镇居民家庭人均/元	农村居民家庭人均/元
2010 年	19 109.4	5 919.0
2011 年	21 809.8	6 977.3
2012 年	24 564.7	7 916.6
2013 年	26 955.1	8 895.9
2014 年	29 381.0	9 892.0

从图 3-12 可以清楚地看出，城镇居民的家庭人均收入逐年提高，而且城镇居民的家庭人均收入高于农村居民。

绘制线图时应注意以下几点：

第一，时间一般绘在横轴，指标数据绘在纵轴；

第二，图形的长宽比例要适当，其长宽比例大致为 10∶7；

第三，一般情况下，纵轴数据下端应从"0"开始，以便于比较。数据与"0"之间的间距过大时，可以采取折断的符号将纵轴折断。

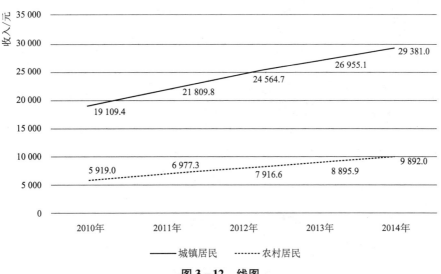

图 3-12 线图

4. 多变量数据：雷达图

雷达图（Radar Chart）是显示多个变量的常用图示方法，在显示或对比各变量的数值总和时十分有用。假定各变量的取值具有相同的正负号，总的绝对值与图形所围成的区域成正比，则其可用于研究多个样本之间的相似程度。

设有 n 组样本 S_1，S_2，…，S_n，每个样本测得 P 个变量 X_1，X_2，…，X_P。要绘制这 P 个变量的雷达图，其具体做法是：先作一个圆，然后将圆 P 等分，得到 P 个点，令这 P 个点分别对应 P 个变量，再将这 P 个点与圆心连线，得到 P 个辐射状的半径，这 P 个半径分别作为 P 个变量的坐标轴，每个变量值的大小由半径上的点到圆心的距离表示。再将同一样本的值在 P 个坐标上的点连线。这样，n 个样本形成的 n 个多边形就是一个雷达图。

【例 3-7】为研究某条河流的污染程度，环保局分别在上游、中游和下游设立取样点，每个取样点都化验水中的五项污染指标，所得数据如表 3-10 所示。将各指标用雷达图表示出来，并分析该河流的主要污染源。

表 3-10 不同样本点的化验指标

取样点	指标1	指标2	指标3	指标4	指标5
上游	4.52	5	483	196	14
中游	0.34	1.4	36	41	6
下游	2.17	6.8	208	112	35

根据表 3-10 绘制的雷达图如图 3-13 所示。

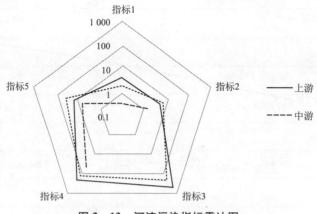

图 3-13 河流污染指标雷达图

3.5 统计表

统计调查所得来的原始资料，经过整理，得到说明社会现象及其发展过程的数据，把这些数据按一定的顺序排列在表格中，就形成统计表。统计表是表现数字资料整理结果的最常用的一种表格。统计表就是用纵横交叉线条绘制的表格来表现统计资料的一种形式。

3.5.1 统计表的作用

统计表是统计用数字说话的一种最常用的形式。统计表有以下几方面作用：
（1）用数量说明研究对象之间的相互关系。
（2）用数量把研究对象之间的变化规律显著地表示出来。
（3）用数量把研究对象之间的差别显著地表示出来，以便于人们分析问题和研究问题。

3.5.2 统计表的构成

统计表一般由表头（总标题）、行标题、列标题和数字资料四个主要部分组成，必要时可以在统计表的下方加上表外附加。表头应放在表的上方，它所说明的是统计表的主要内容，是表的名称。行标题和列标题通常安排在统计表的第一列和第一行，它所表示的主要是所研究问题的类别名称和指标名称，通常也被称为类。表外附加通常放在统计表的下方，主要包括资料来源、指标的注释和必要的说明等内容。

3.5.3 统计表的种类

1. 按统计表的分组情况分类

1）简单表

表的主词未经任何分组，仅罗列各总体单位或按时间顺序排列的简单表。简单表的主词一般按时间顺序排列，或按总体各单位名称排列。通常是对调查来的原始资料做初步的整理所采用的形式。表 3-11 所示即为按总体各单位名称排列的简单表。

表 3-11　2014 年国际旅游收入居世界前十名的国家或地区

国家或地区	次位	旅游收入/亿美元	与 2013 年相比增长率/%
美国	1	1 770.2	2.5
西班牙	2	652.0	4.2
中国内地	3	569	10.2
法国	4	554	2.3
中国澳门	5	508	1.9
意大利	6	455	3.7
英国	7	453	10.3
德国	8	433	5.0
泰国	9	384	8.0
中国香港	10	384	1.4

2) 分组表

表的主词按照某一标志进行分组的统计表称为分组表。分组表可以提示不同类型现象的特征，说明现象内部的结构，分析现象之间的相互关系等，其示例见表 3-12。

表 3-12　2014 年国内生产总值及构成

国内生产总值按产业和行业分组	国内生产总值/亿元	比例/%
第一产业	58 336	5.5
农、林、牧、渔业	60 158	5.6
第二产业	271 764	25.5
工业	22 812	2.1
建筑业	44 790	4.2
第三产业	306 038	28.7
交通运输、仓储和邮政业	28 750	2.7
批发和零售业	62 216	5.8
住宿和餐饮业	11 199	1.0
金融业	46 573	4.4
房地产业	38 167	3.6
其他	116 165	10.9
合计	1 066 968	100

3) 复合表

表的主词按照两个或两个以上标志进行复合分组的统计表称为复合表，见表 3-13。复合表能深刻、详细地反映客观现象，但使用复合表要恰如其分，并不是分组越细越好。因为复合表中多进行一次分组,组数将成倍增加,分组太细反而不利于研究现象的特征。

表 3 – 13 2013—2014 年国内生产总值及其构成

国内生产总值按产业分组	总量指标/亿元		结构指标/%	
	2013 年	2014 年	2013 年	2014 年
第一产业	55 321.7	58 336.1	9.4	9.2
第二产业	256 810.0	271 764.5	43.7	42.7
第三产业	275 887.0	306 038.2	46.9	48.1
合计	588 018.8	636 138.7	100.0	100.0

2. 按宾词设计分类

统计表按宾词设计分类,可分为宾词简单排列、宾词分组平行排列和宾词分组层叠排列三种。

1) 宾词简单排列

宾词不进行任何分组,按一定顺序排列在统计表上,见表 3 – 14。

表 3 – 14 2010—2014 年我国入境旅游人数

单位:万人次

年份＼项目	外国人	港澳同胞	台湾同胞
2010 年	2 612.69	10 249.48	514.06
2011 年	2 711.20	10 304.85	526.30
2012 年	2 719.16	9 987.35	534.02
2013 年	2 629.03	9 762.50	516.25
2014 年	2 636.08	9 677.16	536.59
合计	13 308.16	49 981.34	2627.22

2) 宾词分组平行排列

宾词栏中各分组标志彼此分开,平行排列。如表 3 – 15 所示,就是宾词分组平行排列表。

表 3 – 15 某企业职工性别及文化程度情况

单位:人

项目	职工总人数	性别		文化程度		
		男	女	小学	中学	大学
一线人员	638	290	348	254	308	76
二线人员	334	108	226	118	176	40
合计	972	398	574	372	484	116

3)宾词分组层叠排列

统计指标同时有层次地按两个或两个以上标志分组,各种分组层叠在一起,宾词的栏数等于各种分组的组数连乘积。例如,表3-16中某企业职工先按文化程度分为3组,再按性别分为2组,另加小计栏,则复合分组设计的宾词栏数共有9栏(3×3)(不包括总计栏)。

表3-16 某企业职工性别及文化程度情况

单位:人

项目	职工人数		小学			中学			大学		
	男	女	男	女	小计	男	女	小计	男	女	小计
一线人数	290	348	110	144	254	138	170	308	42	34	76
二线人数	108	226	28	90	118	64	112	176	16	24	40
合计	398	574	138	234	372	202	282	484	58	58	116

统计表的主词分组与宾词分组是有区别的:主词分组的结果是总体分成许多组成部分,它们需要用统计指标(宾词)来描述。宾词分组的结果并不增加统计总体的各组成部分,仅仅是比较详细地描述总体已有的各个组成部分。由此可见,主词分组具有独立的意义,而宾词分组从属于主词的要求,是为更详细地描述主词的数量特征而设计的。

3.5.4 统计表的设计

由于使用者的目的以及统计数据的特点不同,统计表的设计在形式和结构上会有较大差异,但设计的基本要求是一致的。总体上,统计表的设计应符合科学、实用、简练、美观的要求。具体来说,设计统计表时要注意以下几点:

(1)合理安排统计表的结构。比如,行标题、列标题、数字资料的位置应安排合理。

(2)表头一般应包括表号、总标题和表中数据的单位等内容。

总标题应简明、确切地概括出统计表的内容,一般需要表明统计数据的时间、地点以及何种数据,即标题内容应满足3W(统计数据的时间、地点、何种数据的简称)要求。

(3)如果表中的全部数据都是同一计量单位,则可放在表的右上角标明;若各指标的计量单位不同,则应放在每个指标后或单列出一列标明。

(4)表中的上、下两条线一般用粗线,中间的其他线要用细线,这样使人看起来清楚、醒目。

(5)在使用统计表时,必要时可在表的下方加上注释,特别要注明资料来源,以表示对他人劳动成果的尊重,方便读者查阅使用。

在常用的统计软件中,SAS绘制的统计图不太美观;而SPSS绘制的统计图较为美观,可以满足大多数情况下的要求;STATA绘制的统计图形最为精美,但由于它采用命令行方式操作,美观的图形需要添加大量选项,因此普通人不易掌握;而S-PLUS、MATHLAB等偏数理统计的软件虽然绘图能力也非常强,但由于自身的定位问题,并不为大多数人熟悉。因此,在各种统计软件中,以SPSS制作的统计图应用最为广泛。

Excel的统计绘图功能非常强,我们还有必要学习SPSS的绘图功能吗?

对于这个问题,笔者的看法是:Excel 的纯中文界面和简单而强大的绘图功能,可以用来直接绘制各种简单的统计图,但是,Excel 可以直接绘制的统计图种类有限,如象误差条图、自回归图等就无法绘制。即便是它支持的线图、条图等,如果过于复杂,如叠式条图、累计条图等也无法绘出,而这些图在统计中是经常会碰到的,此时就只能采用统计软件来绘制,SPSS 就是其中的佼佼者。

关键术语:

预处理　频数　频数分布表　频率　比率　累计频数　累计频率　组中值　组距
条形图　圆形图　环形图　直方图　折线图　茎叶图　箱线图　线图　雷达图

习　题

一、选择题

1. 落在某一特定类别或组中的数据个数称为(　　)。
　　A. 频数　　　　　　B. 频率　　　　　　C. 频数分布表　　D. 累计频数
2. 一个样本或总体中各个部分的数据与全部数据之比称为(　　)。
　　A. 频数　　　　　　B. 频率　　　　　　C. 比例　　　　　D. 比率
3. 样本或总体中各不同类别数值之间的比值称为(　　)。
　　A. 频数　　　　　　B. 频率　　　　　　C. 比例　　　　　D. 比率
4. 下面最适合描述结构性问题的图形是(　　)。
　　A. 条形图　　　　　B. 饼图　　　　　　C. 雷达图　　　　D. 直方图
5. 将全部变量值依次划分为若干个区间,并将这一区间的变量值作为一组,这样的分组方法称为(　　)。
　　A. 单变量值分组　　B. 组距分组　　　　C. 等距分组　　　D. 连续分组
6. 组中值是(　　)。
　　A. 一个组的上限与下限之差
　　B. 一个组的上限与下限之间的中点值
　　C. 一个组的最小值
　　D. 一个组的最大值
7. 下面的图形中最适合描述一组数据分布的图形是(　　)。
　　A. 条形图　　　　　B. 箱线图　　　　　C. 直方图　　　　D. 饼图
8. 对于时间序列数据,用于描述其变化趋势的图形通常是(　　)。
　　A. 条形图　　　　　B. 直方图　　　　　C. 箱线图　　　　D. 线图
9. 为了研究多个不同变量在不同样本间的相似性,适合采用的图形是(　　)。
　　A. 环形图　　　　　B. 茎叶图　　　　　C. 雷达图　　　　D. 箱线图
10. 下面哪个图形适合描述顺序数据?(　　)
　　A. 直方图　　　　　B. 茎叶图　　　　　C. 累计频数分布图　D. 箱线图
11. 将某企业职工的月收入依次分为 2 000 元以下、2 000~3 000 元、3 000~4 000 元、

4 000~5 000 元、5 000 元以上组。第一组的组中值近似为（　　）元。

  A. 2 000   B. 1 000   C. 1 500   D. 2 500

12. 直方图与条形图的区别之一是（　　）。

  A. 直方图的各矩形通常是连续排列的，而条形图是分开排列的

  B. 条形图的各矩形通常是连续排列的，而直方图是分开排列的

  C. 直方图主要用于描述分类数据，条形图则主要用于描述数值型数据

  D. 直方图主要用于描述各类别数据的多少，条形图则主要用于描述数据的分布

二、简答题

1. 数据的预处理包括哪些内容？
2. 简述数值数据分组的步骤。
3. 直方图与条形图有何区别？
4. 饼图和环形图有什么不同？
5. 统计表的组成要素有哪些？

三、计算题

1. 某企业同工种的 50 名工人完成生产定额百分比（%）的原始资料如下：

98	102	115	110	109	99	122	107	113	88
118	125	101	91	104	109	111	93	106	103
106	119	97	108	92	117	126	103	115	105
113	108	110	93	105	119	106	113	107	114
92	109	102	95	116	107	97	103	86	105

请对以上数据分组，并编制频率和累积频率分布表。

2. 在一项城市住房问题的研究中，研究人员在某城市各抽样调查 50 户，其中的一个问题是："您对您家庭目前的住房状况是否满意？"

  A. 非常不满意 B. 不满意 C. 一般 D. 满意 E. 非常满意

  调查结果如下：

A	B	A	D	C
C	A	B	C	B
A	B	B	E	A
B	E	A	B	E
C	C	C	E	C
D	A	B	B	B
B	E	C	D	B
C	B	E	B	C
B	A	E	D	A
B	A	A	D	D

（1）编制频数、频率以及向上累积频数、向上累积频率分布表；

(2) 求满意程度在一般及以下的家庭数所占比例。

3. 某行业协会所属 40 个企业 2009 年的产品销售收入数据（单位：万元）如下：

152	124	129	116	100	103	92	95	127	104
105	119	114	115	87	103	118	142	135	125
117	108	105	110	107	137	120	136	117	108
97	88	123	115	119	138	112	146	113	126

根据上面的数据进行适当分组，编制频数、百分比以及向上累积频数分布表。

四、案例分析题

软饮料在哪销售？

软饮料市场是个非常大的市场，中国和全世界的软饮料市场都在增长。2009 年，中国软饮料销售量为 6 062 万吨。软饮料都在哪儿出售呢？一家调研公司对某地区的软饮料销售情况的一项调查表明，软饮料的五大销售场所是：超市、餐馆、便利店、杂货店和自动贩卖机，相关数据如下：

销售场所	百分比/%
超市	44
餐馆	24
便利店	16
杂货店	11
自动贩卖机	5

(1) 用本章所学的几种图形对这些数据进行描述，分别能从这些图形中得到什么信息？

(2) 与饼图相比，有些统计学家更喜欢条形图或柱形图，因为他们认为条形图或柱形图比饼图更容易进行组间的比较，你对此如何认识？

第四章

数据的概括性度量

学习目标

知识目标

➢ 了解集中趋势各测度值的特点。
➢ 掌握集中趋势各测度值的应用场合。
➢ 了解离散程度各测度值的特点。
➢ 了解偏态与峰态的测度方法。

能力目标

掌握集中趋势各测度值的计算方法。
掌握离散程度各测度值的计算方法。
掌握用 Excel 计算、描述统计量并进行分析的方法。

案例导读

统计学在语言文学中的应用

在一些人眼中,统计学与语言文学似乎分别在人类文明的两极。一个是理性思维;另一个是形象思维,互不搭界。其实,这是一种偏见,统计学与语言文学之间,不论从历史与现实考察,还是从形式与内容来看,都有着深刻的关联。

语言具有随机性,汉字是一个十分庞大的字符集,《康熙字典》收字超过 56 000 个,要从众多汉字中挑选出最常用的汉字,是一项工作量巨大的工程。我国最早用字频统计选取基本词汇的是著名教育家陈鹤琴,1928 年他编写了《语体文应用字汇》。1946 年,四川省教育科学院根据陈鹤琴的《语体文应用字汇》和其他文献资料，编写了《常用字选》，选出了最常用汉字2 000个。1952年，教育部公布了一个《常用字表》，收集常用汉字2 000个。1964年经过精简分开，实收常用汉字减至1 968个。1985年，我国完成了"现代汉语词频统计"的课题研究，编制出13种字频统计表。1986年，国家语言文字工作委员会根据对大量的文字资料的统计处理，先后编制了《现代汉语常用字表》和《现代汉语通用字表》，分别收字3 500个和7 000个。通过检验和实际使用，证明了这两个表的收字是合理、适用的。

统计数据经过整理与显示之后，就可以对数据分布的形态和特征有一个大概的了解。为进一步掌握数据分布的特征和规律，还需要找到反映数据分布特征的各个代表值。数据的分布特征可以从三个方面进行测度和描述：一是分布的集中趋势，反映各数据向其中心值靠拢或聚集的程度；二是分布的离散程度，反映各数据远离其中心值的程度；三是分布的偏态和峰态，反映数据分布的形状。这三个方面分别反映了数据分布特征的不同侧面。本章将重点讨论分布特征值的计算方法、特点及其应用场合。

4.1 集中趋势的度量

集中趋势（Central Tendency）是指一组数据向其中心值靠拢的程度和倾向。测度集中趋势也就是寻找数据一般水平的代表值或中心值。本节将从不同类型的统计数据出发，从低层次的测量数据开始逐步介绍集中趋势的各个测度值——众数、中位数、分位数和平均数。需要强调的是，低层次数据的集中趋势测度值适用于高层次的测量数据，但高层次数据的集中趋势测度值并不适用于低层次的测量数据。因此，选用哪一个测度值来反映数据的几种趋势，要根据所掌握的数据的类型和特点确定。

4.1.1 众数

众数（Mode）是一组数据中出现次数最多的变量值，用M_0表示。众数主要用于测度分类数据的集中趋势，也可作为顺序数据以及数值型数据集中趋势的测度值。一般情况下，只有在数据量较大的情况下众数才有意义。

【例4-1】根据表4-1资料数据，计算高校男生"吸烟原因"的众数。

表4-1 高校男生吸烟原因频数分布表

吸烟原因	频数
受朋友、同学影响	28
模仿偶像	10
好奇，感觉时尚	19
受到挫折	23
合计	80

解：这里的变量"吸烟原因"是分类变量，取值可以为"受朋友、同学影响""模仿偶像""好奇，感觉时尚"和"受到挫折"。在所调查的80人中，"受朋友、同学影响"的人

数最多,为28人,因此众数为"受朋友、同学影响",即 M_0 =受朋友、同学影响。

【例4-2】根据表4-2数据资料,计算"考试成绩"的众数。

表4-2 考试成绩分布表

考试成绩	频数
优	4
良	11
中	8
及格	6
不及格	1
合计	30

解:这里的变量"考试成绩"是顺序变量,取值可以为"优""良""中""及格""不及格"。在所调查的30人中,考试成绩得"良"的人数最多,为11人,因此众数为"良",即 M_0 = 良。

【例4-3】在某城市中随机抽取9个家庭,调查得到每个家庭的人均月收入数据如下(单位:元)。要求计算人均月收入的众数。

1 080   750   1 080   1 080   850   960   2 000   1 250   1 630

解:人均月收入出现频数最多的是1 080,因此,众数 M_0 = 1 080(元)。

众数是一种位置平均数,是总体中出现次数最多的变量值,因而在实际工作中有时有它特殊的用途。诸如,要说明一个企业中工人最普遍的技术等级,说明消费者需求的内衣、鞋袜、帽子等最普遍的号码,说明农贸市场上某种农副产品最普遍的成交价格等,都需要利用众数。但是必须注意,从分布的角度看,众数是具有明显集中趋势点的数值,一组数据分布的最高峰点所对应的数值即众数。当然如果数据的分布没有明显的集中趋势或最高峰点,众数也有可能不存在;如果有两个最高峰点,也可以有两个众数,众数示意如图4-1所示。只有在总体单位比较多,而且又明显集中于某个变量值时,计算众数才有意义。

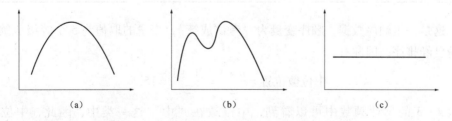

图4-1 众数示意
(a) 一个众数;(b) 两个众数;(c) 无众数

4.1.2 中位数和分位数

在一组数据中,把数据排序后,可以找出处在某个位置上的数据,这些位置上的数据就是相应的分位数,其中包括中位数、四分位数、十分位数和百分位数等。

1. 中位数

中位数(Median)是一组数据排序后处于中间位置上的变量值,用 M_e 表示。

中位数将全部数据等分为两部分,每部分包含 50% 的数据,一半小于中位数,另一半大于中位数。中位数主要用于测度顺序数据的集中趋势,当然也可以测度数值型数据集中趋势,但是不能用于测度分类数据集中趋势。

计算中位数时,要先对数据进行排序,然后确定中位数的位置,最后确定中位数的具体数值。中位数位置的确定公式为

$$\text{中位数位置} = \frac{n+1}{2} \quad (4.1)$$

式中,n 为数据个数。

设一组数据为 $x_1, x_2, \cdots, x_n$,按从小到大的顺序排序后结果为

$$x_1 \leq x_2 \leq x_3 \leq \cdots \leq x_n$$

则中位数就可以按下面的方式确定,即

$$\begin{cases} M_e = x_{\frac{n+1}{2}} & n \text{ 为奇数} \\ M_e = \frac{1}{2}(x_{\frac{n}{2}} + x_{(\frac{n}{2}+1)}) & n \text{ 为偶数} \end{cases} \quad (4.2)$$

【例 4-4】根据表 4-3 数据,计算考试成绩的中位数。

表 4-3 考试成绩分布情况

考试成绩	频数	累积频数
优	4	4
良	11	15
中	8	23
及格	6	29
不及格	1	30
合计	30	—

解:这是一组顺序数据,顺序变量为"考试成绩",变量的取值为 5 个等级成绩,由于变量本身已经排序,因此有

$$\text{中位数位置} = \frac{n+1}{2} = \frac{30+1}{2} = 15.5$$

从表 4-3 的累计频数中可以看到,中位数在"中"这一类中,因此,中位数等于"中",即 $M_e =$ 中。

【例 4-5】在某城市中随机抽取 12 人,调查得到每个人的人均月收入数据如下(单位:元)。要求计算人均月收入的中位数。

2 000 2 200 2 500 2 700 2 600 1 800 2 600 2 500 1 800 3 300 2 800 3 400

解:首先将上面数据排序,结果如下:

1 800　1 800　2 000　2 200　2 500　2 500　2 600　2 600　2 700　2 800　3 300　3 400

$$中位数位置 = \frac{n+1}{2} = \frac{12+1}{2} = 6.5$$

所以中位数为：

$$M_e = \frac{2\,500 + 2\,600}{2} = 2\,550（元）$$

中位数是一个位置代表值，不受极端值的影响，在数列中出现极端变量值的情况下，用中位数作为代表值要好一些。

2. 四分位数

中位数从中间点将全部数据等分为两部分。与中位数类似的还有四分位数（Quartile）、十分位数（Decile）和百分位数（Percentile）等。它们分别是用3个点、9个点和99个点将数据4等分、10等分和100等分后各分位点上的值。这里只介绍四分位数的计算。

四分位数也称四分位点，是集中趋势的测度值之一，它是指一组数据排序后处于25%和75%位置上的变量值。通常把排序后处于25%位置上的变量值称为下四分位数，把处于75%位置上的变量值称为上四分位数。四分位数不受极端值的影响，主要用于测度顺序数据的集中趋势，也可用于测度数值型数据的集中趋势，但不能用于测度分类数据的集中趋势。

计算四分位数时，也要先对数据进行排序，然后确定四分位数的位置，最后确定四分位数的具体数值。设下四分位数为 Q_L，上四分位数为 Q_U，根据定义，四分位数位置的确定公式为

$$Q_L 位置 = \frac{n+1}{4} \tag{4.3}$$

$$Q_U 位置 = \frac{3(n+1)}{4} \tag{4.4}$$

式中，n 为数据个数。

如果位置是整数，四分位数就是该位置对应的变量值；如果在0.5的位置上，则可仿照中位数计算，四分位数就是该位置两侧值的平均数；如果是在0.25或0.75的位置上，则四分位数等于该位置的下侧值加上按比例分配的该位置两侧数值的差值。

【例4-6】在某城市随机抽取11人，调查得到每个人的人均月收入数据如下（单位：元）。计算人均月收入的四分位数。

2 000　2 200　2 500　2 700　2 600　1 800　2 600　2 500　1 800　3 300　2 800

解：先将上面数据排序，结果如下：

1 800　1 800　2 000　2 200　2 500　2 500　2 600　2 600　2 700　2 800　3 300

Q_L 位置 $= \frac{n+1}{4} = 3$，则 $Q_L = 2\,000$。

Q_U 位置 $= \frac{3(n+1)}{4} = 9$，则 $Q_U = 2\,700$。

【例4-7】在某城市随机抽取12人，调查得到每个人的人均月收入数据如下（单位：元）。计算人均月收入的四分位数。

2 000　2 200　2 500　2 700　2 600　1 800　2 600　2 500　1 800　3 300　2 800　3 400

解：先将上面数据排序，结果如下：

1 800　1 800　2 000　2 200　2 500　2 500　2 600　2 600　2 700　2 800　3 300　3 400

Q_L 位置 $=\dfrac{n+1}{4}=3.25$，则 $Q_L=2\,000+（2\,200-2\,000）\times 0.25=2\,050$（元）

Q_U 位置 $=\dfrac{3(n+1)}{4}=9.75$，则 $Q_U=2\,700+（2\,800-2\,700）\times 0.75=2\,775$（元）

根据四分位数的计算结果可以粗略得知，在排序数据中，至少有 25% 的数据小于或等于 Q_L，而至少有 75% 的数据大于或等于 Q_L；至少有 75% 的数据小于或等于 Q_U，而至少有 25% 的数据大于或等于 Q_U；可以说，在 Q_L 与 Q_U 之间包含了大约 50% 的数据。

4.1.3 平均数

平均数也称为均值（Mean），是集中趋势测度中最重要的一种，它是一组数据相加后除以数据个数得到的结果，是所有集中趋势测度指标中应用最广泛的指标。它只适用于测度数值型数据的集中趋势，而不适用于分类数据和顺序数据。

在实际工作中，由于所掌握的统计资料的不同，平均数有不同的计算形式和计算公式。

1. 简单算术平均数

简单算术平均数（Simple Mean）适用于根据未经分组整理的原始数据计算均值。设一组数据为 $x_1, x_2, \cdots, x_n$，则简单算术平均数的计算公式为

$$\bar{x}=\dfrac{x_1+x_2+\cdots+x_n}{n}=\dfrac{\sum\limits_{i=1}^{n}x_i}{n} \qquad (4.5)$$

【例 4-8】在某城市中随机抽取 9 个家庭，调查得到每个家庭的人均月收入数据如下（单位：元）。要求计算人均月收入的平均数。

1 080　750　1 080　1 080　850　960　2 000　1 250　1 630

解：根据公式，有

$$\text{平均月收入 } \bar{x}=\dfrac{\sum\limits_{i=1}^{n}x_i}{n}=\dfrac{1\,080+750+\cdots+1\,630}{9}=1\,186.67（元）$$

2. 加权算术平均数

根据分组数据计算的平均数称为加权算术平均数（Weighted Mean）。

（1）根据单变量值分组的数据计算的平均数。其计算公式为

$$\bar{x}=\dfrac{x_1 f_1+x_2 f_2+\cdots+x_k f_k}{f_1+f_2+\cdots+f_k}=\dfrac{\sum\limits_{i=1}^{k}x_i f_i}{\sum\limits_{i=1}^{k}f_i} \qquad (4.6)$$

式中，f_i 为各变量值出现的频数。

【例 4-9】某机械厂工人日产零件资料如表 4-4 所示，试计算平均日产量。

表 4-4 某机械厂工人日产零件资料

日产量 x_i	工人人数 f_i	日总产量 $x_i f_i$	$\dfrac{f}{\sum f}$	$x\dfrac{f}{\sum f}$
20	10	200	0.05	1.00
21	20	420	0.10	2.10
22	30	660	0.15	3.30
23	60	1 380	0.30	6.90
24	50	1 200	0.25	6.0
25	30	750	0.15	3.75
合计	200	4 610	1	23.05

平均日产量：$\bar{x}=\dfrac{\sum\limits_{i=1}^{k}x_i f_i}{\sum\limits_{i=1}^{k}f_i}=\dfrac{4\,610}{200}=23.05$（件）

(2) 根据组距式分组数据计算平均数时，采用的计算方法与单变量值分组基本相同，只是首先需要计算组中值，并以组中值作为各组的代表值，然后进行加权计算。设原始数据分为 k 组，各组组中值分别用 M_1，M_2，…，M_k 表示，各组出现的频数分别用 f_1，f_2，…，f_k 表示，则其计算公式为

$$\bar{x}=\dfrac{M_1 f_1+M_2 f_2+\cdots+M_k f_k}{f_1+f_2+\cdots+f_k}=\dfrac{\sum\limits_{i=1}^{k}M_i f_i}{\sum\limits_{i=1}^{k}f_i} \qquad (4.7)$$

【例 4-10】某企业 50 名工人加工零件的分组数据如表 4-5 所示，计算人均日产量。

表 4-5 某企业 50 名工人加工零件的分组数据

按零件数分组	组中值 M_i	频数 f_i	$M_i f_i$
105～110	107.5	3	322.5
110～115	112.5	5	562.5
115～120	117.5	8	940.0
120～125	122.5	14	1 715.0
125～130	127.5	10	1 275.0
130～135	132.5	6	795.0
135～140	137.5	4	550.0
合计	—	50	6 160.0

平均日产量 $\bar{x}=\dfrac{\sum\limits_{i=1}^{k}M_i f_i}{\sum\limits_{i=1}^{k}f_i}=\dfrac{6\,160.0}{50}=123.2$（件）

加权平均数的大小不仅取决于研究对象的变量值，而且受各变量值重复出现的频数（f）或频率（$f/\sum f$）大小的影响。如果某一组的频数或频率较大，则说明该组的数据较多，那么该组数据的大小对算术平均数的影响就大；反之则小。可见，各组频数的多少（或频率的高低）对平均的结果起着一种权衡轻重的作用，这一衡量变量值相对重要性的数值称为权数。这里所谓权数的大小，并不是以权数本身值的大小而言的，而是指各组单位数占总体单位数的比例，即权数系数（$f/\sum f$）。权数系数也称频率，是一种结构相对数。

当然，利用组中值作为本组平均值计算算术平均数，是在各组内的数值分布均匀的假定下，如果实际数据与假设一致，计算的结果还是比较准确的，否则误差会较大。在统计分析过程中，如果收集到的是经过初步整理的二手数据，或数据要求不很精确的原始数据资料，则可用此法计算均值；如果要求结果十分精确，那么需用原始数据的全部实际信息；如果计算量很大，则可借助计算机的统计功能。

算术平均数在统计学中具有重要的地位，它是进行统计分析和统计推断的基础。首先，从统计思想上看，它是一组数据的重心所在，是数据误差相互抵消后的必然性结果。比如对同一事物进行多次测量，若所得结果不一致，则可能是测量误差所致，也可能是其他因素的偶然影响，利用算术平均数作为其代表值，则可以使误差相互抵消，反映出事物必然性的数量特征。其次，它具有下面一些重要的数学性质，各变量值与其算术平均数的离差之和等于零，即

$$\sum (x_i - \bar{x})f_i = 0$$

各变量值与其算术平均数的离差平方和最小，即

$$\sum (x_i - \bar{x})^2 f_i = \min$$

这些数学性质在实际工作中有着广泛的应用（如在相关性分析和方差分析及建立回归方程中），同时也体现了平均数的统计思想。

3. 调和平均数

调和平均数（Harmonic Mean）是平均数的一种。从数学形式上看，调和平均数具有独立的形式，它是变量值的倒数的算术平均数的倒数，也称为倒数平均数。但在实际应用中，它则是更多地作为算术平均数的变形而存在。在计算平均数时，当我们不知道变量值个数（即总体总频数），而只知道各组变量值与各组变量总值时，就要先以各组变量总值除以各组变量值求出各组频数；然后以各组变量总值之和除以各组频数之和，这样计算的平均数就叫调和平均数。调和平均数也有简单调和平均数和加权调和平均数两种。

（1）简单调和平均数。当各组的变量总值相等时，所计算的调和平均数称为简单调和平均数。设总体分为 k 个组，每个组的变量总值都为 m，则总体（样本）变量总值为 km。现仍以 x_i 表示各组变量值，以 H 表示调和平均数，则简单调和平均数的计算公式为

$$H = \frac{km}{\frac{m}{x_1} + \frac{m}{x_2} + \cdots + \frac{m}{x_k}} = \frac{k}{\frac{1}{x_1} + \frac{1}{x_2} + \cdots + \frac{1}{x_k}} = \frac{k}{\sum_{i=1}^{k} \frac{1}{x_i}}$$

简记为

$$H = \frac{k}{\sum_{i=1}^{k} \frac{1}{x_i}} \qquad (4.8)$$

【例 4-11】市场上某种蔬菜的价格是早市每千克 1.25 元,午市每千克 1.20 元,晚市每千克 1.10 元。若早、中、晚各买 10 元钱的蔬菜,问:所购买蔬菜的平均价格是多少?

解:蔬菜的平均价格是总购买金额除以总购买数量。该例中有 3 组,各组变量总值(购买金额)都为 10 元,各组变量值(蔬菜价值)分别为 1.25 元、1.20 元和 1.10 元,但不知道所购买蔬菜的数量,所以要先分别计算出各组的蔬菜购买数量,即 10/1.25 千克,10/1.20 千克和 10/1.10 千克,最后可计算出所购买蔬菜的平均价格为

$$H = \frac{km}{\frac{m}{x_1} + \frac{m}{x_2} + \cdots + \frac{m}{x_k}} = \frac{30}{\frac{10}{1.25} + \frac{10}{1.20} + \frac{10}{1.10}} = 1.18 \text{(元)}$$

或者

$$H = \frac{k}{\sum_{i=1}^{k} \frac{1}{x_i}} = \frac{3}{\frac{1}{1.25} + \frac{1}{1.20} + \frac{1}{1.10}} = 1.18 \text{(元)}$$

如果采用简单算术平均数计算,则所购买蔬菜的平均价格为

$$\bar{x} = \frac{\sum x_i}{n} = \frac{1.25 + 1.20 + 1.10}{3} = 1.183 \text{(元)}$$

结果为什么不一样呢(虽然很接近)?因为本例实际上是花了 30 元钱购买了 25.42 千克蔬菜,而不是花了 3.55 元买了 3 千克蔬菜,所以按简单算术平均数计算的结果 1.183 元/千克是错误的。

(2)加权调和平均数。当各组的标志总量不相等时,所计算的调和平均数要以各组的变量总值为权数,其结果即加权调和平均数。若以 m_i 表示各组变量总值,则加权调和平均数的计算公式为

$$H = \frac{m_1 + m_2 + \cdots + m_k}{\frac{m_1}{x_1} + \frac{m_2}{x_2} + \cdots + \frac{m_k}{x_k}} = \frac{\sum_{i=1}^{k} m_i}{\sum_{i=1}^{k} \frac{m_i}{x_i}}$$

可简记为

$$H = \frac{\sum_{i=1}^{k} m_i}{\sum_{i=1}^{k} \frac{m_i}{x_i}} \tag{4.9}$$

【例 4-12】市场上某种蔬菜的价格是早市每千克 1.25 元,午市每千克 1.20 元,晚市每千克 1.10 元。现若早、中、晚分别购买 15 元、12 元和 10 元的蔬菜,问:所购买蔬菜的平均价格是多少?

解:与例 4-11 相比,早、中、晚购买蔬菜的金额不一样了,不再都是 10 元,此时所购买蔬菜的平均价格为

$$H = \frac{\sum_{i=1}^{k} m_i}{\sum_{i=1}^{k} \frac{m_i}{x_i}} = \frac{15 + 12 + 10}{\frac{15}{1.25} + \frac{12}{1.20} + \frac{10}{1.10}} = 1.19 \text{(元)}$$

计算结果显示,平均价格比例 4-11 上升了 0.01 元/千克。为什么蔬菜价格未变,平均

价格却上升了？原因在于早、中、晚购买的金额不同，早市的价格最高且购买的金额最多，午市的价格次高且购买金额次多，晚市的价格最低且购买金额最少，所以与上例的简单调和平均数相比，平均价格就偏向高的一端了。显然，购买金额就起到了权数的作用。更一般地说，加权调和平均数的权数作用是通过各组的总变量值 m_i 来体现的。

加权调和平均数与加权算术平均数的区别在于计算过程中应用数据条件的不同。前者以各组变量总值（$m_i = x_i f_i$）为权数，后者以各组频数（f_i）为权数。

但它们都符合总体变量总值与总体总频数的对比关系。事实上，二者是可以相互变通的，即

$$\frac{\sum m_i}{\sum \frac{m_i}{x_i}} = \frac{\sum x_i f_i}{\sum \frac{x_i f_i}{x_i}} = \frac{\sum x_i f_i}{\sum f_i}$$

所以，对于同一现象，计算加权调和平均数与计算加权算术平均数的结果是相等的，无非是因数据条件不同而采用了不同的计算形式。

4. 几何平均数

几何平均数（Geometric Mean）也称几何均值，它是 n 个变量值乘积的 n 次方根，用 G 表示。其计算公式为

$$G = \sqrt[n]{x_1 \times x_2 \times \cdots \times x_n} = \sqrt[n]{\prod_{i=1}^{n} x_i} \tag{4.10}$$

式中，$\prod$ 为连乘符号。

几何平均数是适用于特殊数据的一种平均数，主要适用于变量值是相对数，变量值连乘有意义的场合，如连续生产的产品合格率、连续销售的本利率、连续储蓄的本息率、连续比较的（环比）发展速度等。因此，几何平均数主要应用于计算平均比率和平均速度两个内容。

【例 4-13】某流水生产线有前后衔接的五道工序。某日各工序产品的合格率分别为 95%、92%、90%、85%、80%，要求计算整个流水线产品的平均合格率。

解：整个流水生产线产品的平均合格率为

$$G = \sqrt[5]{95\% \times 92\% \times 90\% \times 85\% \times 80\%} = \sqrt[5]{53.49\%} = 88.24\%$$

【例 4-14】一位投资者持有一种股票，连续 4 年的收益率分别为 4.5%、2.1%、25.5%、1.9%。要求计算该投资者在这 4 年内的平均收益率。

$$G = \sqrt[n]{\prod_{i=1}^{n} x_i} - 1 = \sqrt[4]{104.5\% \times 102.1\% \times 125.5\% \times 101.9\%} - 1 = 8.08\%$$

即该投资者的投资年平均收益率为 8.08%。

我们进一步理解该公式。设开始的数值为 y_0，逐年增长率为 $G_1, G_2, \cdots, G_n$，则第 n 年的数值为

$$y_n = y_0(1+G_1)(1+G_2)\cdots(1+G_n) = y_0 \prod_{i=1}^{n}(1+G_i) \tag{4.11}$$

从 y_0 到 y_n 有 n 年，每年的增长率都相同，这个增长率 G 就是平均增长率 $\overline{G}$，即式（4.11）中的 G_i 都等于 G。因此

$$(1+G)^n = \prod_{i=1}^{n}(1+G_i)$$

$$\overline{G} = \sqrt[n]{\prod_{i=1}^{n}(1+G_i)} - 1 \qquad (4.12)$$

当所平均的各比率数值差别不大时，算术平均和几何平均的结果相差不大；如果各比率的数值相差较大，二者的差别就很明显。

需要注意的是，根据废品率计算平均废品率时，要将废品率推算为合格率，求得平均合格率后，用100%减去平均合格率得出平均废品率。根据利润率、利息率、环比增长速度计算平均利润率、平均利息率、平均增长速度时，首先应将利润率、利息率、环比增长速度推算为本利率、本息率、环比发展速度，然后用几何平均数计算方法计算平均本利率、平均本息率、平均发展速度，再减去100%得平均利润率、平均利息率、平均增长速度。

4.1.4 众数、中位数和平均数的比较

众数、中位数和平均数是集中趋势的三个主要测度值，它们具有不同的特点和应用场合。

1. 众数、中位数和平均数的关系

从概念和数据分布的角度看，众数始终是一组数据分布的最高峰值，中位数是处于一组数据中间位置的值，而平均数是全部数据的算术平均。因此，对于具有单峰分布的大多数数据而言，众数、中位数和平均数之间具有以下关系：如果数据的分布是对称的，则众数（M_0）、中位数（M_e）和平均数（$\bar{x}$）必定相等，即 $M_0 = M_e = \bar{x}$；如果数据是左偏分布，就说明数据存在极小值，必然拉动平均数向极小值一方靠，而众数和中位数由于是位置代表值，不受极值的影响，因此三者之间的关系表现为 $\bar{x} < M_e < M_0$；如果数据是右偏分布，则说明数据存在极大值，必然拉动平均数向极大值一方靠，因此 $M_0 < M_e < \bar{x}$。上述关系如图4－2所示。

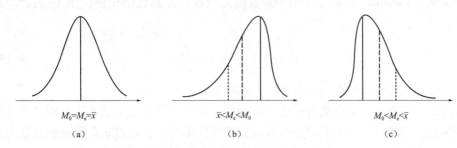

图4－2 不同分布的众数、中位数和平均数
(a) 对称分布；(b) 左偏分布；(c) 右偏分布

2. 众数、中位数和平均数的特点和应用场合

掌握众数、中位数和平均数的特点，有助于在实际应用中选择合理的测度值来描述数据的集中趋势。

众数是一组数据分布的峰值，不受极端值的影响。其缺点是具有不唯一性，一组数据可能有一个众数，也可能有两个或多个众数，也可能没有众数。众数只在数据量较多时才有意义，当数据量较少时，不宜使用众数。众数适合作为分类数据的集中趋势测

度值。

中位数是一组数据中间位置上的值，不受数据极端值的影响。当一组数据的分布偏斜程度较大时，使用中位数也许是一个好的选择。中位数适合作为顺序数据的集中趋势测度值。

平均数是针对数值型数据计算的，而且利用了全部数据信息，它是应用最广泛的集中趋势测度值。当数据呈对称分布或接近对称分布时，三个代表值相等或接近相等，这时则应选择平均数作为集中趋势的代表值。但平均数的主要缺点是易受数据极端值的影响，对于偏态分布的数据，平均数的代表性较差。因此，当数据为偏态分布，特别是偏斜程度较大时，可以考虑选择中位数或众数，这时它们的代表性要比平均数好。

4.2 离散程度的度量

集中趋势指标反映总体一般数量水平的同时，掩盖了总体各个数值的数量差异。离散程度指标弥补了这方面的不足，它综合反映了总体各个数值的差异性，从另一方面说明了总体的数量特征。数据的离散程度反映各变量值远离其中心值的程度，从另一个侧面说明了集中趋势测度值的代表程度。数据离散程度越大，集中趋势的测度值对该组数据的代表性就越差；离散程度越小，其代表性就越好。

描述数据离散程度采用的测度值，根据数据类型的不同主要有异众比率、四分位差、方差和标准差。此外，还有极差、平均差以及测度相对离散程度的离散系数等。不同类型的数据有不同的离散程度测度值。对于低层次数据所能使用的离散程度测度值，高层次数据同样能够使用；而高层次数据离散程度测度值低层次数据不一定能够使用。

4.2.1 异众比率

异众比率（Variation Ratio）是指非众数组的频数占总频数的比例，用 V_r 表示。其计算公式为

$$V_r = \frac{\sum f_i - f_m}{\sum f_i} = 1 - \frac{f_m}{\sum f_i} \quad (4.13)$$

式中，$\sum f_i$ 为变量值的总频数；f_m 为众数组的频数。

异众比率主要用于衡量众数对一组数据的代表程度。异众比率越大，说明非众数组的频数占总频数的比例越大，众数的代表性越差；异众比率越小，说明非众数组的频数占总频数的比例越小，众数的代表性越好。异众比率适合测度分类数据的离散程度，当然，对于顺序数据以及数值型数据也可以计算异众比率。

【例4-15】根据例4-1中表4-1中数据，计算异众比率。

解：根据式（4.13）得

$$V_r = 1 - \frac{f_m}{\sum f_i} = 1 - \frac{28}{80} = 0.65 = 65\%$$

这说明，在调查的80人中，高校男生吸烟的原因中除"受朋友、同学影响"之外的其他原因占65%，异众比率还是比较大的。因此，用"受朋友、同学影响"来代表高校男生吸烟的原因，其代表性不是很好。

4.2.2 四分位差

四分位差也称为内距或四分间距（Inter-quartile Range），它是上四分位数与下四分位数之差，用 Q_d 表示。其计算公式为

$$Q_d = Q_U - Q_L \tag{4.14}$$

四分位差反映了中间 50% 的数据的离散程度，数值越小，说明中间的数据越集中；数值越大，说明中间的数据越分散。四分位差不受极值的影响。此外，由于中位数处于数据的中间位置，因此四分位差的大小在一定程度上说明了中位数对一组数据的代表程度。四分位差主要用于测度顺序数据的离散程度。对于数值型数据也可以计算四分位差，但它不适合分类数据。

【例 4-16】根据例 4-6 的计算结果，计算人均月收入的四分位差。

解：根据例 4-6 的计算结果可知，$Q_L = 2\,000$，$Q_U = 2\,700$。

四分位差为 $Q_d = Q_U - Q_L = 2\,700 - 2\,000 = 700$（元）

4.2.3 方差和标准差

方差（Variance）是各变量值与其平均数离差平方的平均数。它在数学处理上通过平方的方法消去离差的正负号，再进行平均。方差的平方根称为标准差（Standard Deviation）。方差（或标准差）能较好地反映出数据的离散程度，是应用最广的离散程度的测度值。

1. 总体方差和标准差

设总体方差为 σ^2，对于未经分组整理的原始数据，方差的计算公式为

$$\sigma^2 = \frac{\sum_{i=1}^{n}(x_i - \bar{x})^2}{N} \tag{4.15}$$

对于组距分组数据，方差的计算公式为

$$\sigma^2 = \frac{\sum_{i=1}^{k}(M_i - \bar{x})^2 f_i}{\sum_{i=1}^{k} f_i} \tag{4.16}$$

方差的平方根即标准差。对于未经分组整理的原始数据，标准差的计算公式为

$$\sigma = \sqrt{\frac{\sum_{i=1}^{n}(x_i - \bar{x})^2}{N}} \tag{4.17}$$

对于组距分组数据，标准差的计算公式为

$$\sigma = \sqrt{\frac{\sum_{i=1}^{k}(M_i - \bar{x})^2 f_i}{\sum_{i=1}^{k} f_i}} \tag{4.18}$$

2. 样本方差和标准差

样本方差与总体方差在计算上的区别是：总体方差是用数据个数或总频数去除离差平方和，而样本方差是用样本数据个数或总频数减 1 去除离差平方和。其中，样本数据个数减

1,即 $n-1$ 称为自由度。设样本方差为 s^2,根据未分组数据和分组数据计算样本方差的公式分别为

未分组数据:
$$s^2 = \frac{\sum_{i=1}^{n}(x_i - \bar{x})^2}{n-1} \qquad (4.19)$$

分组数据:
$$s^2 = \frac{\sum_{i=1}^{k}(M_i - \bar{x})^2 f_i}{\sum_{i=1}^{k} f_i - 1} \qquad (4.20)$$

样本标准差相应的计算公式为

未分组数据:
$$s = \sqrt{\frac{\sum_{i=1}^{n}(x_i - \bar{x})^2}{n-1}} \qquad (4.21)$$

分组数据:
$$s = \sqrt{\frac{\sum_{i=1}^{k}(M_i - \bar{x})^2 f_i}{\sum_{i=1}^{k} f_i - 1}} \qquad (4.22)$$

【例 4-17】根据例 4-20 中表 4-7 数据,计算计算机销售量的标准差。

解:已知 $\bar{x} = 185$,计算过程见表 4-6。

根据式 (4.22),得到样本标准差为

$$s = \sqrt{\frac{\sum_{i=1}^{k}(M_i - \bar{x})^2 f_i}{\sum_{i=1}^{k} f_i - 1}} = \sqrt{\frac{55\,400}{120 - 1}} = 21.58(台)$$

表 4-6 某计算机公司销售量数据标准差计算表

按销售量分组/台	频数 f_i	组中值 M_i	$(M_i - \bar{x})^2$	$(M_i - \bar{x})^2 f_i$
140~150	4	145	1 600	6 400
150~160	9	155	900	8 100
160~170	16	165	400	6 400
170~180	27	175	100	2 700
180~190	20	185	0	0
190~200	17	195	100	1 700
200~210	10	205	400	4 000
210~220	8	215	900	7 200
220~230	4	225	1 600	6 400
230~240	5	235	2 500	12 500
合计	120	—	—	55 400

4.2.4 极差和平均差

1. 极差

极差（Range）也称为全距，是指一组数据的最大值与最小值之差，用 R 表示。只能用于测量数值型数据离散程度，分类数据和顺序数据不能使用。其计算公式为

$$R = \max(x_i) - \min(x_i) \tag{4.23}$$

式中，$\max(x_i)$ 和 $\min(x_i)$ 分别表示一组数据的最大值和最小值。

【例 4-18】根据例 4-7 中的数据，计算人均月收入的极差。

解：$R = \max(x_i) - \min(x_i) = 3\,300 - 1\,800 = 1\,500(元)$

【例 4-19】有两个学习小组的统计学考试成绩分别为

第一组：60　70　80　90　100

第二组：78　79　80　81　82

很明显，两个小组的考试成绩平均分都是 80 分，但是哪一组的分数比较集中呢？

解：如果用极差指标来衡量，则有

$$R_{甲} = 100 - 60 = 40（分）$$
$$R_{乙} = 82 - 78 = 4（分）$$

这说明，第一组资料的离散程度大于第二组资料的离散程度。

极差是最简单的描述数据离散程度的测度值，计算简单，易于理解，但它容易受极端值的影响。由于极差只是利用了一组数据两端的信息，不能反映出中间数据的分散状况，因而不能准确描述数据的分散程度。

2. 平均差

平均差（Mean Deviation）也称平均绝对离差，它是各变量值与其平均数离差绝对值的平均数，它综合反映了总体各单位标志值的变动程度，用 M_d 表示。平均差越大，表示数据离散程度越大；反之，表示数据离散程度越小。它只能用于测量数值型数据离散程度，分类数据和顺序数据不能使用。

根据未分组数据计算平均差的公式为

$$M_d = \frac{\sum_{i=1}^{n} |x_i - \bar{x}|}{n} \tag{4.24}$$

根据分组数据计算平均差的公式为

$$M_d = \frac{\sum_{i=1}^{k} |M_i - \bar{x}| f_i}{n} \tag{4.25}$$

【例 4-20】某计算机公司按计算机销售量分组的组距数列见表 4-7 中前两列，试计算平均差。

解：已知 $\bar{x} = 185$，计算过程见表 4-7 后三列。根据式（4.25）得

$$M_d = \frac{\sum_{i=1}^{k} |M_i - \bar{x}| f_i}{n} = \frac{2\,040}{120} = 17（台）$$

表4-7 某计算机公司按计算机销售量分组的相关数据

按销售量分组/台	频数 f_i	组中值 M_i	$\lvert M_i - \bar{x} \rvert$	$\lvert M_i - \bar{x} \rvert f_i$
140~150	4	145	40	160
150~160	9	155	30	270
160~170	16	165	20	320
170~180	27	175	10	270
180~190	20	185	0	0
190~200	17	195	10	170
200~210	10	205	20	200
210~220	8	215	30	240
220~230	4	225	40	160
230~240	5	235	50	250
合计	120	—	—	2040

平均差以平均数为中心，反映了每个数据与平均数的平均差异程度，能够全面地反映一组数据的离散程度。平均差越大，数据离散程度越大；平均差越小，数据离散程度越小。但是，平均差采用了离差的绝对值，不便于运算，使其应用受到很大限制。

4.2.5 相对位置的度量——标准分数

有了平均数和标准差之后，可以计算一组数据中各个数据的标准分数，以测度每个数据在该组数据中的相对位置，并可以用它来判断一组数据是否有离群数据。

1. 标准分数

变量值与其平均数的离差除以标准差后的值称为标准分数（Standard Score），也称标准化值或 z 分数。设标准分数为 z，则有

$$z_i = \frac{x_i - \bar{x}}{s} \tag{4.26}$$

标准分数给出了一组数据中各数值的相对位置。比如，如果某个数值的标准分数为 -1，就知该数值低于均值1倍的标准差；如果某个数值的标准分数为2，就知该数值高于均值2倍的标准差。这是常用的统计标准化公式，在对多个具有不同量纲的变量进行处理时，常常需要对各变量数值进行标准化处理。

【例4-21】根据表4-8资料，计算个人花费的标准分数。

解：根据资料数据，可得：$\bar{x}=1\,253$，$s=439$。由式（4.26）计算得个人花费的标准分数如表4-8所示。可知，花费最高的支出与平均支出相比高1.702个标准差，而花费最低的支出与平均支出相比低1.032个标准差。

表4-8 个人花费及其对应的标准分数

编号	花费	标准分数
1	1 000	-0.576
2	900	-0.804
3	850	-0.918
4	880	-0.850
5	1 200	-0.121
6	1 500	0.563
7	1 800	1.246
8	2 000	1.702
9	800	-1.032
10	1 600	0.790

标准分数具有均值为0，标准差为1的特性，即

$$\bar{z} = \frac{\sum z_i}{n} = \frac{1}{n} \times \frac{\sum (x_i - \bar{x})}{s} = \frac{1}{n} \times \frac{0}{s} = 0$$

$$s^2 = \frac{\sum (z_i - \bar{z})}{n-1} = \frac{\sum (z_i - 0)^2}{n-1} = \frac{\sum z_i^2}{n-1} = \frac{1}{n-1} \times \frac{\sum (x_i - \bar{x})^2}{s^2} = \frac{s^2}{s^2} = 1$$

实际上，z分数知识将原始数据进行了线性变换，它既没有改变一个数据在该组数据中的位置，也没有改变该组数分布的形状，而只是将该组数据变为均值为0，标准差为1。

2. 经验法则

当一组数据对称分布时，经验法则表明：

(1) 约有68%的数据在平均数±1个标准差的范围之内。

(2) 约有95%的数据在平均数±2个标准差的范围之内。

(3) 约有99%的数据在平均数±3个标准差的范围之内。

由此可见，一组数据中低于或高于平均数3个标准差的数据很少。也就是说，在平均数±3个标准差的范围内几乎包含了全部数据，而在±3个标准差之外的数据，统计学上称为离群点（Outlier）。

3. 切比雪夫不等式

经验法则适合对称分布的数据。如果一组数据不是对称分布，经验法就不再适用，这时可使用切比雪夫不等式（Chebyshev's Inequality），它对任何分布形态的数据都适用。切比雪夫不等式提供的是"下界"，也就是"所占比例至少是多少"，对于任意分布形态的数据，根据切比雪夫不等式，至少有$(1-1/k^2)$的数据落在$\pm k$个标准差之内。其中k是大于1的任意值，但不一定是整数。对于$k=2, 3, 4$，该不等式的含义是：

(1) 至少有75%的数据在平均数±2个标准差的范围之内。

(2) 至少有89%的数据在平均数±3个标准差的范围之内。

(3) 至少有94%的数据在平均数±4个标准差的范围之内。

4.2.6 相对离散程度——离散系数

方差和标准差是反映数据离散程度的绝对值,其数值的大小一方面受原变量值自身水平高低的影响,也就是与变量的平均数大小有关,变量值绝对水平高的,离散程度的度量值自然也就大,绝对水平低的,离散程度的测度值自然也就小;另一方面,它们与原变量值的计量单位相同,采用不同计量单位计量的变量值,其离散程度的测度值也就不同。因此,对于平均水平不同或计量单位不同的不同组别的变量值,不能用标准差直接比较其离散程度。为消除变量值水平高低和计量单位不同对离散程度测度值的影响,需要计算离散系数。

离散系数(Coefficient of Variation)也称为变异系数,它是一组数据的标准差与其相应的平均数之比。其计算公式为

$$v_s = \frac{s}{\bar{x}} \tag{4.27}$$

离散系数主要是用于对不同组别数据的离散程度进行比较。离散系数大的,说明该组数据的离散程度也大;离散系数小的,说明该组数据的离散程度也小。

【例 4-22】某管理局抽查了所属的 8 家企业,其产品销售数据如表 4-9 所示。试比较产品销售额与销售利润的离散程度。

表 4-9 某管理局所属 8 家企业的产品销售数据

企业编号	产品销售额 X_1/万元	销售利润 X_2/万元
1	170	8.1
2	220	12.5
3	390	18.0
4	430	22.0
5	480	26.5
6	650	40.0
7	950	64.0
8	1 000	69.0

解:由于销售额与利润额的数据水平不同,因此不能直接用标准差进行比较,需要计算离散系数。由表 4-9 中的数据计算的,得

$$\bar{x}_1 = 536.25(万元),\ s_1 = 309.19(万元),\ v_1 = \frac{309.19}{536.25} = 0.577$$

$$\bar{x}_2 = 32.5215(万元),\ s_2 = 23.09(万元),\ v_2 = \frac{23.09}{32.5125} = 0.710$$

计算结果表明,$v_1 < v_2$,说明产品销售额的离散程度小于销售利润的离散程度。

4.3 数据的分布形状

数据分布的形状是各种各样的,有的左右两侧完全对称,有的左偏,有的右偏。有的比

较扁平,有的比较适中,有的则比较尖陡。分布形状不同,表明数据分布的内在结构也不同。为了全面了解数据分布的特征,我们不仅要观察其集中趋势和离散程度,也要观察其分布形状。数据分布的形状要用形状指标来反映。形状指标就是反映数据分布的具体形状,即左右是否对称、偏斜程度与陡峭程度如何的指标。具体来说,数据分布的形状一般从对称性和陡峭性两方面来反映,因此形状指标也有两个方面:一是反映数据分布偏斜程度的指标,称为偏态系数;二是反映数据分布陡峭程度的指标,称为峰态系数。

4.3.1 偏态

偏态(Skewness)一词是由统计学家皮尔逊于1895年首次提出的,它是对数据分布对称性的测度。测度偏态的统计量是偏态系数(Coefficient of Skewness),记作SK。

偏态系数的计算方法有很多。在根据未分组的原始数据计算偏态系数时,通常采用下面的公式,即

$$SK = \frac{n \sum (x_i - \bar{x})^3}{(n-1)(n-2)s^3} \tag{4.28}$$

式中,s^3 是样本标准差的三次方。

如果一组数据的分布是对称的,则偏态系数等于0;如果偏态系数明显不等于0,则表明分布是非对称的。若偏态系数大于1或小于-1,则称为高度偏态分布;若偏态系数在0.5~1或-1~-0.5,则认为是中等偏态分布;偏态系数越接近0,偏斜程度越小。

根据分组数据计算偏态系数,可采用下面的公式,即

$$SK = \frac{\sum_{i=1}^{k}(M_i - \bar{x})^3 f_i}{ns^3} \tag{4.29}$$

从式(4.29)可以看到,它是离差三次方的平均数再除以标准差的三次方。当分布对称时,离差三次方后正负离差可以相互抵消,因而SK的分子等于0,即SK=0;当分布不对称时,正负离差不能抵消,就形成了正或负的偏态系数SK。当SK为正值时,表示正离差值较大,可以判断为正偏或右偏;反之,当SK为负值时,表示负离差值较大,可判断为负偏或左偏。在计算SK时,将离差三次方的平均数除以 s^3 是为了将偏态系数转化为相对数。SK的数值越大,表示偏斜的程度越大。

4.3.2 峰态

峰态(Kurtosis)一词是由统计学家皮尔逊于1905年首次提出的。它是对数据分布平峰或尖峰程度的测度。测度峰态的统计量是峰态系数(Coefficient of Kurtosis),记作 K。

峰态通常是与标准正态分布相比较而言的。如果一组数据服从标准正态分布,则峰态系数的值等于0;若峰态系数的值明显不等于0,则表明分布比正态分布更平或更尖,通常称为平峰分布或尖峰分布,如图4-3所示。

根据未分组数据来计算峰态系数时,通常采用以下公式,即

$$K = \frac{n(n+1)\sum(x_i - \bar{x})^4 - 3[\sum(x_i - \bar{x})^2]^2(n-1)}{(n-1)(n-2)(n-3)s^4} \tag{4.30}$$

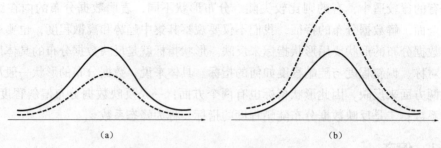

图 4-3 平峰分布与尖峰分布示意图

(a) 平峰分布；(b) 尖峰分布

根据分组数据来计算峰态系数是用离差四次方的平均数再除以标准差的四次方，其计算公式为

$$K = \frac{\sum_{i=1}^{k}(M_i - \overline{x})^4 f_i}{ns^4} - 3 \tag{4.31}$$

式中，s^4 是样本标准差的四次方。

式（4.31）中将离差四次方的平均数除以 s^4 是为了将峰态系数转化成相对数。用峰态系数说明分布的尖峰和扁平程度，是通过与标准正态分布的峰态系数进行比较来实现的。由于正态分布的峰态系数为0，故当 $K>0$ 时为尖峰分布，数据的分布更集中；当 $K<0$ 时为扁平分布，数据的分布越分散。式（4.31）中也可以不减3，此时的比较标准是3。当 $K>3$ 时为尖峰分布，$K<3$ 时为扁平分布。

【例 4-23】根据本章例 4-19 中表 4-6 数据，计算计算机销售量的偏态系数及峰态系数。

解：计算过程见表 4-10。

表 4-10 某计算机公司销售量偏态系数及峰态系数计算表

按销售量分组/台	频数 f_i	组中值 M_i	$(M_i-\overline{x})^3 f_i$	$(M_i-\overline{x})^4 f_i$
140~150	4	145	-256 000	1 0240 000
150~160	9	155	-243 000	7 290 000
160~170	16	165	-128 000	2 560 000
170~180	27	175	-27 000	270 000
180~190	20	185	0	0
190~200	17	195	17 000	170 000
200~210	10	205	80 000	1 600 000
210~220	8	215	216 000	6 480 000
220~230	4	225	256 000	10 240 000
230~240	5	235	625 000	31 250 000
合计	120	—	540 000	70 100 000

将计算结果代入式（4.29），得

$$SK = \frac{\sum_{i=1}^{k}(M_i - \overline{x})^3 f_i}{ns^3} = \frac{\sum_{i=1}^{10}(M_i - 185)^3 f_i}{120 \times 21.58^3} = \frac{54\ 000}{120 \times 21.58^3} = 0.448$$

将计算结果代入式（4.31），得

$$K = \frac{\sum_{i=1}^{k}(M_i - \overline{x})^4 f_i}{ns^4} - 3 = \frac{70\ 100\ 000}{120 \times 21.58^4} - 3 = -0.306$$

偏态系数为正值，但数值不是很大，说明计算机销售量的分布为右偏分布，但是偏斜程度不是很大；峰态系数为负值，说明计算机销售量的分布与正态分布相比略有一些扁平。

4.4 如何使用软件进行概括性度量

4.4.1 Excel 中的统计函数

1. 众数

利用 Excel 中的 MODE 函数可以计算一组数值型数据的众数。其语法为 MODE（number1，number2，…）。number1，number2，…是用于计算众数的 1～30 个参数，也可以使用单一数组（即对数组区域的引用）来代替由逗号分隔的参数。如果一组数据中不含有重复的数据，则 MODE 函数返回错误值 N/A。

2. 中位数

利用 Excel 中的 MEDIAN 函数可以计算一组数值型数据的中位数。其语法为 MEDIAN（number1，number2，…）。number1，number2，…是用于计算中位数的 1～30 个数值。如果一组数据中包含偶数个数字，MEDIAN 函数将返回位于中间的两个数的平均值。

3. 四分位数

利用 Excel 中的 QUARTILE 函数可以计算一组数值型数据的四分位数。其语法为 QUARTILE（array，quart）。array 为需要求得四分位数的数组或数字的单元格区域。quart 决定返回哪一个四分位数。如果 quart 等于 0，则函数 QUARTILE 返回最小值；如果 quart 等于 1，则函数 QUARTILE 返回第一个四分位数；如果 quart 等于 2，则函数 QUARTILE 返回中位数；如果 quart 等于 3，则函数 QUARTILE 返回第三个四分位数；如果 quart 等于 4，则 QUARTILE 函数返回最大值。

4. 平均数

1）算术平均数

利用 Excel 中的 AVERAGE 函数可以计算一组数值型数据的算术平均数。其语法为 AVERAGE（number1，number2，…）。number1，number2，…是用于计算平均数的 1～30 个参数。

2）几何平均数

利用 Excel 中的 GEOMEAN 函数可以计算一组数值型数据的几何平均数。其语法为 GEOMEAN（number1，number2，…）。number1，number2，…是用于计算平均数的 1～30 个参数,也可以使用单一数组(即对数组区域的引用)来代替由逗号分隔的参数。如果任何数据点小于 0,则 GEOMEAN 函数返回错误值#NUM!。

5. 平均差

利用 Excel 中的 AVEDEV 函数可以计算一组数值型数据的平均差。其语法为 AVEDEV(number1,number2,…)。number1,number2,…是用于计算绝对偏差平均值的一组参数,参数可以有 1~30 个。

6. 标准差

利用 Excel 中的 STDEV 函数可以计算一组数字型数据的样本标准差。其语法为 STDEV(number1,number2,…)。number1,number2,…为样本的 1~30 个参数。如果是总体数据,则应该使用 STDEVP 函数来计算标准差。

7. 偏态系数

利用 Excel 中的 SKEW 函数可以计算一组数值型数据的偏态系数。其语法为 SKEW(number1,number2,…)。number1,number2,…是用于计算偏斜度的 1~30 个参数。如果数据点个数少于 3 个,或样本标准差为 0,则 SKEW 函数返回错误值#DIV/0!。

8. 峰态系数

利用 Excel 中的 KURT 函数可以计算一组数值型数据的峰态系数。其语法为 KURT(number1,number2,…)。number1,number2,…是用于计算峰值的 1~30 个参数。如果数据点个数少于 4 个,或样本标准差为 0,则 KURT 函数返回错误值#DIV/0!。

4.4.2 Excel 中的描述统计分析

本章介绍的数据分布特征的各种测度值,多数可以通过 Excel "数据分析"工具中的"描述统计"命令得出计算结果。根据表 4-11 某计算机公司连续 4 个月的销售量中的数据,用 Excel 给出各描述统计量的计算结果,见图 4-4~图 4-6。

表 4-11 某计算机公司连续 4 个月的销售量

234	159	187	155	172	183	182	177	163	158
143	198	141	167	194	225	177	189	196	203
187	160	214	168	173	178	184	209	176	188
161	152	149	211	196	234	185	189	196	206
150	161	178	168	174	153	186	190	160	171
228	162	223	170	165	179	186	175	197	208
153	163	218	180	175	144	178	191	197	192
166	196	179	171	233	179	187	173	174	210
154	164	215	233	175	188	237	194	198	168
174	226	180	172	190	172	187	189	200	211
156	165	175	210	207	181	205	195	201	172
203	165	196	172	176	182	188	195	202	213

第四章 数据的概括性度量

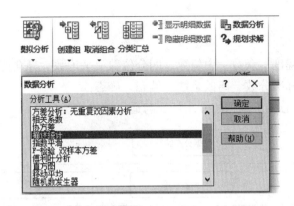

图 4-4 数据分析中的分析工具界面

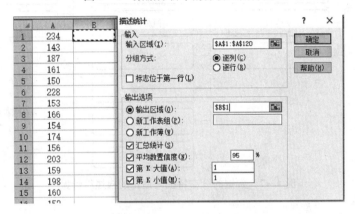

图 4-5 描述统计选项界面

	A	B	C
1	234		列1
2	143		
3	187	平均	184.5666667
4	161	标准误差	1.97915373
5	150	中位数	182
6	228	众数	196
7	153	标准差	21.68054285
8	166	方差	470.0459384
9	154	峰度	-0.224356161
10	174	偏度	0.405284783
11	156	区域	96
12	203	最小值	141
13	159	最大值	237
14	198	求和	22148
15	160	观测数	120
16	152	最大(1)	237
17	161	最小(1)	141
18	162	置信度(95.0%)	3.918922056

图 4-6 Excel 输出的描述统计量

关键术语：

集中趋势　离散程度　众数　中位数　四分位数　平均数　异众比率　四分位差
方差　标准差　标准分数　离散系数　偏态　峰态

如图4-7所示，总结了数据的分布特征与适用的描述统计量。

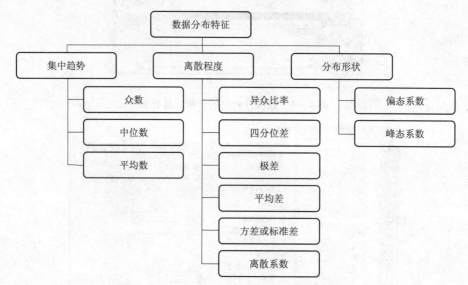

图4-7　数据的分布特征与适用的描述统计量

习题

一、选择题

1. 下列关于众数的叙述，不正确的是（　　）。
   A. 一组数据可能存在多个众数　　　B. 众数主要适用于分类数据
   C. 一组数据的众数是唯一的　　　　D. 众数不受极端值的影响

2. 变量值与其平均数的离差除以标准差后的值称为（　　）。
   A. 标准分数　　　B. 离散系数　　　C. 方差　　　D. 标准差

3. 如果一个数据的标准分数是 -2，则表明该数据（　　）。
   A. 比平均数高出2个标准差　　　　B. 比平均数低2个标准差
   C. 等于2倍的平均数　　　　　　　D. 等于2倍的标准差

4. 经验法则表明，当一组数据对称分布时，在平均数加减1个标准差的范围之内大约有（　　）。
   A. 68%的数据　　B. 95%的数据　　C. 99%的数据　　D. 100%的数据

5. 离散系数的主要用途是（　　）。
   A. 反映一组数据的离散程度　　　　B. 反映一组数据的平均水平
   C. 比较多组数据的离散程度　　　　D. 比较多组数据的平均水平

6. 偏态系数测度了数据分布的非对称性程度。如果一组数据的分布是对称的，则偏态系数（   ）。

　　A. 等于 0　　　　B. 等于 1　　　　C. 大于 0　　　　D. 大于 1

7. 某大学的经济管理学院有 1 200 名学生，法学院有 800 名学生，医学院有 320 名学生，理学院有 200 名学生。在上面的描述中，众数是（   ）。

　　A. 1 200　　　　　　　　　　　B. 经济与管理学院

　　C. 200　　　　　　　　　　　　D. 理学院

8. 某居民小区准备采取一项新的物业管理措施，为此，随机抽取了 100 户居民进行调查。其中，表示赞成的有 69 户，表示中立的有 22 户，表示反对的有 9 户。该组数据的中位数是(   )。

　　A. 赞成　　　　B. 69　　　　C. 中立　　　　D. 22

9. 某班共有 25 名学生，期末统计学课程的考试分数分别为：68、73、66、76、86、74、61、89、65、90、69、67、76、62、81、63、68、81、70、73、60、87、75、64、56，该班考试分数的下四分位数和上四分位数分别是（   ）。

　　A. 64.5 和 78.5　　　　　　　　B. 67.5 和 71.5

　　C. 64.5 和 71.5　　　　　　　　D. 64.5 和 67.5

10. 假定一个样本由 5 个数据组成：3、7、8、9、13。该样本的方差为（   ）。

　　A. 8　　　　B. 13　　　　C. 9.7　　　　D. 10.4

11. 对于右偏分布，平均数、中位数和众数之间的关系是（   ）。

　　A. 平均数 > 中位数 > 众数　　　　B. 中位数 > 平均数 > 众数

　　C. 众数 > 中位数 > 平均数　　　　D. 众数 > 平均数 > 中位数

12. 某班学生的统计学平均成绩是 70 分，最高分是 96 分，最低分是 62 分。根据这些信息，可以计算的测度离散程度的统计量是（   ）。

　　A. 方差　　　　B. 极差　　　　C. 标准差　　　　D. 变异系数

13. 某班学生的平均成绩是 80 分，标准差是 10 分。如果已知该班学生的考试分数为对称分布，则可以判断成绩在 60～100 分的学生大约占（   ）。

　　A. 95%　　　　B. 89%　　　　C. 68%　　　　D. 99%

14. 对某个高速路段驶过的 120 辆汽车的车速进行测量后发现，平均车速是 85 km/h，标准差是 4 km/h。下列哪个车速可以看作异常值？（   ）

　　A. 78 km/h　　　　B. 82 km/h　　　　C. 91 km/h　　　　D. 98 km/h

15. 下列叙述中正确的是（   ）。

　　A. 如果计算每个数据与平均数的离差，则这些离差的和总是等于零

　　B. 如果考试成绩的分布是对称的，平均数为 75，标准差为 12，则考试成绩在 63～75 分的比例大约为 95%

　　C. 平均数和中位数相等

　　D. 中位数大于平均数

二、简答题

1. 一组数据的分布特征可以从哪几个方面进行测度？

2. 简述众数、中位数和平均数的特点。

3. 为什么要计算离散系数？

4. 测度不同类型数据的集中趋势和离散程度的指标有哪些？

5. 测度数据分布形状的统计量有哪些？

三、计算题

1. 一家汽车零售店的 10 名销售人员 5 月份销售的汽车数量（单位：辆）排序后如下：

2　　4　　7　　10　　10　　10　　12　　12　　14　　15

要求：

（1）计算汽车销售量的众数、中位数和平均数。

（2）计算销售量的四分位数。

（3）计算销售量的标准差。

2. 某电商 6 月份各天的销售额数据如下：

236	249	258	265	269	273	278	284	295	303
238	252	261	267	271	274	280	291	297	310
240	257	263	268	272	276	281	292	301	322

要求：

（1）计算该电商日销售额的众数和平均数。

（2）计算中位数和四分位数。

3. 随机抽取 25 个网络用户，得到他们的年龄数据如下：

15	19	22	24	30
16	19	22	24	31
17	20	23	25	34
18	20	23	27	38
19	21	23	29	41

要求：

（1）计算众数和中位数。

（2）计算四分位数。

（3）计算平均数。

4. 在某地区抽取 120 家企业，按利润额进行分组，结果如下：

按利润额分组/万元	企业数/个
300 及以下	19
300~400	30

续表

按利润额分组/万元	企业数/个
400~500	42
500~600	18
600及以上	11
合计	120

要求：计算120家企业利润额的平均数和标准差。

5. 一条产品生产线平均每天的产量为3 700件，标准差为50件。如果某一天的产量低于或高于平均产量，并落在±2个标准差的范围之外，就认为该生产线失去控制。下面是一周各天的产量，请问：该生产线哪几天失去了控制？

时间	周一	周二	周三	周四	周五	周六	周日
产量/件	3 850	3 670	3 690	3 720	3 610	3 590	3 700

6. 某成年组与婴幼儿组身高资料如下：

组别	成年组身高/m	婴幼儿组身高/m
1	1.60	0.70
2	1.61	0.71
3	1.63	0.72
4	1.65	0.73
5	1.67	0.74
6	1.68	0.75
7	1.70	0.78

请问：

（1）采用什么方法来评价成年组和婴幼儿组身高的离散程度？

（2）哪组身高的离散程度较大？

7. 甲、乙两商店营业员及销售量数据如下：

按日销售量分组/元	人数	
	甲商店	乙商店
20~30	3	0
30~40	12	2
40~50	9	8

续表

按日销售量分组/元	人数	
	甲商店	乙商店
50~60	6	6
60 以上	0	4
合计	30	20

要求：

（1）计算各商店营业员销售量的组中值和平均数。

（2）据上表资料说明哪个商店营业员平均销售量的代表性大。

8. 某管理局抽查了所属的 8 家企业，其产品销售数据如下。试比较产品销售额与销售利润的离散程度。

企业编号	产品销售额 x_1/万元	销售利润 x_2/万元
1	170	8.1
2	220	12.5
3	390	18.0
4	430	22.0
5	480	26.5
6	650	40.0
7	950	64.0
8	1 000	69.0

第五章

概率和概率分布

学习目标

知识目标

➢ 掌握随机事件的含义、概率计算方法及其运算法则。
➢ 掌握随机变量的含义及正态分布、二项分布和泊松分布的特性及应用。
➢ 了解相关软件的使用方法。

能力目标

能够计算随机变量函数的概率分布

案例

1654 年,有一个法国赌徒梅勒遇到了一个难解的问题:梅勒和他的一个朋友每人出 30 个金币,两人谁先赢满 3 局谁就得到全部赌注。在游戏进行了一会儿后,梅勒赢了 2 局,他的朋友赢了 1 局。这时候,梅勒由于一个紧急事情必须离开,游戏不得不停止。他们该如何分配赌桌上的 60 个金币的赌注呢?梅勒的朋友认为,既然他接下来赢的机会是梅勒的一半,那么他该拿到梅勒所得的一半,即他拿 20 个金币,梅勒拿 40 个金币。然而梅勒争执道:再掷一次骰子,即使他输了,游戏是平局,他最少也能得到全部赌注的一半——30 个金币;但如果他赢了,就可拿走全部的 60 个金币。在下一次掷骰子之前,他实际上已经拥有了 30 个金币,他还有 50% 的机会赢得另外 30 个金币,所以,他应分得 45 个金币。

赌本究竟如何分配才合理呢?后来梅勒把这个问题告诉了当时法国著名的数学家帕斯卡,这居然也难住了帕斯卡,因为当时并没有相关知识来解决此类问题,而且两人说的似乎都有道理。帕斯卡又写信告诉了另一个著名的数学家费马,于是在这两位伟大的法国数学家之间开始了具有划时代意义的通信,在通信中,他们最终正确地解决了这个问题。他们设想：如果继续赌下去，梅勒（设为甲）和他朋友（设为乙）最终获胜的机会如何呢？他们俩至多再赌两局即可分出胜负，这两局有四种可能结果：甲甲、甲乙、乙甲、乙乙。前三种情况都是甲最后取胜，只有最后一种情况才是乙取胜，所以赌注应按3:1的比例分配，即甲得45个金币，乙15个。虽然梅勒的计算方式不一样，但他的分配方法是对的。

3年后，也就是1657年，荷兰著名的天文、物理兼数学家惠更斯把这一问题置于更复杂的情形下，试图总结出更一般的规律，结果写成了《论掷骰子游戏中的计算》一书，这就是最早的概率论著作。正是他们把这一类问题提高到了理论的高度，并总结出了其中的一般规律。同时，他们的研究还吸引了许多学者，由此把赌博的数理讨论推向了一个新的台阶，逐渐建立起一些重要概念及运算法则，从而使这类研究从对机会性游戏的分析发展上升为一个新的数学分支。由赌徒的问题引起，概率逐渐演变成一门严谨的科学。

5.1 随机事件与概率

在自然界和人类社会存在的各种现象大体可以分成两类：

第一类是在一定条件下某种现象必定发生或必定不会发生。例如，太阳的东升西落，水在标准大气压下的沸点为100 ℃。这种确定性的现象，称为必然事件，记作Ω。相反，太阳从西边升起是必然不会发生的，称为不可能事件，记作$\emptyset$。

另一类则是在一定条件下事先无法预知其结果的现象。例如，抛硬币可能出现正面向上或背面向上的结果；播种100颗种子，有90颗发芽。这类现象被称为非确定现象，或随机现象。

5.1.1 事件与概率

1. 样本空间与随机事件

1）样本空间

随机现象都带有不确定性，同时具有明显的规律性的一面。这种规律性可以通过大量的观察发现。我们把这个观察的过程叫随机试验，记为E。

随机试验具有三个方面的特点：

（1）可重复性。随机试验可以在相同条件下重复进行。

（2）可观察性。每次随机试验的可能结果不止一个，并且事先能明确该试验所有可能的结果。

（3）不确定性。进行一次随机试验之前不能确定哪一个结果会出现，但必然会出现结果中的一个。

随机试验的每一个可能的结果称为随机试验的一个样本点，通常记作ω。随机试验所有样本点组成的集合叫作试验的样本空间，通常记作S。一个样本点所构成的集合$\{\omega\}$称为基本事件。

例如：

随机试验E_1：一个不透明袋子中有红、蓝两种球各两个，除颜色外完全相同。现在随机抽出两个小球，会出现以下几种基本事件：一个红球和一个蓝球；两个红球；两个蓝球。

记作：

ω_1 = "两个红球"

ω_2 = "两个蓝球"

ω_3 = "一个红球一个蓝球"

E_1 的样本空间为：S_1 = $\{\omega_1, \omega_2, \omega_3\}$

随机试验 E_2：某工厂生产一批灯泡，质检员随机抽取一个对其使用寿命进行测试。测得灯泡寿命为 t 小时（$0 \leq t < +\infty$）是 E_2 的样本点。因此，E_2 的样本空间为：S_2 = $\{t \mid 0 \leq t < +\infty\}$。

由上述案例可知，样本空间既可以是有限集或无限集，也可以是一维点集或多维点集。

2）随机事件

在对实际问题的研究中，人们往往研究由样本空间中带有某些特征的样本点组成的集合。如对产品质量进行检验时，主要研究产品某些指标是否达到合格标准等。我们称样本空间 S 中满足某些条件的样本点构成的子集为随机事件，简称事件，通常用 A、B、C 等大写英文字母来表示。当事件 A 所含的某个样本点 ω 出现时，则称事件 A 发生，记为 $\omega \in A$；否则称 A 不发生。

例如：

随机试验 E_3：一盒子中装有 10 个小球，其表面分别标有记号 1～10。现在，从盒中任意抽取 1 个小球，观察其号码数。

这里，样本空间 S = {1 号球，2 号球，…，10 号球}，记为

$$S = \{1, 2, \cdots, 10\}$$

全部基本事件是

$$\omega_1 = \{\text{抽到 1 号球}\}$$
$$\omega_2 = \{\text{抽到 2 号球}\}$$
$$\cdots\cdots$$
$$\omega_{10} = \{\text{抽到 10 号球}\}$$

在这次随机试验中，我们可以研究以下几个问题：随机事件 A = {抽到偶数号球}；随机事件 B = {抽到不大于 5 的偶数号球}；随机事件 C = {抽到奇数号球}。

首先，随机事件 A 由 5 个基本事件组成，即 {抽到 2 号球}、{抽到 4 号球}、{抽到 6 号球}、{抽到 8 号球}、{抽到 10 号球}，记为

$$A = \{2, 4, 6, 8, 10\}$$

其次，随机事件 B 是由 3 个基本事件组成的，即 {抽到 2 号球}、{抽到 4 号球}、{抽到 6 号球}，记为

$$B = \{2, 4, 6\}$$

最后，随机事件 C 是由 5 个基本事件组成的，即 {抽到 1 号球}、{抽到 3 号球}、{抽到 5 号球}、{抽到 7 号球}、{抽到 9 号球}，记为

$$C = \{1, 3, 5, 7, 9\}$$

样本空间 S 是由所有的样本点组成的，所以样本空间 S 看作全集，是必然事件。随机事件是由样本点组成的集合，所以随机事件可以看作全集的子集。

不包含任何样本点的事件称为不可能事件，记作 $\varnothing$。必然事件和不可能事件是随机事件

的两种极端形式。

2. 随机事件的关系和运算

在概率论中，随机事件是赋予了具体含义的集合，因此，可以将事件间的关系和运算归结为集合之间的关系和运算。与集合类似，文氏图可以用来描述事件间的关系。

平面矩形区域表示样本空间 S，平面区域 A 表示事件 A，如图 5-1 所示。

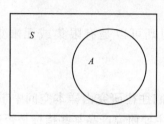

图 5-1　事件 A

1）事件的包含与相等

若事件 A 发生必然导致事件 B 发生，即 A 中的每个样本点都属于 B，则称 A 包含于 B 或 B 包含 A，记作 $A \subset B$ 或 $B \supset A$，如图 5-2 所示；若 A 包含于 B，B 包含于 A，则称 A 与 B 相等。

对于任意事件 A，都有 $\varnothing \subset A$。

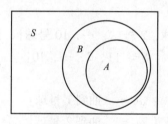

图 5-2　$A \subset B$

2）事件的并（和）

设 A、B 为两事件，则事件 A 与事件 B 至少有一个发生的事件叫作 A 与 B 的和事件，记为 $A \cup B$ 或 $A+B$，如图 5-3 所示。它是由 A 或 B 中一切样本点共同组成的集合。

如果有 n 个事件，A_1，A_2，$\cdots$，A_n，则称这 n 个事件至少有一个事件发生所构成的事件为这 n 个事件的和，记为

$$A = A_1 \cup A_2 \cup \cdots \cup A_n$$

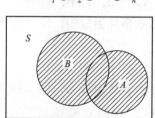

图 5-3　$A \cup B$

3）事件的积

由事件 A 与事件 B 同时发生构成的事件，称为事件 A 与事件 B 的积，记作 $A \cap B$ 或 AB。

如果有 n 个事件，则 A_1，A_2，…，A_n 同时发生所构成的事件，称为 n 个事件的积，记作 $A_1 \cap A_2 \cap \cdots \cap A_n$，或 $A_1 A_2 \cdots A_n$，如图 5-4 所示。

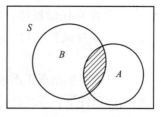

图 5-4　$A \cap B$

4) 事件的差

若事件 A 发生但事件 B 不发生，则构成的事件为 A 与 B 的差事件，记作 $A-B$，如图 5-5 所示。其中，$A-B = A-AB$。

5) 互不相容（互斥）事件

在一次试验中，事件 A 和事件 B 不能同时发生，则称事件 A 与事件 B 是互不相容事件，即 $AB = \varnothing$，如图 5-6 所示。

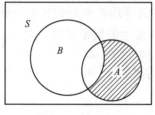

图 5-5　$A-B$

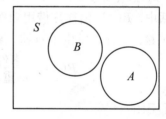

图 5-6　$AB = \varnothing$

6) 补（逆、对立）事件

在一次试验中，如果事件 A 和事件 B 必发生其一，但 A 和 B 不能同时发生，则称事件 A 与事件 B 互为对立事件。

在样本空间中，所有不属于事件 A 的样本点组成的事件 A 的对立事件，记作 $\overline{A}$，如图 5-7 所示。

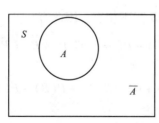

图 5-7　$\overline{A}$

与集合运算的规律相同，时间的运算遵从交换律、结合律、分配率和德·摩根律。

交换律：$A \cup B = B \cup A$，$AB = BA$。

结合律：$(A \cup B) \cup C = A \cup (B \cup C)$。

分配率：$A \cap (B \cup C) = (A \cap C) \cup (B \cap C)$，$A \cup (B \cap C) = (A \cup B) \cap (A \cup C)$。

德·摩根律：$\overline{A \cup B} = \overline{A} \cap \overline{B}$，$\overline{A \cap B} = \overline{A} \cup \overline{B}$。

3. 事件的概率

孤立地看某个随机事件的发生，似乎没有任何规律。在一定条件下，随机事件可能发生，也可能不发生。但是，当进行大量的重复试验以后，随机事件发生的规律（即出现可能性）就会显现在人的面前。

例如，在投掷硬币的试验中，人们可以考察出现正面或者出现背面的频率。

因此，从统计的角度来看，在相同的条件下，重复进行大量的试验。如果事件 A 发生的频率稳定地逼近某常数 p，则称 p 为事件 A 发生的概率。

柯尔莫哥洛夫于 1933 年给出了概率的公理化定义，具体如下：

【定义 5-1】设 E 是随机试验，S 是它的样本空间。对于 E 的每一事件 A 赋于一个实数，记为 $P(A)$，称为事件 A 的概率。这里 $P(A)$ 是一个集合函数，$P(A)$ 要满足下列条件，即

(1) 非负性：对于每一个事件 A，有 $P(A) \geq 0$。

(2) 规范性：对于必然事件 Ω，有 $P(\Omega) = 1$。

(3) 可列可加性：设 A_1，$A_2 \cdots$ 是两两互不相容的事件，即对于 $i \neq j$，$A_i \cap A_j = \varnothing$，（$i$，$j = 1$，$2$，$\cdots$），则有 $P(A_1 \cup A_2 \cup \cdots) = P(A_1) + P(A_2) + \cdots$。

在现实生活中，$P(A)$ 值往往借用频率或频率的平均值来近似代替。即在相同条件下，重复进行 n 次试验，事件 A 发生了 m 次，则事件 A 发生的概率可以写为

$$P(A) = \frac{\text{事件 } A \text{ 发生的次数}}{\text{重复试验的次数}} = \frac{m}{n}$$

5.1.2 概率的计算

1. 概率的加法公式

【定理 5-1】设 A、B 为任意两事件，则 $P(A+B) = P(A) + P(B) - P(AB)$ 称为概率的加法公式。

证明：因为 $A + B = A\overline{B} + B$，并且 $A\overline{B}$ 与 B 互不相容，于是

$$P(A+B) = P(A\overline{B}) + P(B)$$

又由于 $A = A\overline{B} + AB$，且 $A\overline{B}$ 与 AB 互不相容，因此有

$$P(A) = P(A\overline{B}) + P(AB)，\text{即 } P(A\overline{B}) = P(A) - P(AB)$$

因此

$$P(A+B) = P(A) + P(B) - P(AB)$$

由定理 5-1 可推导出以下推论：

(1) 若事件 A、B 互不相容，则 $P(A+B) = P(A) + P(B)$。

证明：设在某一条件下将试验重复进行 n 次，即基本事件总数为 n。其中，事件 A 包含的基本事件数为 m_1，事件 B 包含的基本事件数为 m_2，则有

$$P(A) = \frac{m_1}{n}，P(B) = \frac{m_2}{n}$$

由于 A 与 B 互不相容，因此事件 $A+B$ 包含的基本事件数为 $m_1 + m_2$，即有

$$P(A+B) = \frac{m_1 + m_2}{n} = \frac{m_1}{n} + \frac{m_2}{n} = P(A) + P(B)$$

因此,概率性质的可列可加性可以得证,即若事件 A_1,A_2,…,A_n 两两互不相容,则 $P(A_1 \cup A_2 \cup \cdots \cup A_n) = P(A_1) + P(A_2) + \cdots + P(A_n)$。

(2) 事件 A 的对立事件 $\bar{A}$ 的概率为 $P(\bar{A}) = 1 - P(A)$。

证明:由于 $A + \bar{A} = \Omega$,且 A 与 $\bar{A}$ 是互不相容事件,由加法公式,得

$$P(A) + P(\bar{A}) = P(A + \bar{A}) = P(\Omega) = 1$$

因此,有

$$P(\bar{A}) = 1 - P(A)$$

(3) 设 A、B 是两个事件,若 $A \supset B$,则有 $P(A - B) = P(A) - P(B)$。

证明:由 $A \supset B$ 知,$A = B \cup (A - B)$,且 $B(A - B) = \varnothing$。因此,由概率的有限可加性得

$$P(A) = P(B) + P(A - B)$$

从而有

$$P(A - B) = P(A) - P(B)$$

【例 5-1】一批产品共 100 件,其中有 5 件是次品,从这批产品中任取 50 件,问:其中无次品的概率是多少?

解:从 100 件产品中任取 50 件,共有 C_{100}^{50} 种取法。若要取得的 50 件产品中没有次品,则必须是从 95 件正品中取出来的。

设 A 表示事件"任意取 50 件中无次品",则事件 A 的有利事件数为 C_{95}^{50},因此,所求概率为

$$P(A) = \frac{C_{95}^{50}}{C_{100}^{50}} \approx 0.028$$

2. 条件概率与概率的乘法公式

1) 条件概率

在实际问题中,除了要知道事件 B 发生的概率外,有时还需要知道在事件 A 发生的条件下,事件 B 发生的概率,这个概率称为条件概率,记为 $P(B|A)$。

【例 5-2】袋中装有 16 个小球,其中 6 个是玻璃球,另外 10 个是塑料球。而玻璃球中有 2 个是红色,4 个是蓝色;塑料球中有 3 个是红色,7 个是蓝色。现从中任取一个球,在已知取到蓝色球的条件下,求该球是玻璃球的概率。

将袋中球的分类情况列表,如表 5-1 所示。

表 5-1 袋中球的分类情况

小球	红色	蓝色	合计
玻璃	2	4	6
塑料	3	7	10
合计	5	11	16

设 $A=\{$取到蓝色球$\}$,$B=\{$取到玻璃球$\}$,$AB=\{$取到蓝色的玻璃球$\}$,则

$$P(A)=\frac{11}{16}, P(B)=\frac{6}{16}, P(AB)=\frac{4}{16}$$

已知取到的是蓝色球,所以在事件 A 已发生的条件下,样本空间被缩小,由 11 个基本事件组成。而 11 个蓝色球中有 4 个是玻璃球,所以,该球是玻璃球的概率为 $\frac{4}{11}$,即 $P(B|A)=\frac{4}{11}$。

同样,也可以理解成,取到的是蓝色球的条件下,该球是玻璃球的可能性,即

$$P(B|A)=\frac{\text{取到蓝色的玻璃球}}{\text{取到蓝色球}}=\frac{P(AB)}{P(A)}=\frac{\frac{4}{16}}{\frac{11}{16}}=\frac{4}{11}$$

【定义 5-2】设 A、B 是两个事件,且 $P(A)>0$,称 $P(B|A)=\frac{P(AB)}{P(A)}$ 为在事件 A 发生的条件下事件 B 发生的条件概率。

同样,在事件 B 发生的条件下事件 A 发生的概率为 $P(A|B)=\frac{P(AB)}{P(B)}$,$P(B)>0$。

由定义可以得到 $P(AB)=P(B|A)P(A)=P(A|B)P(B)$,这个等式称作概率的乘法公式。

乘法公式可以推广到三个事件或多个事件,即

设事件 A、B、C,且 $P(AB)>0$,则 $P(ABC)=P(C|AB)P(B|A)P(A)$。

设有 n 个事件 A_1,A_2,$\cdots$,A_n,且 $P(A_1A_2\cdots A_{n-1})>0$,则

$$P(A_1A_2\cdots A_n)=P(A_1)P(A_2|A_1)P(A_3|A_1A_2)\cdots P(A_n|A_1A_2\cdots A_{n-1})$$

一般情况下,$P(AB)\neq P(A)P(B)$,即 $P(A|B)\neq P(A)$。

2)条件概率的性质

条件概率具有概率的三个基本性质:非负性、规范性和可列可加性。

(1) 非负性:对于每一事件 A,有 $0\leq P(A|B)\leq 1$。

(2) 规范性:$P(\Omega|B)=1$。

(3) 可列可加性:设 A_1,A_2,$\cdots$ 是两两互不相容事件,则有

$$P(\sum_{i=1}^{\infty}A_i|B)=\sum_{i=1}^{\infty}P(A_i|B)$$

同样,上文列举的概率的一切重要性质,对条件概率均成立,即

(1) $P(\varnothing|B)=0$。

(2) $P(A|B)=1-P(\overline{A}|B)$。

(3) $P(A_1\cup A_2|B)=P(A_1|B)+P(A_2|B)-P(A_1A_2|B)$。

【例 5-3】一家报纸的发行部已知在某社区有 80% 的住户订阅了该报纸的日报,而且还知道某个订阅日报的住户订阅其晚报的概率为 45%。求某住户既订阅日报又订阅晚报的概率。

解:设 A = "某住户订阅了日报";B = "某个订阅了日报的住户订阅了晚报",即

$$P(A) = 0.8; P(B|A) = 0.45$$
$$P(AB) = P(A)P(B|A) = 0.8 \times 0.45 = 0.36$$

3）事件的独立性

【定义 5-3】若事件 A 与 B 满足 $P(AB) = P(A)P(B)$，则称 A 与 B 相互独立，简称 A 与 B 独立。

若 A、B 相互独立，由条件概率的定义及独立性的定义知

$$P(B|A) = \frac{P(AB)}{P(A)} = \frac{P(A)P(B)}{P(A)} = P(B) \qquad (P(A) > 0)$$

同理

$$P(A|B) = \frac{P(AB)}{P(B)} = \frac{P(A)P(B)}{P(B)} = P(A) \qquad (P(B) > 0)$$

定理 若事件 A 与 B 相互独立，则事件 $\overline{A}$ 与 B、A 与 $\overline{B}$、$\overline{A}$ 与 $\overline{B}$ 也相互独立。

根据上述定义，可以推广到三个及三个以上事件的相互独立性。

【定义 5-4】设有 n 个事件 A_1，A_2，…，A_n，若对其中任意的 k（$2 \leq k \leq n$）个事件 A_{i_1}，A_{i_2}，…，A_{i_k} （$1 \leq i_1 \leq i_2 \leq \cdots i_k \leq n$）满足等式

$$P(A_{i_1}A_{i_2}\cdots A_{i_k}) = P(A_{i_1})P(A_{i_2})\cdots P(A_{i_k})$$

则称这 n 个事件相互独立。

在实际应用中，通常还是依据问题的实际意义来判别事件的独立性。

【例 5-4】甲、乙、丙三部机床独立工作，由一个工人照管，某时它们无须工人照管的概率分别为 0.9、0.8、0.85。求某时有机床需要工人照管的概率。

解：设事件 A、B、C 分别表示在某时机床甲、乙、丙无须工人照管。那么，A、B、C 相互独立，且 $P(A) = 0.9$，$P(B) = 0.8$，$P(C) = 0.85$。

（1）某时有机床需要工人照管：

$$P(\overline{ABC}) = P(\overline{A}) + P(\overline{B}) + P(\overline{C}) - P(\overline{AB}) - P(\overline{BC}) - P(\overline{AC}) + P(\overline{ABC})$$
$$= 0.1 + 0.2 + 0.15 - 0.1 \times 0.2 - 0.2 \times 0.15 - 0.1 \times 0.15 + 0.1 \times 0.2 \times 0.15$$
$$= 0.388$$

4）全概率公式和贝叶斯公式

全概率公式为概率论中的重要公式，它将对一复杂事件 A 的概率求解问题转化为在不同情况下发生的简单事件的概率的求和问题。

设 S 为随机试验 E 的样本空间，B_1，B_2，…，B_n 为 E 的一组事件，它们两两互斥且在每次试验中至少发生一个，即

$$B_i \cap B_j = \emptyset \text{（不可能事件；} i \neq j)$$
$$B_1 \cup B_2 \cup \cdots \cup B_n = S \text{（必然事件）}$$

这时，称事件组 B_1，B_2，…，B_n 是样本空间 S 的一个划分，把具有这些性质的一组事件称为一个完备事件组。

【定理 5-2】（全概率公式） 设有随机试验 E，A 是 E 的事件，事件组 B_1，B_2，…，B_n 构成一个完备事件组且都有正概率，即 $B_1 + B_2 + \cdots + B_n = S$，且 $P(B_1) > 0$，则有

$$P(A) = \sum_{i=1}^{n} P(A) = \sum_{i=1}^{n} P(B_i)P(A|B_i)$$

证明：B_1，B_2，$\cdots$ 两两互斥，所以 B_1A，B_2A，$\cdots$ 两两互斥，且 $A = AS = A(\sum_i B_i) = \sum_i AB_i$。

由加法法则 $P(A) = \sum_i P(AB_i)$，再根据乘法法则 $P(AB_i) = P(B_i)P(A|B_i)$，得

$$P(A) = \sum_{i=1}^{n} P(B_i) P(A|B_i)$$

【例 5-5】某射击小组共有 20 名射手，其中一级射手 4 人，二级射手 8 人，三级射手 7 人，四级射手 1 人。一级、二级、三级、四级射手能通过选拔进入比赛的概率分别是 0.9、0.7、0.5、0.2。求任选一名射手能通过选拔进入比赛的概率。

解：（1）完备事件组命名 A_i = "选到的射手是 i 级射手"；
（2）目标事件 B = "射手通过选拔赛"；
（3）全概率公式求解；

$P(B) = P(A_1)P(B|A_1) + P(A_2)P(B|A_2) + P(A_3)P(B|A_3) + P(A_4)P(B|A_4)$

$= \dfrac{1}{4} \times \dfrac{9}{10} + \dfrac{1}{4} \times \dfrac{7}{10} + \dfrac{1}{4} \times \dfrac{1}{2} + \dfrac{1}{4} \times \dfrac{1}{5}$

$= \dfrac{23}{40}$

在实际生活中，还会遇到已知结果求原因的问题。这类问题所求的是条件概率，是已知某结果发生条件下，求各个原因发生可能性大小，可以用贝叶斯公式来解决。

【定理 5-3】B_1，B_2，$\cdots$，B_n 是一个完备事件组，并且 $P(B_i) > 0$（$i = 1, 2, 3\cdots$, n），则对任意事件 $A(P(A) > 0)$，有

$$P(B_i|A) = \dfrac{P(B_i)\ P(A|B_i)}{\sum_{j=1}^{n} P(B_j)\ P(A|B_j)}$$

【例 5-6】设某公路上经过的货车与客车的数量之比为 2∶1，货车中途停车修理的概率为 0.02，客车为 0.01，今有一辆汽车中途停车修理，求该汽车是货车的概率。

解：（1）完备事件组命名 A_1 = "汽车是货车"；A_2 = "汽车是客车"；
（2）目标事件 B = "汽车停车修理"；
（3）贝叶斯公式求解，有

$$P(A_1|B) = \dfrac{P(A_1)\ P(B|A_1)}{P(A_1)P(B|A_1) + P(A_2)P(B|A_2)} = \dfrac{\dfrac{2}{3} \times 0.02}{\dfrac{2}{3} \times 0.02 + \dfrac{1}{3} \times 0.01} = \dfrac{4}{5}$$

5.2 离散型随机变量与概率分布

在许多场合，我们会发现，随机事件与实数之间存在着某种客观联系。事实上，许多随机试验，其不同的结果都可以直接用实数表示。例如，在产品检验中，随机抽取 n 件产品，设其中不合格的产品有 X 件，则 X 的可能取值为 0，1，2，$\cdots$，n，其可以用 $\{X = k\}$ 来表示有 k 件不合格产品的事件。

对于非数量性质的随机试验结果，我们可以根据情况指定数值来表示。例如，同样对产品进行质量检查，设有合格品与不合格品两种结果。此时，我们可用数 "1" 表示合格品，用 "0" 表示不合格品。这样非数量性质的试验结果就数量化了。因此，同样可用数值来表

示这种试验结果。

总之,无论是数量性质的还是非数量性质的试验,都可用数值来表示其试验结果。因此,无论什么随机试验,都可用一个变量的不同取值来描述它的全部可能结果。这种变量称为随机变量,下面给出随机变量的精确定义。

【定义5-5】设 $S = \{\omega\}$ 是随机试验 E 的样本空间,在 S 上定义一个单值实数 X,使得对每一个 $\omega \in S$,有一个实数 $X(\omega)$ 与之对应,并且对于任意实数 x,$\{\omega \mid X(\omega) \leq x\}$ 是随机事件,则称 $X = X(\omega)$ 为随机变量。

在某些试验中,人们感兴趣的是试验的结果落在某区间的概率。如在考虑测量误差时,感兴趣的是测量误差的绝对值小于某个正数的概率;研究产品寿命时,感兴趣的是产品寿命超过某个数的概率。因此,研究随机变量 X 的取值落在某个区间的概率是非常必要的。这里需要引用分布函数的概念。

【定义5-6】设 X 为随机变量,x 是任意实数,称函数 $F(x) = P\{X \leq x\}$ 为随机变量的分布函数。

分布函数具备以下基本性质:

(1) $0 \leq F(x) \leq 1$,$-\infty < x < +\infty$。

(2) $F(x)$ 是不减函数。

(3) $\lim_{x \to -\infty} F(x) = F(-\infty) = 0$,$\lim_{x \to +\infty} F(x) = F(+\infty) = 1$。

(4) $F(x)$ 是右连续的,即 $\lim_{\Delta x \to +0} F(x + \Delta x) = F(x + 0) = F(x)$。

【定义5-7】若一维随机变量 X 的可能取值为有限个或可列个,则称 X 为(一维)离散型随机变量。

设离散型随机变量 X 的所有可能的取值为 x_k($k = 1, 2, \cdots$),X 取各可能值的概率,即事件 $\{X = x_k\}$ 的概率为 $P\{X = x_k\} = P_k (k = 1, 2, \cdots)$。称 $\{P_k, k = 1, 2, \cdots\}$ 为离散型随机变量的概率分布。由概率的定义,它应该满足下面的关系:

(1) $P_k \geq 0$($k = 1, 2, 3, \cdots$)。

(2) $\sum_{k=1}^{\infty} P_k = 1$

常用表格来表示离散型随机变量 X 的概率分布,称为分布列。分布列能够一目了然地看出随机变量 X 的取值范围及这些值的概率,如表5-2所示。

表5-2 分布列

X	$x_1, x_2, \cdots, x_n$
P_k	$p_1, p_2, \cdots, p_n$

常用的分布列包括二项分布、泊松分布和超几何分布。

5.2.1 二项分布

设在每次试验中,随机事件 A 发生的概率 $P(A) = p(0 < p < 1)$,则在 n 次重复独立试验中,事件 A 恰发生 k 次的概率为

$$P_n(K) = \binom{n}{k}p^k(1-p)^{n-k}, k=0,1,2,\cdots,n$$

则称这组概率为二项概率。

设随机变量 X 的概率函数为

$$P=(X=i)=\binom{n}{i}p^i(1-p)^{n-i}$$

式中，$i=0,1,2,\cdots,n$，$0<p<1$，则称随机变量 X 服从参数为 n,p 的超几何分布，记为 $X \sim B(n,p)$。

5.2.2 泊松分布

泊松分布的概率函数为 $P(X=i)=\dfrac{\lambda^i}{i!}e^{-\lambda}$，其中，$i=0,1,2,\cdots,n$，$\lambda>0$。

【定理 5-4】（泊松定理）设在 n 重贝努利试验中，事件 A 在一次试验中出现的概率为 P_n（P_n 与 n 有关），若 $n\to\infty$ 时，$nP_n\to\lambda$（$\lambda>0$，常数），则有 $\lim\limits_{n\to\infty}b(k;n,P_n)=\dfrac{\lambda^k}{k!}e^{-\lambda}$，$k=0,1,2,\cdots$。

5.2.3 超几何分布

设 N,M,n 为正整数，且 $n\leq N$，$M\leq N$，又设随机变量 X 的概率函数为

$$P(X=k)=\dfrac{\binom{M}{k}\binom{N-M}{n-k}}{\binom{N}{n}}, k=0,1,2,\cdots,n$$

则称随机变量 X 服从参数为 N,M,n 的超几何分布。

5.3 连续型随机变量与概率分布

除了离散分布外，还有一类重要的随机变量，即连续型随机变量。

【定义 5-8】若 X 是随机变量，$F(x)$ 是它的分布函数，如果存在可积函数 $f(x)$，使对任意 $x\in R^1$，有

$$F(x)=\int_{-\infty}^{x}f(t)dt$$

则称 X 为连续型随机变量，相应的 $F(x)$ 称为连续型分布函数，同时称 $f(x)$ 为 $F(x)$ 的概率密度函数，简称密度。其具有如下性质：

(1) $f(x)\geq 0$。

(2) $\int_{-\infty}^{+\infty}f(t)dt=1$。

反之，任意一个实函数 $f(x)$ 具有以上两个性质，则 $f(x)$ 就是一个概率密度。由式子 $F(x)=\int_{-\infty}^{x}f(t)dt$ 定义一个连续型分布函数，由定义看出，连续型分布函数是处处连续

的，是一个绝对连续函数。

下面举几个常见的连续型分布。

5.3.1 均匀分布

设连续型随机变量 X 具有概率密度

$$f(x) = \begin{cases} \dfrac{1}{b-a}, & a < x < b \\ 0, & \text{其他} \end{cases} \tag{5.5}$$

则称 X 在区间 (a, b) 内服从均匀分布，记为 $X \sim U(a, b)$。X 的分布函数为

$$F(x) = \begin{cases} 0, & x < a \\ \dfrac{x-a}{b-a}, & a \leq x < b \\ 1, & x \geq b \end{cases} \tag{5.6}$$

5.3.2 指数分布

设连续型随机变量 X 的概率密度为

$$f(x) = \begin{cases} \dfrac{1}{\theta} e^{-x/\theta}, & x > 0 \\ 0, & \text{其他} \end{cases} \tag{5.7}$$

式中，$\theta > 0$ 为常数，则称 X 服从参数为 θ 的指数分布。容易得到，X 的分布函数为

$$F(x) = \begin{cases} 1 - e^{-x/\theta}, & x > 0 \\ 0, & \text{其他} \end{cases} \tag{5.8}$$

如 X 服从指数分布，则任给 $s, t > 0$，有

$$P\{X > s+t \mid X > s\} = P\{X > t\} \tag{5.9}$$

事实上

$$P\{X > s+t \mid X > s\} = \dfrac{P\{(X > s+t) \cap (X > s)\}}{P\{X > s\}}$$

$$= \dfrac{P\{X > s+t\}}{P\{X > s\}} = \dfrac{1 - F(s+t)}{1 - F(s)} = \dfrac{e^{-(s+t)/\theta}}{e^{-s/\theta}} = e^{-t/\theta}$$

$$= P\{X > t\}$$

性质（5.9）称为无记忆性。

指数分布在可靠性理论和排队论中有广泛的运用。

5.3.3 正态分布

设连续型随机变量 X 的概率密度为

$$f(x) = \dfrac{1}{\sqrt{2\pi}\sigma} e^{-\dfrac{(x-\mu)^2}{2\sigma^2}}, \quad -\infty < x < \infty \tag{5.10}$$

式中，μ, σ（$\sigma > 0$）为常数，则称 X 服从参数为 μ, σ 的正态分布或高斯（Gauss）分布，记为 $X \sim N(\mu, \sigma^2)$。显然 $f(x) \geq 0$，下面来证明

$$\int_{-\infty}^{\infty} f(x)\,dx = 1$$

令 $(x-\mu)/\sigma = t$，得到

$$\int_{-\infty}^{\infty} \frac{1}{\sqrt{2\pi}\sigma} e^{-\frac{(x-\mu)^2}{2\sigma^2}}\,dx = \int_{-\infty}^{\infty} \frac{1}{\sqrt{2\pi}} e^{-\frac{t^2}{2}}\,dx$$

记 $I = \int_{-\infty}^{\infty} e^{-t^2/2}\,dt$，则有

$$I^2 = \int_{-\infty}^{\infty}\int_{-\infty}^{\infty} e^{-(t^2+u^2)/2}\,dt\,du$$

转换为极坐标，得

$$I^2 = \int_0^{2\pi}\int_0^{\infty} r e^{-\frac{t^2}{2}}\,dr\,d\theta = 2\pi \tag{5.11}$$

于是

$$\frac{1}{\sqrt{2\pi}\sigma}\int_{-\infty}^{\infty} e^{-\frac{(x-\mu)^2}{2\sigma^2}}\,dx = \frac{1}{\sqrt{2\pi}}\int_{-\infty}^{\infty} e^{-\frac{t^2}{2}}\,dx = 1$$

$f(x)$ 具有下列性质：

（1）曲线关于 $-x = \mu$ 对称。这表明对于任意 $h > 0$ 有

$$P\{\mu - h < X \leq \mu\} = P\{\mu < X \leq \mu + h\}$$

（2）当 $x = \mu$ 时取到最大值

$$f(\mu) = \frac{1}{\sqrt{2\pi}\sigma}$$

x 离 μ 越远，$f(x)$ 的值越小。这表明，对于同样长度的区间，当区间离 μ 越远时，X 落在这个区间上的概率越小。在 $x = \mu \pm \sigma$ 处曲线有拐点。曲线以 Ox 轴为渐近线。

X 的分布函数为

$$F(x) = \frac{1}{\sqrt{2\pi}\sigma}\int_{-\infty}^{x} e^{-\frac{(t-\mu)^2}{2\sigma^2}}\,dt \tag{5.12}$$

特别地，当 $\mu = 0$，$\sigma = 1$ 时，称 X 服从标准正态分布。其概率密度和分布函数分别用 $\varphi(x)$ 和 $\Phi(x)$ 表示，即有

$$\varphi(x) = \frac{1}{\sqrt{2\pi}} e^{-x^2/2} \tag{5.13}$$

$$\Phi(x) = \frac{1}{\sqrt{2\pi}}\int_{-\infty}^{x} e^{-t^2/2}\,dt \tag{5.14}$$

易知 $\Phi(-x) = 1 - \Phi(x)$。 $\tag{5.15}$

人们已经编制了 $\Phi(x)$ 的函数表，可供查用（见附表2）。

同理，若 $X \sim N(\mu, \sigma^2)$，则 $Z = \frac{X-\mu}{\sigma} \sim N(0, 1)$。

习 题

一、选择题

1. 以 A 表示事件"甲种产品畅销，乙种产品滞销"，则其对立事件 $\overline{A}$ 为（　　）。

A. 甲种产品滞销,乙种产品畅销 B. 甲、乙两种产品均畅销
C. 甲种产品滞销 D. 甲种产品滞销或乙种产品畅销

2. 设必然事件 $\Omega = \{\omega_1, \omega_2, \omega_3, \omega_4, \omega_5, \omega_6\}$,其中,$\omega_i$($i=1, 2, 3, 4, 5, 6$) 是基本事件,事件 $A = \{\omega_1, \omega_2, \omega_3, \omega_5\}$,$B = \{\omega_2, \omega_4\}$,$C = \{\omega_1, \omega_2, \omega_3\}$,则下列选项中正确的是( )。

A. $A \supset B$ B. $\overline{B} = A$
C. $A - C$ 与 $B - C$ 互斥 D. $A - C$ 与 B 互逆

3. 设 A、B 为随机事件,$P(B) > 0$,$P(A|B) = 1$,则必有( )。

A. $P(A \cup B) = P(A)$ B. $A \supset B$
C. $P(A) = P(B)$ D. $P(AB) = P(A)$

4. 设随机事件 A 与 B 互不相容,且 $P(A) > P(B) > 0$,则( )。

A. $P(A) = 1 - P(B)$ B. $P(AB) = P(A)P(B)$
C. $P(A \cup B) = 1$ D. $P(\overline{AB}) = 1$

5. 已知 A、B、C 为三个随机事件,则 A、B、C 不都发生的事件为( )。

A. $\overline{ABC}$ B. $\overline{A}\,\overline{B}\,\overline{C}$
C. $A + B + C$ D. ABC

6. 将两封信随机地投入 4 个邮筒中,则未向前面 2 个邮筒投信的概率为( )。

A. $\dfrac{2^2}{4^2}$ B. $\dfrac{C_2^1}{C_4^2}$ C. $\dfrac{2!}{P_4^2}$ D. $\dfrac{2!}{4!}$

7. 已知随机变量 X 的概率密度为 $f_x(x)$,令 $Y = -2X$,则 Y 的概率密度 $f_Y(y)$ 为( )。

A. $2f_x(-2y)$ B. $f_x\left(-\dfrac{y}{2}\right)$ C. $-\dfrac{1}{2}f_x\left(-\dfrac{y}{2}\right)$ D. $\dfrac{1}{2}f_x\left(-\dfrac{y}{2}\right)$

8. 设随机变量 $X \sim f(x)$,满足 $f(x) = f(-x)$,$F(x)$ 是 x 的分布函数,则对任意实数 a 有( )。

A. $F(-a) = 1 - \int_0^a f(x)\,\mathrm{d}x$ B. $F(-a) = \dfrac{1}{2} - \int_0^a f(x)\,\mathrm{d}x$
C. $F(-a) = F(a)$ D. $F(-a) = 2F(a) - 1$

9. 设连续型随机变量的概率密度函数、分布函数分别为 $f(x)$ 和 $F(x)$,则下列选项中正确的是( )。

A. $0 \leq f(x) \leq 1$ B. $P\{X = x\} \leq F(x)$
C. $P\{X = x\} = F(x)$ D. $P\{X = x\} = f(x)$

10. 某电子元件的寿命 X(单位:小时)的概率密度函数为

$$f(x) = \begin{cases} 0, & x \leq 1\,000 \\ \dfrac{1\,000}{x^2}, & x > 1\,000 \end{cases}$$

则装有 5 个这种电子元件的系统在使用的前 1 500 小时内正好有 2 个元件需要更换的概率是

(   )。

    A. $\dfrac{1}{3}$ B. $\dfrac{40}{243}$ C. $\dfrac{80}{243}$ D. $\dfrac{2}{3}$

二、简答题

1. 什么是概率？
2. 事件互不相容与相互独立这两个概念有何不同？
3. 频率分布和概率分布有何区别和联系？
4. 什么是全概率公式？

三、计算题

1. 甲袋中有 n 只白球、m 只红球，乙袋中有 N 只白球、M 只红球。今从甲袋任取一球放入乙袋后，再从乙袋任取一球。问：此球为白球的概率是多少？

2. 设随机变量 X 的概率密度为 $f(x) = \begin{cases} A\cos x, & |x| < \dfrac{\pi}{2} \\ 0, & \text{其他} \end{cases}$。试求：

（1）常数 A；
（2）分布函数 $F(x)$；
（3）概率 $P\left\{0 < X < \dfrac{\pi}{4}\right\}$。

第六章

参数估计

学习目标

知识目标

- 了解和掌握常用的抽样方法。
- 理解样本分布与抽样分布的基本概念。
- 理解样本均值、样本比例和样本方差的抽样分布。
- 理解参数估计的基本原理。
- 熟练掌握总体参数的区间估计。
- 熟练掌握样本容量的确定方法。

能力目标

利用相关样本数据准确估计总体参数。

案例导读

第二次世界大战中的参数估计：德军有多少辆坦克？

第二次世界大战期间，德国坦克令盟军头疼不已，德军的装甲师甚至冲到了莫斯科。当盟军意识到德军坦克强于自己时，盟军迫切想知道德军总共制造了多少辆坦克，知道了这一点可以帮助盟军估计面临的威胁，从而制订合理的作战计划。

为了确定德军生产的坦克数量，盟军最初通过间谍、解码和刑讯逼供等传统手段收集信息，得出的结论是从1940年6月到1942年9月期间每月生产1 400辆坦克。但这个数字显然与事实不符，因为在长达8个月的斯大林格勒战役中轴心国使用了1 200辆坦克，这说明

1 400 辆的数字高得离谱。

最终盟军找到了线索：序列号。德国人在制造坦克时是墨守成规的，他们把坦克从 1 开始进行了连续编号。在战争过程中，盟军缴获了一些敌军坦克，并记录了它们的生产序列号。通过仔细观察，盟军发现从这些序列号可以推算出坦克的生产量。为此盟军创建了一个数学模型，用来确定德军坦克的生产速度，得出的结论是：1940 年夏天到 1942 年秋天，德军每月生产 255 辆坦克。

那么盟军是怎样利用这些号码来估计坦克总数的呢？在这个问题中，总体参数是未知的坦克总数 N，缴获坦克的编号则是样本。假设我们是盟军手下负责解决这个问题的统计人员。制造出来的坦克总数肯定大于等于记录的最大编号。为了找到它比最大编号大多少，我们先找到被缴获坦克编号的平均值，并认为这个值是全部编号的中点。因此样本均值乘以 2 就是总数的一个估计；当然要特别假设缴获的坦克代表了所有坦克的一个随机样本。这种估计 N 的公式的缺点是：不能保证均值的 2 倍一定大于记录中的最大编号。

N 的另一个点估计公式是：用观测到的最大编号乘以因子 $1+1/n$，其中 n 是被俘虏坦克数。假如你俘虏了 10 辆坦克，其中最大编号是 50，那么坦克总数的一个估计是 $(1+1/10)\,50=55$。此时，认为坦克的实际数略大于最大编号。

从战后发现的德军记录来看，盟军的估计值非常接近所生产的坦克的真实值 256 辆。记录仍然表明，统计估计比通常通过其他情报方式做出估计要大大接近于真实数目。统计学家做得比间谍更漂亮！

6.1 抽样方法

在数据采集阶段，统计学家面临的一个关键问题是如何抽选出一个好的样本。好的样本都是相对而言的，相对包括两个方面的含义：一个含义是针对研究的问题而言的。不同的研究问题，对样本的要求会有所差别，对某一个研究问题，这可能是一个不错的样本，对另一个研究问题，这个样本可能就是糟糕的。例如，如果研究顾客的满意度，样本就应当来自该产品的用户。而如果要了解消费者对该产品的购买意愿，样本就应当取自所有潜在的购买者。所以，进行什么样的抽样设计首先取决于研究目的。另一个含义是针对调查费用与估计精度的关系而言的。进行数据搜集总要投入一定的调查费用，调查也希望获得更多高质量数据。但二者往往是有矛盾的，一个好的样本应具有最好的性能价格比，即在相同调查费用的条件下，获得数据的估计精度最高，或在相同估计精度的条件下，调查成本最低。在研究中，我们对估计结果的精度要求可以有差别。有些问题很重要，我们希望估计的精度高一些，有些数据相对而言不太重要，放松估计精度而节省大量调查费用也是一个不错的选择，正如对航天器中精密仪器主轴加工精度的要求和制作一根香肠时所要求的精度不能相提并论一样，对投资股票收益率的估计和对电视节目收视率的估计的精度要求也可以有所不同，因为它们意味着不同的后果。

使用抽样采集数据的具体方式有许多种，可以将这些不同的方式分为两类，概率抽样和非概率抽样。

1. 概率抽样

概率抽样也称随机抽样，是指遵循随机原则进行的抽样，总体中每个单位都有一定的机会被选入样本。它具有下面几个特点：

首先，要按一定的概率与随机原则来抽取样本。所谓随机原则，就是在抽取样本时排除主观上有意识地抽取调查单位，使每个单位都有一定的机会被抽中。需要注意的是，随机不等于随便。随机有严格的科学含义，可以用概率来描述；而随便带有人为主观的因素。例如，要在一栋楼内抽取10位居民作为样本。若采用随机原则，就需要事先将居住在该楼的居民按某种顺序编号，通过一定随机化程序，如使用随机数字表抽取出样本，这样可以保证居住在该楼的每位居民都有一定机会被选中。而如果调查人员站在楼前将最先走到楼外的10位居民选入样本，这就是随便，不是随机，这种方法不能使居住在该楼内的所有居民都有一定的机会被选中。已经在楼外的人不可能被选中，在调查时段，不外出的人也没有机会被选中。随机与随便的本质区别就在于是否按照给定的入样概率开始，通过一定的随机化程序来抽取样本单元。

其次，每个单位被抽中的概率是已知的，或是可以计算出来的。

最后，当用样本对总体目标量进行估计时，要考虑每个样本单位被抽中的概率。这就是说，估计量不仅与样本单位观测值有关，也与其入样概率有关。需要提及的是，概率抽样与等概率抽样是两个不同的概念，概率抽样是指总体中的每个单位都有一定非零概率被抽中。单位之间被抽中的概率可以相等也可以不等。若是前者则称为等概率抽样；若是后者则称为不等概率抽样。调查实践中经常采用的概率抽样方式有以下几种：

1）简单随机抽样

进行概率抽样需要抽样框，抽样框通常包括所有统计单位的信息，如企业名录（抽选企业）、学生名册（抽选学生）或住户门牌号码（抽选住户）等。抽样框的作用不仅在于提供备选单位的名单以供抽选，它还是计算各个单位入样概率的依据。简单随机抽样是按照随机性的原则，保证总体中每个单位被抽中的机会都相等的一种抽样方法。尽管简单随机抽样最符合随机性原则，但它并不能保证所取得的样本的结构与总体的结构相似。此时，所抽的样本也许缺乏代表性，这样抽样误差就会较大。为减少抽样误差，保证抽样结果的精确性，就需要抽取较多的样本。所以简单随机抽样只适合于总体中单位之间的差异较小的情形。此外，这种方法在实践中也有很大的局限性，因为这种抽样方法是直接从总体中随机抽取样本，需要事先将总体中的各单位进行编号。如果总体单位的数量较多而分布又分散，实施起来就很困难。因此，简单随机抽样只适用于总体单位数较小而分布又集中的情形。

简单随机抽样可以分为重复抽样和不重复抽样两种方法。重复抽样是从总体中抽取第一个单位后再把这个单位放回总体，再抽取第二个单位，以此类推，直到抽足样本所要求的单位数为止。不重复抽样则是每次抽取样本以后不再将这个单位放回总体，而在余下的单位中抽取样本。重复抽样能够保证每次抽样的总体的构成不变，但是总体中的同一个单位可能会被多次抽到样本中去。不重复抽样能够保证总体中的单位在样本中最多只出现一次。对于单位数量较少的总体而言，采用不重复抽样更有利于获得总体信息。

需要注意的是，在重复抽样和不重复抽样两种情形中，所得到的样本方差是不同的。

2）分层抽样

分层抽样又称为分类抽样或类型抽样，它先将总体中各单位按其属性特征分成若干个组，称为层次或类型，然后在各层或类中用简单随机抽样法和等距抽样法抽取出所需要的样本单位。

通过分层可以保证同一层中各单位之间的差异较小,所抽取出的单位对于该层的其他单位有较好的代表性,而且各层都有一定的单位选入样本,因此用较少的单位就可以取得较好的抽样效果。分层抽样最适宜于总体情况比较复杂,各层次或类型之间的差异较大,而总体单位数又较多的情形。

分层抽样根据每一层所抽取的样本数的决定方法不同,又可以分为几种不同的分层抽样方法:等比例分层抽样法、等数分层抽样法和最优分配的分层抽样法。

等比例分层抽样法是要求在每一层次中所抽取的样本数在样本总数中所占的比例与这一层次的单位数在总体中所占的比例相一致。这样可以保证样本的结构与总体结构保持一致,使样本具有更大的代表性。一般地,如果对样本代表性要求一致,等比例分层抽样所需要的样本单位数可以比简单随机抽样和等距抽样所需要的少一些,因此这是一种应用最广的抽样方法。

等数分层抽样法是在每一层中都抽取相同单位的样本数的抽样方法。对于总体中各层的单位数基本相等或差异不大的情形,用这种方法分配样本数比较简单,否则用这种方法所产生的抽样误差就较大。

最优分配的分层抽样法是一种按照各层单位的差异大小来决定样本数的抽样方法。这种方法主要考虑的是:总体单位在分层以后,不仅各层所包含的单位数不同,而且各层的指标变动程度也不同,在决定抽样单位时,对于指标变动程度大的层,抽样单位数要多;对于变动程度小的层,抽样单位数可以相应少些。这样就可以使各层所抽取的样本数在样本总数中的比例与该层的变动程度在所有变动程度总和中的比例相等。这种样本分配方式可以使样本的抽样误差最小。但是,由于在决定样本数前难以知道各层内单位的变动程度,因此这种方法实际上也很少采用。

3)系统抽样

系统抽样又称为等距抽样或机械抽样。这种方法先将总体中各单位按某种顺序排列,然后每隔一定的间距抽取样本单位。

系统抽样按照排队时所依据的指标不同,可以分为无关变量排队和有关变量排队。无关变量排队是按照与调查研究无关的变量进行排队。例如,在研究居民的平均收入水平时,先按其姓氏笔画顺序进行排队就是一种无关变量排队。有关变量排队是按照与调查研究的目的或内容有关的变量排队。例如,若要研究某个单位职工的平均工资水平,先对职工按其工资高低进行排队,再抽样就是一种有关变量排队。

系统抽样的关键是确定在第一间距内抽样单位的位置。如果总体是按无关变量排队的,则可以在第一个间隔内随机抽取样本单位。如果总体是按有关变量排队的,则第一个抽样单位可以选择第一个间隔内居中的那个单位。在样本的第一个单位确定后,其余各抽样单位就可以按每隔一个等间距来确定。这样可以保证样本单位在总体中能均匀分布。系统抽样时的估计误差可以按照简单随机抽样的公式进行计算。

系统抽样的优点是抽样方式简单,容易实施,所以应用广。系统抽样能使样本在总体中均匀分布,因此,抽样调查的精确度一般要高于简单随机抽样,但由于系统抽样中第一个样本单位的位置确定后,其余的样本单位的位置也就自动确定了,因此要避免由于抽样时所采用的间距和所研究对象本身的周期性相重合而引起系统新的偏差。

4）整群抽样

整群抽样就是将总体中的单位按一定的变量或要求分成若干群，然后以群为单位，随机抽取几个群，对已抽中的群进行全面调查的一种抽样方式。

采用整群抽样时，抽取的样本单位比较集中，因此抽样调查实施起来就比较简单方便，可以节省人力、物力和财力。这种方法适用于总体中所包括的单位数很多，而且对其中单位的情况缺乏了解而直接对单位进行抽样的误差难以控制的情形。

进行整群抽样时所得到结果的可靠性程度取决于：在对总体分群后，群与群之间差异的大小及抽选的单位数的多少。如果群与群之间差异小而抽选的样本群数多，那么抽样的误差就小；反之，若群与群之间的差异大，而抽选的样本群数又少，那么抽样的误差就大。

5）多阶段抽样

前面所介绍的几种抽样方式都是从总体中进行一次抽样就产生一个完整样本的抽样方法，通常称为单阶段抽样。但是在实践中，总体所包括的单位数通常很多，分布很广，要通过一次抽样就选出有代表性的样本是很困难的。此时，我们可将整个抽样过程分为几个阶段，然后逐阶段进行抽样，最终得到所需要的有代表性的样本，这种抽样方法称为多阶段抽样。多阶段抽样时的阶段数不宜过多，一般采用两三个阶段，至多四个阶段，否则，步骤烦琐，效果也不一定好。在进行多阶段抽样时，前几个阶段的抽样都是以群抽样的方式进行的。为保证抽样结果的代表性，抽取的群数和抽样的方式都要注意样本单位分布的均匀性。为此，在第一阶段抽样时通常多抽一些群数。对于群间差异大的阶段，则应当多抽些；反之，可以少抽一些。在每一阶段抽取群体时，可以采用简单随机抽样法或等距抽样法。不同的阶段既可以用同一种抽样方式，也可以用不同抽样方式。

2. 非概率抽样

非概率抽样是相对于概率抽样而言的，指抽取样本时不是依据随机原则，而是根据研究目的对数据的要求，采用某种方式从总体中抽取部分单位，对其实施调查。非概率抽样的方式有多种，可以归为以下几种类型：

1）方便抽样

在调查过程中，调查员依据方便的原则自行确定作为样本的单位。例如，调查员在街头、公园、商店等公共场所进行拦截式的调查，厂家在出售产品的柜台前对路过的顾客进行调查等。方便抽样的最大特点是容易实施、调查成本低，但这种抽样方式也有明显的缺点。例如，样本单位的确定带有随意性，方便样本无法代表有明确定义的总体，将方便样本的调查结果推广到总体是没有任何意义的。因此，如果研究的目的是对总体的有关的参数进行推断，则使用方便样本是不合适的。但在科学研究中，使用方便样本可以产生一些想法以及对研究内容的初步认识，或建立假设。

2）判断抽样

判断抽样是另一种比较方便的抽样方式，是指研究人员根据经验、判断和对研究对象的了解，有目的地选择一些单位作为样本，实施时根据不同的目的有重点抽样、典型抽样和代表抽样等方式。重点抽样是从调查对象的全部单位中选择少数重点单位，对其实施调查。这些重点单位的数量虽然不多，但在总体中地位重要。例如，要了解全国钢铁企业的生产情况,可以选择产量较大的几个钢铁企业,如宝钢、鞍钢、首钢等,对这些重点单位进行调查,就可以了解钢铁产量的大致情况及产量变化的基本走势。典型抽样是从总体中选择若干个典型的单位进行深入的调研,目的是通过典型单位来描述或揭示所研究问题的本质和规律。因此,选择的典型单位应该具有研究问题的本质或特征。例如,研究青少年犯罪问题,可以选择一些典型的犯人,对其做深入细致的调查,掌握大量第一手资料,进而分析青少年犯罪的一般规律。代表抽样就是通过分析选择具有代表性的单位作为样本,在某种程度上,其也具有典型抽样的含义。例如,某奶粉生产企业欲了解消费者对奶粉成分的需求,可以调查一些年轻的母亲,因为她们购买奶粉的数量较大,对奶粉的成分有更高的要求,通过她们可以了解消费者购买奶粉的意向。

判断抽样是主观的,样本选择的好坏取决于调研者的判断、经验、专业程度和创造性。这种方式的抽样成本比较低,也容易操作,但由于样本是人为确定的,没有依据随机的原则,因而调查结果不能用于对总体有关参数进行估计。

3)自愿样本

自愿样本指被调查者自愿参加,成为样本中的一分子,向调查人员提供有关信息。比如,参与报刊和互联网上刊登的调查问卷活动、向某类节目拨打热线电话等,都属于自愿样本。自愿样本与抽样的随机性无关,样本的组成往往集中于某类特定的人群,尤其集中于对待调查活动感兴趣的人群,因此,这种样本是有偏差的。我们不能依据样本的信息对总体的状况进行估计,但自愿样本可以给研究人员提供许多有价值的信息,可以反映某类群体的一般看法。

4)滚雪球抽样

滚雪球抽样往往用于对稀少群体的调查。在滚雪球抽样中,首先选择一组调查单位,对其实施调查后再请他们提供另外一些属于研究总体的调查对象,调查人员根据所提供的线索继续进行调查。这个过程持续下去就会形成滚雪球效应。例如,要对冬泳爱好者进行某项调查,调查人员首先找到若干名冬泳爱好者,然后通过他们找到更多的冬泳爱好者。滚雪球抽样也属于非概率抽样,因为与随即抽取的被调查者相比,被推荐的被调查者在许多方面与推荐他们的那些人更为相似。滚雪球抽样的主要优点是容易找到属于特定群体的被调查者,调查的成本也比较低,所以适合对特定群体进行资料的收集和研究。

5)配额抽样

配额抽样类似于概率抽样中的分层抽样。在市场调查中有广泛的应用,它是首先将总体中的所有单位按一定的标志,分为若干类;然后采用方便抽样或判断抽样的方式选取样本单位。这种抽样方式操作比较简单,而且可以保证总体中不同类别的单位都能包括在所抽的样本中,使得样本的结构和总体结构类似,但因为在抽取具体样本单位时并不依据随机原则,所以它属于非概率抽样。

非概率抽样不是依据随机原则抽取样本,样本统计量的分布是不确切的,因而无法使用样本的结果对总体相应的参数进行推断。因其操作简便、时效快、成本低,所以适合探索性研究,调查的结果用于发现问题,为更深入的数量分析做准备。概率抽样是依据随机原则抽选样本,这时样本统计量的理论分布是存在的,因此可以根据调查的结果,对总体的有关参数进行估计,计算估计误差,得到总体参数的置信区间,并且可以在进行抽样设计时对估计的精度提出要求,计算为满足特定精度要求所需要的样本量。所以,如果调查的目的在于掌握研究对象总体数量特征,得到总体参数的置信区间,就应当使用概率抽样方法。有时在一个研究项目中,也可以把概率抽样和非概率抽样相结合,发挥各自的特点,以满足研究中的不同需求。

6.2 抽样分布

参数估计是以样本观测结果去估计未知的总体数量特征。关于总体、样本的概念及相互关系已在前面章节中介绍。本章要介绍的是如何根据概率抽样的样本去估计总体的理论与方法,因此首先要明确总体分布、样本分布与抽样分布三者的关系。

6.2.1 总体分布

总体分布就是总体中所有个体关于某个变量(标志)的取值所形成的分布。假设 X 为总体随机变量,那么总体分布就是指 X 的分布。很显然,同一变量不同的总体或同总体不同的变量,其分布是不同的。变量分布的形态很多,如钟形分布、U 形分布和 J 形分布等,不同的分布会有不同的特征,认识总体分布特征是统计研究的任务之一。

1. 钟形分布

钟形分布的特征是"两头小,中间大",即靠近中间的变量值分布的次数多,靠近两端的变量值分布的次数少。如果将变量值与其对应的频数在直角坐标系中对应的点连接起来绘制成曲线图,宛如一口钟,所以称钟形分布,如图 6-1 所示。

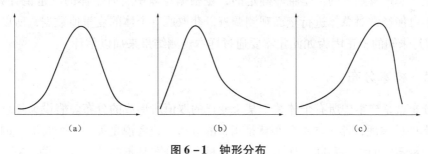

图 6-1 钟形分布
(a) 对称分布;(b) 右偏分布;(c) 左偏分布

2. U 形分布

U 型分布的特征是靠近中间的变量值分布的次数少,靠近两端的变量值分布的次数多,形成"两头大,中间小"的分布特征。将这种分布绘成曲线,像英文字母"U"的形状,故呈 U 形分布,如图 6-2 (a) 所示。

3. J 形分布

J 形分布的特征是"一边小,一边大",即大部分变量值集中在某一端分布,有两种类型。

1) 正 J 形分布

正 J 形分布是次数随着变量值的增大而增多。如投资额按利润率大小分布,一般是正 J

形分布，如图 6-2（b）所示。

2）反 J 形分布

反 J 形分布是次数随着变量值的增大而减小。如成年人数量按年龄大小分组，表现出年龄越高，人数越少，如图 6-2（c）所示。

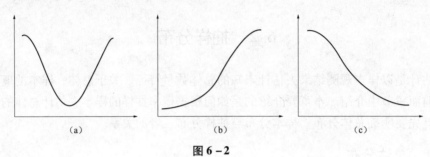

图 6-2

(a) U形分布；(b) 正J形分布；(c) 反J形分布

反映总体分布特征的指标叫总体参数，一般用 θ 来表示。在抽样实践中，常用的总体参数有三个：一是总体均值 μ；二是总体比例 π；三是总体方差 σ^2。

假设有限总体的容量为 N，满足某种属性的变量个数为 N_1，那么 i 个个体的变量值为 x_i（$i=1, 2, \cdots, N$），均值为 μ，比例为 π，方差为 σ^2，即

$$\mu = \frac{\sum_{i=1}^{n} x_i}{N}, \quad \pi = \frac{N_1}{N}, \quad \sigma^2 = \frac{\sum_{i=1}^{N}(x_i - \mu)^2}{N}$$

理论上，总体参数 θ 的值是唯一确定的，是根据总体中所有个体的变量值计算而得的。然而我们不可能经常对总体进行全面观测调查以获取所有个体的变量值数据，所以总体参数 θ 的值通常是未知的，正因为如此才需要通过样本观测结果来加以估计。

6.2.2 样本分布

样本分布就是样本中所有个体关于某个变量的取值所形成的分布。假设 x 是总体随机变量 X 在样本中的体现，那么样本分布就是指 x 的分布，或者说是关于 n 个观测值的分布。同样，同一变量不同的样本和同一样本不同的变量，其分布是不同的。由于样本来自总体，包含了一部分关于总体的信息，因此样本分布是一种经验分布。当样本容量 n 很大，或者是当 n 逐渐增大时，样本分布会接近于总体分布；如果样本容量很小，那么样本分布就有可能与总体分布相差很大，样本估计的结果就会很差。所以，如何抽样、应该有多大的样本容量才能使样本分布充分接近总体分布，是抽样中很重要的问题。

反映样本分布特征的指标叫作样本统计量，通常用 T 来表示。与总体参数相对应，常见的样本统计量有样本均值 $\bar{x}$、样本比例 p 和样本方差 s^2，即

$$\bar{x} = \frac{\sum_{i=1}^{n} x_i}{n}, \quad p = \frac{n_1}{n}, \quad s^2 = \frac{\sum_{i=1}^{n}(x_i - \bar{x})^2}{n}$$

样本分布是可以通过 n 个观测值来描述的，例如形成分布数列、绘制分布图和计算均值与样本方差等。因此，反映样本分布特征的样本统计量 T 的值（即样本统计值）是可知的。

但要注意的是,由于抽样的随机性,样本统计量不是唯一确定的。对于任何一次抽样,所抽取的样本都只是所有可能的样本中的一个而已,而哪一个样本被抽中事先是未知的、完全随机的,因此样本统计量 T 是随机变量,其值随样本不同而不同。正因为如此,以 T 或以 T 为依据构造的其他量来反映 θ 只是一种估计,会存在误差。抽样估计就是以可知的随机样本值却不唯一的样本统计值去估计唯一却未知的总体参数的值。

6.2.3 抽样分布

我们知道,不同样本给出的估计值是不同的,每一次抽样都是从所有可能的样本中获取一个估计值。那么不同估计值之间的差异有多大?不同估计值出现的频率有多大?这就要通过抽样分布来说明。在了解抽样分布之前,我们首先复习一下统计量的概念。

设 $x_1, x_2, \cdots, x_n$ 为取自总体 X 的一个样本,$T(x_1, x_2, \cdots, x_n)$ 为一个连续函数,且不含未知参数,则称 $T(x_1, x_2, \cdots, x_n)$ 为统计量。

设 $x_1, x_2, \cdots, x_n$ 为取自总体 X 的一个样本,则样本均值、样本比例、样本方差、样本均方差(标准差)等是经常使用的统计量。

一般来说,抽样分布就是样本统计量的概率分布,它由样本统计量的所有可能取值和与之相应的概率组成。如果说样本分布是关于样本观测值的分布,那么抽样分布是关于样本统计值的分布,而样本统计量是由样本观测值的分布计算出来的。具体地,抽样分布就是从容量为 N 的总体中抽取的容量为 n 的样本时,所有可能的样本统计值所形成的分布。假设从容量为 N 的有限总体中最多可以抽取 m 个容量为 n 的不同样本,那么把所有 m 个样本统计值形成的概率分布称为抽样分布。可以说,抽样分布是研究样本分布与总体分布之间关系的桥梁。

那么,实际的抽样分布是如何形成的呢?它取决于以下三个因素:

(1)总体分布。在其他因素不变时,总体分布不同则抽样分布也不一样。一般总体分布越集中,抽样分布越集中;总体分布越分散,抽样分布也越分散。

(2)样本容量。样本容量是决定抽样分布最有效、最关键的因素。在其他因素不变时,样本容量越大,则抽样分布越集中;样本容量越小,则抽样分布越分散。

(3)抽样方法。以简单随机抽样为例,重复抽样与不重复抽样的抽样分布不同,考虑样本单位抽取顺序与不考虑样本单位抽取顺序的抽样分布有别。

6.2.4 样本统计量的抽样分布

我们经常关心的样本统计量有样本均值、样本比例和样本方差,下面就详细介绍这三个统计量的抽样分布。

1. 样本均值的抽样分布

1)样本均值的抽样分布的概念

样本均值的抽样分布是所有的样本均值形成的分布,即概率分布。我们通过一个例题来了解样本均值的抽样分布。

【例6-1】设一个总体含有 4 个元素(个体),取值分别为:$x_1 = 1$,$x_2 = 2$,$x_3 = 3$,$x_4 = 4$。在总体中采取重复抽样的方法抽取样本量为 $n = 2$ 的所有可能样本,写出样本均值的抽样分布。

解：首先看一下总体的分布状况，如图 6-3 所示。

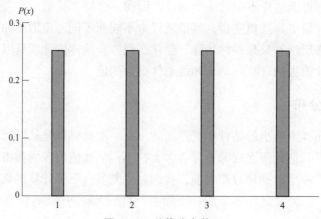

图 6-3 总体分布状况

可以看到，总体的分布为均匀分布，即 x_i 的每一个取值的概率都相同。这样，我们可以计算得到总体的两个特征值，即总体均值和总体方差，有

总体均值： $$\mu = \frac{\sum_{i=1}^{4} x_i}{N} = \frac{10}{4} = 2.5$$

总体方差： $$\sigma^2 = \frac{\sum_{i=1}^{4}(x_i - \mu)^2}{N} = \frac{5}{4} = 1.25$$

从总体中采取重复抽样的方法抽取样本量为 $n=2$ 的随机样本，共有 $4^2 = 16$ 个可能的样本。我们计算出每一个样本的均值 $\bar{x}_i$ 和方差 s^2，其结果如表 6-1 所示。

表 6-1 16 个可能的样本及其均值与方差

样本	样本中的元素	样本均值	样本方差
1	1, 1	1.0	0
2	1, 2	1.5	0.5
3	1, 3	2.0	2
4	1, 4	2.5	4.5
5	2, 1	1.5	0.5
6	2, 2	2.0	0
7	2, 3	2.5	0.5
8	2, 4	3.0	2
9	3, 1	2.0	2
10	3, 2	2.5	0.5
11	3, 3	3.0	0
12	3, 4	3.5	0.5

续表

样本	样本中的元素	样本均值	样本方差
13	4, 1	2.5	4.5
14	4, 2	3.0	2
15	4, 3	3.5	0.5
16	4, 4	4.0	0

每个样本被选中的概率都相同,均为 1/16。样本均值经整理后如表 6-2 所示。

表 6-2 样本均值 $\bar{x}$ 的分布

$\bar{x}$ 的取值	$\bar{x}$ 的个数	$\bar{x}$ 取值的概率 ($P(\bar{x})$)
1.0	1	1/16
1.5	2	2/16
2.0	3	3/16
2.5	4	4/16
3.0	3	3/16
3.5	2	2/16
4.0	1	1/16

现把 $\bar{x}$ 的抽样分布绘制成图,如图 6-4 所示。通过比较总体分布和样本均值的抽样分布,得出:尽管总体分布是均匀分布,但样本均值的抽样分布不再是均匀分布,而是对称分布。

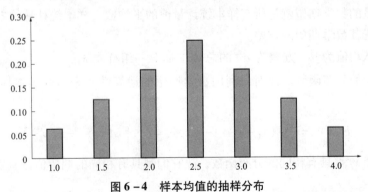

图 6-4 样本均值的抽样分布

我们不仅关心样本均值的抽样分布,还需要知道样本均值 $\bar{x}$ 抽样分布的性质,包括 $\bar{x}$ 的均值、标准差、$\bar{x}$ 分布本身的形状等。

2) 样本均值 $\bar{x}$ 抽样分布的形式

样本均值 $\bar{x}$ 抽样分布的形式与原有总体的分布和样本量 n 的大小有关。如果原有总体是正态分布,那么无论样本多大,样本均值的抽样分布都服从正态分布。如果原有总体的分布是非正态分布,此时就要看样本量的大小了。随着样本量 n 的增大(通常 $n \geq 30$),不论原来总体是否符从正态分布,样本均值的抽样分布都将趋于正态分布,其分布的数学期望为总体均值 μ,方差为总体方差的 $1/n$。这就是统计上著名的中心极限定理。

中心极限定理:设从均值为 μ,方差为 σ^2 的任意一个总体中抽取样本量为 n 的样本,当 n 充分大(通常 $n \geq 30$)时,样本均值 $\bar{x}$ 的抽样分布近似服从均值为 μ,方差为 σ^2/n 的正态分布。

当 n 为小样本(通常 $n<30$)时,其分布不是正态分布,此时就不能按正态分布进行推断。当正态总体的方差未知,且 n 较小时,则样本均值 $\bar{x}$ 的分布服从自由度为 $n-1$ 的 t 分布。t 分布曲线与正态分布曲线形态相似,只是图形稍微扁平些,随着自由度的增大,t 分布曲线和正态分布曲线逐渐接近。t 分布与标准正态分布的比较如图 6-5 所示。

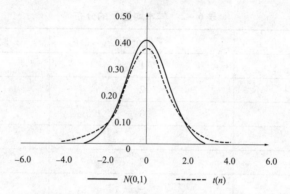

图 6-5 t 分布与标准正态分布的比较

从抽样推断的角度,我们除了要关心 $\bar{x}$ 抽样分布的形式外,还需要知道 $\bar{x}$ 抽样分布的特征值,即 $\bar{x}$ 抽样分布的数学期望和方差。

3) 样本均值 $\bar{x}$ 抽样分布的特征

任一抽样分布都有自己的特征,这个特征就体现为样本统计量的数学期望和方差。其中,样本统计量的数学期望就是所有样本统计量值的平均数,样本统计量的方差就是所有样本统计量值关于其数学期望的方差。

假设我们从均值为 μ,方差为 σ^2 的总体中抽取一组样本 $x_1, x_2, \cdots, x_n$,它们相互独立,且具有相同的分布函数。此时,利用数学期望的运算性质来研究样本均值 $\bar{x}$ 的数字特征,就有

$$E(\bar{x}) = \frac{1}{n}E(x_1 + x_2 + \cdots + x_n) = \frac{1}{n}[E(x_1) + E(x_n)]$$

由于每一个 x_i 都具有相同的分布函数,故它们都具有相同的期望值,所以

$$E(\bar{x}) = \mu$$

对于 $\bar{x}$ 的方差 $D(\bar{x})$,根据方差运算性质,有

$$D(\bar{x}) = \sigma^2/n。$$

由此得出,样本均值抽样分布的特征如下:样本均值的抽样分布仍然是服从正态分布的,其均值仍为 μ,方差为 σ^2/n,即

$$x \sim N(\mu, \sigma^2/n)$$

这些结论可以通过例 6-1 进行验证,计算 16 个样本均值的均值,得

样本均值的均值：$E(\bar{x}) = \dfrac{1.0+1.5+\cdots+3.5+4.0}{16} = 2.5 = \mu$

样本均值方差：$\sigma_{\bar{x}}^2 = \dfrac{\sum\limits_{i=1}^{16}(\bar{x}-\mu)}{16} = \dfrac{10}{16} = \dfrac{2.5}{2} = \dfrac{\sigma^2}{n}$

上述结论是对于正态总体而言的。但实际上，即使对于非正态总体，随着样本容量的增加，$\bar{x}$抽样分布也会近似地变成正态分布。事实上，只要样本足够大（通常要求样本容量不小于30），即使是从非正态分布的总体中抽样，根据统计学的中心极限定理，样本均值的抽样分布与从正态分布总体中的抽样所得到的结果也近似相同。

2. 样本比例的抽样分布

管理中还需要研究总体和样本中具有某个属性的个体占全体单位数的百分比问题，由此需要研究样本比例分布问题。总体中具有某种属性的单位数与总体全部单位数之比称为总体比例，记作π。设总体N个单位中有N_1个单位具有某种属性，N_0个单位不具有某种属性，则$N_1 + N_0 = N$，π为总体中具有某种属性的单位数所占的比例，则总体比例为$\pi = N_1/N$。

相应地，样本中具有某种属性的单位数与样本总数之比称为样本比例，记作p。设样本n个单位中有n_1个单位具有某种属性，n_0个单位不具有某种属性，$n_1 + n_0 = n$，p为样本中具有某种属性的单位数所占的比例，q为不具有某种属性的单位所占的比例，则抽样比例为

$$p = \dfrac{n_1}{n}, \quad q = \dfrac{n_0}{n} = \dfrac{n-n_1}{n} = 1-p$$

样本比例的抽样分布是指在重复选取的样本量为n的样本时，由样本比例所有可能取值形成的概率分布。样本比例是一个随机变量，当样本容量很大时，近似地服从正态分布。对于一个具体的样本比例p，若有$np \geq 5$和$n(1-p) \geq 5$，就可以认为样本量足够大。

同样对于p的分布，我们也需要研究它的数字特征，即p的数学期望和方差。可以证明，p的数学期望为总体的比例π，方差等于$\pi(1-\pi)/n$，即$E(p) = \pi$，$D(p) = \pi(1-\pi)/n$。也就是说$pN \sim [\pi(1-\pi)/n]$。

3. 样本方差的抽样分布

在抽样分析中，样本方差s^2也是常用到的。但是样本方差的抽样分布比较复杂，统计证明，只有当总体服从正态分布$N(\mu, \sigma^2)$时，样本方差s^2所构造的$(n-1)s^2/\sigma^2$比值的抽样分布服从自由度为$(n-1)$的x^2分布，即

$$x^2 = \dfrac{(n-1)s^2}{\sigma^2} \sim x^2(n-1)$$

x^2分布的变量值始终为正，其形状取决于自由度$(n-1)$的大小，通常为不对称的右偏分布，但随着自由度的增大逐渐趋于对称。

4. 统计量的标准误差

对于抽样分布，我们也可以使用均值和标准差来描述。从同一总体中抽取的各个样本的均值通常并不完全相等，相互间总存在一定的差异。这种差异是随机抽样本身所固有的。事实上，各个样本的同一统计量之间，某个样本的统计量与总体参数之间总存在着一定的差异，这种差异叫作抽样误差。

为了把握用样本的统计量估计总体参数时的准确程度，统计上要研究抽样误差。个别样

本的统计量的误差大小是很难估计的,但是全部可能样本的统计量的平均误差,即某个统计量抽样分布的标准差是可以度量的。

统计量的标准误差是指样本统计量的抽样分布的标准差。标准误差衡量的是统计量的离散程度,它测度了用样本统计量估计总体参数的精确程度。

1) 当抽样方式为重复抽样时,样本均值的标准误差

其计算公式为

$$\sigma_{\bar{x}} = \frac{\sigma}{\sqrt{n}}$$

它说明在重复抽样的条件下,抽样平均误差与总体标准差成正比,与样本容量的平方根成反比。

【例6-2】有5个工人的日产量分别为(单位:件):6、8、10、12、14。用重复抽样的方法,从中随机抽取2个工人的日产量,用以代表这5个工人的总体水平,则抽样平均误差为多少?

解:根据题意可得

总体均值:

$$\mu = \frac{6+8+10+12+14}{5} = 10 \text{(件)}$$

总体标准差:

$$\sigma = \frac{\sqrt{\sum (x_i - \mu)^2}}{\sqrt{N}} = \frac{\sqrt{40}}{\sqrt{5}} = \sqrt{8}$$

抽样标准误差:

$$\sigma_{\bar{x}} = \frac{\sigma}{\sqrt{n}} = \frac{\sqrt{8}}{\sqrt{2}} = 2$$

2) 当抽样方式为重复抽样时,抽样比例的标准误差

总体比例 π 可以表现为总体中具有某种属性所占比例的平均数,它的标准差 $\sigma = \sqrt{\pi(1-\pi)}$。在总体比例 π 已知时,我们可以得到在重复抽样下,样本比例的标准误差的计算公式,即

$$\sigma_p = \sqrt{n} = \sqrt{\frac{\pi(1-\pi)}{n}}$$

【例6-3】某企业生产的产品,按正常生产经验,合格率为90%。现从5 000件产品中抽取50件进行检验,求合格率的抽样平均误差。

解:根据题意,在重复抽样条件下,合格率的抽样平均误差为

$$\sigma_p = \frac{\sigma}{\sqrt{n}} = \sqrt{\frac{\pi(1-\pi)}{n}} = \sqrt{\frac{0.9 \times 0.1}{50}} = 4.24\%$$

注意:在计算抽样标准误差时,通常得不到总体标准差的数值,一般可以用样本标准差来代替总体标准差。

6.3 参数估计的基本原理

参数估计就是根据从样本得到的统计量对相应的总体参数进行估计。例如,用样本平均数估计总体的平均数、用样本的标准差估计总体的标准差等。参数估计主要包括参数的点估

计和区间估计。

6.3.1 估计量与估计值

估计量是指估计总体参数的统计量的名称。假设总体包含未知参数 θ，x_1，x_2，$\cdots$，x_n 是从该总体抽取的一个样本，构造统计量 $T = T(x_1, x_2, \cdots, x_n)$，以此作为参数 θ 的估计，那么这个统计量 $T = T(x_1, x_2, \cdots, x_n)$ 就是 θ 的一个估计量，用 $\hat{\theta}$ 表示。样本均值、样本比例、样本方差都可以是一个估计量。若 x_1，x_2，$\cdots$，x_n 是样本的一组观测值，代入估计量公式，计算出来的估计量 $T = T(x_1, x_2, \cdots, x_n)$ 的具体数值，称为估计值。例如，要估计某市居民的平均收入，从中抽取一个随机样本，总体平均收入是不知道的，称为参数，用 θ 表示，根据样本计算出来平均数 $\bar{x}$ 就是一个估计量，用 $\hat{\theta}$ 表示。假定计算出来的样本平均数为 1 800 元，这个 1 800 元就是估计量的具体值，称为估计值。需要说明的是，估计量是随机变量，估计值是具体数值；估计量常用于理论研究，估计值多用于实际应用和计算。

6.3.2 点估计

点估计是指在进行总体参数估计时，用一个样本统计量 $\hat{\theta}$ 的某个取值直接作为总体参数 θ 的估计值。比如，用样本均值 $\bar{x}$ 直接作为总体均值 μ 的估计值，用样本比例 p 直接作为总体比例 π 的估计值，用样本方差 s^2 直接作为总体方差 σ^2 的估计值。例如，已知某一样本的平均数 $\bar{x} = 50$，就把 50 作为对总体平均数 μ 的估计值，即 $\mu = 50$。当然，不能认为 μ 刚好等于 50，只是希望 μ 接近 50。又例如，某一样本的方差 $s^2 = 10$，就把 10 作为对总体方差 σ^2 的估计值，即 $\sigma^2 = 10$。同样，不能认为 σ^2 刚好等于 10，而只是希望 σ^2 的数值是在 10 附近。

由于这种估计是单个的数值，总是存在误差，因此对误差也不能准确地计算出来。另外，点估计无法指出对总体参数给予正确估计的概率有多大。所以，这种点估计只能作为一种不精确的大致的估计，更好的办法是对总体参数进行区间估计。

6.3.3 区间估计

参数的点估计就是用估计量的一个具体数值作为未知参数的估计值，其优点是直观、简单。一般来说，点估计值位于总体参数附近，在平均意义上，二者相等。但在实际抽样调查中一次只是随机抽取一个样本，这会导致估计值因样本的不同而不同，它有可能等于总体参数的值，也可能不等于总体参数的值，甚至产生很大的差异，所以在估计总体指标时就必须同时考虑估计误差的大小。从人们的主观愿望上看，总是希望花较少的钱取得较好的效果，也就是说，希望调查费用和调查误差越小越好。但是，在其他条件不变的情况下，缩小抽样误差就意味着增加调查费用，它们是一对矛盾。因此，在进行抽样调查时，应该根据研究目的和任务以及研究对象的变量变异程度，科学确定允许的误差范围。点估计本身既不反映这种近似值的精确度（没有指出用估计值去估计总体参数的误差范围有多大），也没有考虑估计的可靠性程度（即没有指出这个误差范围以多大的概率包含未知参数 θ）。这正是点估计的不足，而区间估计在一定程度上弥补了这一缺陷。

区间估计就是在点估计的基础上，根据样本统计量构造出一个随机区间来估计总体参数,并以一定的概率保证总体参数在所估计的区间内。该区间通常是由样本统计量加减估计误差得到的。下面以总体均值的区间估计为例来说明区间估计的基本原理。

由样本均值的抽样分布可知,在重复抽样的情况下,样本均值的数学期望等于总体均值,即 $E(\bar{x})=\mu$,样本均值的标准误差 $\sigma_{\bar{x}}=\sigma/\sqrt{n}$。根据经验法则可知,样本均值 $\bar{x}$ 落在总体均值 μ 的两侧各为一个抽样标准差范围内的概率为 0.682 7;落在两个抽样标准差范围内的概率为 0.954 5;落在三个抽样标准差范围内的概率为 0.997 3。

实际上,我们可以求出样本均值 $\bar{x}$ 落在总体均值 μ 的两侧任何一个抽样标准差值范围内的概率。但在实际估计时,情况恰恰相反,$\bar{x}$ 是已知的,而 μ 是未知的,是将要估计的。由于 $\bar{x}$ 和 μ 的距离是对称的,如果某个样本的平均值 μ 落在的两个标准误差范围内,那么 μ 也被包括在以总体均值为中心左右两个标准差范围内。因此,约有 95% 的样本均值会落在两个标准误差范围内,也就是说,约有 95% 的样本均值所构造的两个标准误差的区间会包括 μ。通俗地讲,如果抽取 100 个样本来估计总体均值,那么由 100 个样本所构造的 100 个区间中,约有 95 个区间包含总体均值,而另外 5 个区间不包含总体均值。图 6-6 给出了区间估计的示意。

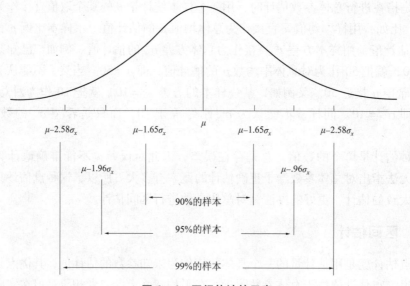

图 6-6 区间估计的示意

区间估计就是用样本估计量的点估计值加减估计误差构成的区间来估计总体参数,并以一定的概率保证总体参数在所估计的区间内。估计误差通常由标准分数乘以统计量标准误差构成。区间估计的基本方法是:首先求待估计参数 θ 的一个点估计值 $\hat{\theta}$,然后以 $\hat{\theta}$ 为基础估计出一个区间 $(\hat{\theta}_1,\hat{\theta}_2)$,并提供总体参数 θ 落入该区间的概率。设要估计总体的一个未知参数 v,若由样本确定的两个统计量 $\hat{\theta}_1(x_1,x_2,\cdots,x_n)$ 及 $\hat{\theta}_2(x_1,x_2,\cdots,x_n)$ 对于定值 $\alpha(0<\alpha<1)$,满足

$$P\{\hat{\theta}_1<\theta<\hat{\theta}_2\}=1-\alpha$$

则称随机区间 $(\hat{\theta}_1,\hat{\theta}_2)$ 为 θ 的置信区间;$\hat{\theta}_1$,$\hat{\theta}_2$ 分别被称为置信下限和置信上限;α 称为显著性水平,$1-\alpha$ 称为置信度或置信水平。

由于不同的样本计算出的点估计值不同,因此以估计值为基础计算的区间 $(\hat{\theta}_1,\hat{\theta}_2)$ 是

一个随样本不同而不同的随机区间。若在样本容量一定的条件下反复抽样多次，每组样本值确定一个区间 $(\hat{\theta}_1, \hat{\theta}_2)$，每个这样的区间或者包含总体参数 θ 的真值，或者不包含总体参数 θ 的真值，包含总体参数 θ 的真值的概率是 $1-\alpha$，不包含总体参数 θ 的真值的概率是 α。显然 α 越小，$1-\alpha$ 越大，θ 的真值落入区间 $(\hat{\theta}_1, \hat{\theta}_2)$ 内的可靠程度越高。

在构造置信区间时，我们可以用所希望的任意值作为置信水平。比较常用的置信水平 $1-\alpha$ 有 90%、95%、99%。常用的置信水平的正态分布曲线下，右侧面积为 $\alpha/2$ 的 z 值 $z_{\alpha/2}$，见表 6-3。

表 6-3 常用置信水平的 $z_{\alpha/2}$ 值

置信水平	α	$\alpha/2$	$z_{\alpha/2}$
90%	0.10	0.05	1.645
95%	0.05	0.025	1.96
99%	0.01	0.005	2.58

与点估计类似，一个未知参数的区间估计也有一个好坏的评价。区间估计的基本要求是：

（1）置信度的要求，希望随机区间 $(\hat{\theta}_1, \hat{\theta}_2)$ 包含的真值的概率 $1-\alpha$ 越大越好。

（2）精确度的要求，希望随机区间 $(\hat{\theta}_1, \hat{\theta}_2)$ 的平均长度越短越好。

在样本容量一定的条件下，这两个基本要求往往是一对矛盾。如果置信度增大，则置信区间必然增大，精确度便降低；如果提高精确度，则置信度必然减小。所以，对估计的精确度和可靠性的要求应慎重考虑。统计学家奈曼建议采用一种妥协的办法：在保证置信度的前提下，尽可能提高精确度。

6.3.4 评价估计量的标准

在参数估计中，一般用样本估计量 $\hat{\theta}$ 作为总体参数 θ 的估计。但实际上用于估计 θ 的计量有很多。比如，我们可以用样本均值作为总体均值的估计量，也可以用样本中位数、样本众数作为总体均值的估计量。那么究竟用哪个估计量来估计总体参数效果最好、误差最小？统计学家给出了评价估计量的一些标准，主要有以下几个：

1. 无偏性

无偏性指估计量抽样分布的数学期望等于被估计的总体参数。设 $\hat{\theta}$ 是 θ 的估计值，若 $E(\hat{\theta}) = \theta$，则称 $\hat{\theta}$ 是 θ 的无偏估计量。其统计意义是：$\hat{\theta}$ 是随机变量，它的波动中心（均值）等于 θ，即经过多次抽样，$\hat{\theta}$ 的观察值将围绕着 θ 变动，没有系统误差，当然是较好的。

$\bar{x}$ 和 s^2 分别是总体均值 μ 和总体方差 σ^2 的无偏估计，其中 $E(\bar{x}) = \mu$，而 $E(s^2) = \sigma^2$。$E(s^2) = \sigma^2$ 的推导复杂，在 s^2 的表达式中，分母是 $n-1$ 而不是 n，正是为了满足无偏性。

2. 有效性

以样本估计总体，要求优良估计量的抽样分布方差（或标准差，即抽样标准误差）小于其他估计量的抽样分布方差，即从平均的角度来看，优良估计量的估计误差应小于其他估计量的估计误差。对于多个无偏估计量，方差小的波动小，稳定性好，即方差 $D(\hat{\theta})$ 越小越好。设 $D(\hat{\theta}_1) < D(\hat{\theta}_2)$（都是无偏估计），若 $D(\hat{\theta}_1) < D(\hat{\theta}_2)$，则称 $\hat{\theta}_1$ 比 $\hat{\theta}_2$ 更有效。例如，对于正态分布总体来说，样本均值 $\bar{x}$ 和样本中位数 M_e 都是总体均值 μ 的无偏估计量，但二者的方差不同。样本中位数的方差 $D(M_e)$ 是样本均值的方差 $D(\bar{x})$ 的 1.57 倍。因此，样本均值比样本中位数更有效。容易证明，样本均值 $\bar{x}$、样本比例 p 和样本方差 s^2 分别是总体均值 μ、总体比例 π 和总体方差 σ^2 的有效估计量。

3. 一致性

以样本估计总体虽然会存在估计误差，但是作为一个优良的估计量，其估计误差会随着样本容量的增大而减小。粗略地讲，如果当样本容量更大时，点估计量的值更接近于总体参数，则称该点估计量是一致的。换言之，大样本比小样本趋于接近一个更好的点估计。注意到，样本均值 $\bar{x}$ 的抽样分布的标准差 $\sigma_{\bar{x}} = \sigma/\sqrt{n}$。由于 $\sigma_{\bar{x}}$ 与样本容量相关，较大的样本容量得到的 $\sigma_{\bar{x}}$ 的值更小，我们得出：大样本容量下给出的点估计更接近于总体均值 μ。可以证明，样本均值 $\bar{x}$、样本比例 p 和样本方差 s^2 分别是总体均值 μ、总体比例 π 和总体方差 σ^2 的一致估计量。

6.4 一个总体参数的区间估计

6.4.1 一个总体均值的区间估计

通过确定区间估计的过程，可以归纳并推断某一待估参数 θ 的置信区间。其具体步骤为：

（1）找到一个包含 θ 且不包含任何其他未知参数的已知抽样分布的随机变量，如

$$z = \frac{\bar{x} - \mu}{\sigma/\sqrt{n}} \sim N(0, 1) \tag{6.1}$$

（2）根据给定的置信水平 $1-\alpha$，在抽样分布中确定两个临界点，如 $-z_{\alpha/2}$、$z_{\alpha/2}$，并使该统计量满足以下形式，即

$$P\{-z_{\alpha/2} < z < z_{\alpha/2}\} = 1 - \alpha \tag{6.2}$$

（3）将等式（6.2）进行等价变换，得到

$$P\{\theta_L < \theta < \theta_U\} = 1 - \alpha \tag{6.3}$$

则 (θ_L, θ_U) 即 θ 的置信度为 $1-\alpha$ 的置信区间。

在上述过程中，比较困难的是（1），如何选择满足条件的随机变量，并且确定出其分布？下面仅就一维未知参数介绍常见的置信区间。

一个总体均值的区间估计：

在对一个总体均值进行区间估计时，需要考虑总体分布是否为正态分布、总体方差是否已知、用于构造估计量的样本是大样本还是小样本等情况。

1）正态总体、方差 σ^2 已知，或非正态总体、大样本

设样本 $x_1, x_2, \cdots, x_n$ 来自正态总体 $N(\mu, \sigma^2)$，这里 σ^2 已知，总体均值 μ 未知，如何求总体均值 μ 的置信水平为 $1-\alpha$ 的置信区间？

当总体服从正态分布且 σ^2 已知，或者总体为非正态分布且为大样本时，样本均值 $\bar{x}$ 的

抽样分布均为正态分布，其数学期望为总体均值 μ，方差为 $\dfrac{\sigma^2}{n}$。由此构造随机变量 $z = \dfrac{\bar{x} - \mu}{\sigma/\sqrt{n}}$，它是样本和未知参数 μ 的函数，除了包含未知参数 μ 以外，不再含任何其他未知变量，更重要的是，随机量 $z = \dfrac{\bar{x} - \mu}{\sigma/\sqrt{n}}$ 服从标准正态分布 $N(0, 1)$，这个分布不含有任何未知参数，只要给定概率 $1 - \alpha$（置信水平），很容易就可以通过查标准正态分布表或软件计算出其分位点 $z_{\alpha/2}$，使得 $P\{|z| < z_{\alpha/2}\} = 1 - \alpha$，即

$$P\left\{\left|\dfrac{\bar{x} - \mu}{\sigma/\sqrt{n}}\right| < z_{\alpha/2}\right\} = 1 - \alpha \tag{6.4}$$

通过变形，得

$$P\left\{\bar{x} - z_{\alpha/2}\dfrac{\sigma}{\sqrt{n}} < \mu < \bar{x} + z_{\alpha/2}\dfrac{\sigma}{\sqrt{n}}\right\} = 1 - \alpha \tag{6.5}$$

把式（6.5）与式（6.2）比较可知，总体均值 μ 的置信水平为 $1 - \alpha$ 的置信区间为

$$\left(\bar{x} - z_{\alpha/2}\dfrac{\sigma}{\sqrt{n}},\ \bar{x} + z_{\alpha/2}\dfrac{\sigma}{\sqrt{n}}\right) \tag{6.6}$$

式中，$\bar{x} - z_{\alpha/2}\dfrac{\sigma}{\sqrt{n}}$ 称为置信下限；$\bar{x} + z_{\alpha/2}\dfrac{\sigma}{\sqrt{n}}$ 称为置信上限；$1 - \alpha$ 为置信水平；$z_{\alpha/2}$ 是标准正态分布上侧面积为 $\alpha/2$ 时的 z 值；$z_{\alpha/2}\dfrac{\sigma}{\sqrt{n}}$ 是估计总体均值时的估计误差。也就是说，总体均值的置信区间由两部分组成：点估计值和描述估计量精度的误差值。

如果 $1 - \alpha = 0.95$，则 $z_{\alpha/2} = z_{0.025} = 1.96$。一旦一个样本被抽取，得到了样本观测值，那么对于该样本观测值，总体均值 μ 的置信水平为 $1 - \alpha$ 的置信区间为 $\left(\bar{x} - z_{\alpha/2}\dfrac{\sigma}{\sqrt{n}},\ \bar{x} + z_{\alpha/2}\dfrac{\sigma}{\sqrt{n}}\right)$，它就是一个已知的具体的区间了，如图 6-7 所示。

如果总体服从正态分布且 σ^2 未知，或者总体非正态分布，但只要是在大样本条件下，式（6.6）中的总体方差 σ^2 可用样本方差 s^2 代替，这时总体均值 μ 在 $1 - \alpha$ 置信水平下的置信区间可以写为 $\left(\bar{x} \pm z_{\alpha/2}\dfrac{s}{\sqrt{n}}\right)$ 或 $\left(\bar{x} - z_{\alpha/2}\dfrac{s}{\sqrt{n}},\ \bar{x} + z_{\alpha/2}\dfrac{s}{\sqrt{n}}\right)$。

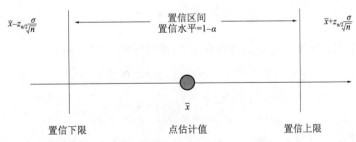

图 6-7 总体均值的置信区间示意

【例 6-4】某种零件的长度服从正态分布，从该批产品中随机取 9 件，测得它们的平均长度为 21.4 mm，已知总体标准差为 $\sigma = 0.15$ mm，试建立该种零件平均长度的置信区间，

假定给定置信水平为95%。

解：已知 $X \sim N(\mu, 0.15^2)$，$\bar{x} = 21.4$，$n = 9$，$1 - \alpha = 0.95$，因为

$$z = \frac{\bar{x} - \mu}{s/\sqrt{n}} \sim N(0, 1)$$

所以，对于给定的置信水平 $1 - \alpha = 95\%$，$z_{\alpha/2} = 1.96$，于是总体均值 μ 的置信区间为

$$\left(\bar{x} \pm z_{\alpha/2} \frac{\sigma}{\sqrt{n}}\right) = 21.4 \pm 1.96 \times \frac{0.15}{\sqrt{9}}$$

即该种零件的平均长度的置信水平为95%的置信区间为（21.302, 21.498）。

【例6-5】某无线电广播公司要估计某市65岁以上的已退休的人中一天时间里收听广播的时间，随机抽取了一个容量为200的样本，得到样本平均数为110 min，样本标准差为30 min，试估计总体均值95%的置信区间。

解：已知 $\bar{x} = 110$ min，$n = 200$（>30为大样本），$s = 30$，$1 - \alpha = 0.95$。因为

$$z = \frac{\bar{x} - \mu}{s/\sqrt{n}} \sim N(0, 1)$$

所以，对于给定的置信水平 $1 - \alpha = 0.95$，$z_{\alpha/2} = 1.96$，于是，总体均值 μ 的置信区间为

$$\left(\bar{x} \pm z_{\alpha/2} \frac{s}{\sqrt{n}}\right) = \left(110 - 1.96 \frac{30}{\sqrt{200}}, 110 + 1.96 \frac{30}{\sqrt{200}}\right) = (105.85, 114.16)$$

所以，在95%的置信水平下该市65岁以上已退休的人每天收听无线电广播的时间为 105.85～114.16 min。

2）正态总体、方差未知、小样本

在实际中，经常会遇到总体的方差 σ^2 未知，且还是小样本的情况。此时，前面构造的随机变量 $z = \frac{\bar{x} - \mu}{\sigma/\sqrt{n}}$ 就无法再用来求置信区间了，主要是因为它除了包含待估参数 μ 以外，还含有未知变量 σ^2，在获得样本观测值后，无法计算出置信区间。此时考虑用样本方差 $s^2 = \frac{1}{n-1}\sum_{i=1}^{n}(x_i - \bar{x})^2$ 来代替 σ^2，采用随机变量 $t = \frac{\bar{x} - \mu}{s/\sqrt{n}}$。需要注意的是，此时随机变量的分布发生了变化。我们知道随机变量 $t = \frac{\bar{x} - \mu}{s/\sqrt{n}}$ 服从自由度为 $n - 1$ 的 t 分布，即

$$t = \frac{\bar{x} - \mu}{s/\sqrt{n}} \sim t(n - 1) \tag{6.7}$$

因此，我们采用 t 分布来建立总体均值 μ 的置信区间，即

$$P\{|t| < t_{\alpha/2}\} = 1 - \alpha$$

$$P\left\{\left|\frac{\bar{x} - \mu}{s/\sqrt{n}}\right| < t_{\alpha/2}\right\} = 1 - \alpha$$

上式经整理变形，可得

$$P\left\{\bar{x} - t_{\alpha/2} \times \frac{s}{\sqrt{n}} < \mu < \bar{x} + t_{\alpha/2} \times \frac{s}{\sqrt{n}}\right\} = 1 - \alpha \tag{6.8}$$

即正态总体方差 σ^2 未知，小样本时总体均值 μ 的置信水平为 $1 - \alpha$ 的置信区间为

$$\bar{x} \pm t_{\alpha/2} \times \frac{s}{\sqrt{n}} \tag{6.9}$$

式中，$t_{\alpha/2}(n-1)$ 是自由度为 $(n-1)$ 时，t 分布中右侧面积为 $\alpha/2$ 的 t 值，该值可通过查自由度为 $n-1$ 的 t 分布表得到。

【例 6-6】可口可乐公司生产的雪碧，瓶上标明净容量是 500 mL。在市场上随机抽取了 25 瓶，测得到其平均容量为 499.5 mL，标准差为 2.63 mL。试求该公司生产的这种瓶装饮料的平均容量的置信水平为 99% 的置信区间（假定饮料的容量服从正态分布 $N(\mu, \sigma^2)$）。

解：已知，样本容量为 $n=25$，样本均值 $\bar{x}=499.5$，样本标准差为 $s=2.63$，又因为置信水平 $1-\alpha=0.99$，查自由度为 $n-1=24$ 的 t 分布表得

$$t_{\alpha/2}(n-1) = t_{0.005}(24) = 2.797$$

所以，瓶装饮料的平均容量的置信水平为 99% 的置信区间为

$$\bar{x} \pm t_{\alpha/2} \times \frac{s}{\sqrt{n}}$$

下限为：$\bar{x} - t_{\alpha/2} \times \frac{s}{\sqrt{n}} = 499.5 - 2.797 \times 2.63/\sqrt{25} = 499.5 - 1.4712 = 498.03$

上限为：$\bar{x} + t_{\alpha/2} \times \frac{s}{\sqrt{n}} = 499.5 + 1.4712 = 500.97$

因此，该公司生产的这种瓶装饮料的平均容量的置信水平为 99% 的置信区间为 (498.03, 500.97)。

【例 6-7】从某公司生产的一批罐装产品中，随机抽取 10 罐产品，测得每罐的质量分别为 318、320、322、321、321、323、319、320、320、324（单位：g）。要求以 95% 的置信度，估计该公司这批产品平均质量的置信区间（已知罐装质量服从正态分布）。

解：根据抽样结果计算得

$$\bar{x} = \frac{\sum x_i}{n} = \frac{3208}{10} = 320.8$$

$$s = \sqrt{\frac{\sum(x_i - \bar{x})^2}{n-1}} = \sqrt{\frac{29.6}{10-1}} \approx 1.814$$

又已知 $1-\alpha=0.95$，$\alpha=0.05$，查表可得 $t_{\alpha/2}(n-1) = t_{0.05/2}(10-1=2.262)$，则 μ 的置信区间为

$$\bar{x} \pm t_{\alpha/2} \times \frac{s}{\sqrt{n}} = 320.8 \pm 2.262 \times \frac{1.814}{\sqrt{10}} = 320.8 \pm 1.3$$

即 (319.5, 322.1)。

从而可知，该批产品置信度 95% 的平均质量的置信区间为 (319.5, 322.1)。

6.4.2 一个总体比例的区间估计

在实际应用中，常常遇到估计总体中具有某种特征的元素所占的比例的问题。例如，生产厂家希望了解消费者中对其所生产的某种新产品持满意观点的比例；电视营销经理会对某

晚收看某个特定电视节目的观众比例感兴趣;抵押贷款制度要求估计拖欠到期贷款的顾客的比例等。当样本容量足够大时,$np \geq 5$ 和 $n(1-p) \geq 5$ 时,比例 p 的抽样分布可用正态分布近似,p 的数学期望等于总体比例 π,即 $E(p) = \pi$;p 的方差为 $\sigma_p^2 = \dfrac{\pi(1-\pi)}{n}$,而样本比例经标准化后的随机变量服从标准正态分布,即有

$$z = \frac{p - \pi}{\sqrt{\dfrac{\pi(1-\pi)}{n}}} \sim N(0,1) \tag{6.10}$$

与总体均值的区间估计类似,在样本比例 p 的基础上加减估计误差 $z_{\alpha/2}\sigma_p$,从而得到总体比例 π 的置信度为 $1-\alpha$ 的置信区间为

$$p \pm z_{\alpha/2} \sqrt{\pi(1-\pi)/n} \tag{6.11}$$

由于在估计总体比例时,总体比例 π 是未知的,我们用样本比例 p 代替 π,则得总体比例 π 的置信度为 $1-\alpha$ 的近似置信区间为

$$p \pm z_{\alpha/2} \sqrt{p(1-p)/n} \tag{6.12}$$

式中,$z_{\alpha/2}$ 为标准正态分布上侧面积为 $\alpha/2$ 的 z 值;$z_{\alpha/2}\sqrt{p(1-p)/n}$ 为估计总体比例时的估计误差。

【例6-8】估计收视率的情况。在一个由165个经常看电视的家庭组成的随机样本中,调查显示,有101个家庭收看某节目。试用90%的置信区间估计所有收看该节目的家庭的真正比例,并对这个区间做出解释。

解:已知 $n = 165$,$z_{\alpha/2} = 1.645$。根据样本资料,收看该节目的家庭的样本比例为

$$p = \frac{\text{收看该节目的家庭数}}{\text{样本中家庭总数}} = \frac{101}{165} = 0.612$$

因此,收看该节目的家庭的真正比例 P 的置信度为 $1-\alpha = 90\%$ 的近似置信区间为

$p \pm z_{\alpha/2} \sqrt{p(1-p)/n}$

$= 0.612 \pm 1.645 \sqrt{0.612 \times (1-0.612)/165}$

$= (0.550, 0.674)$

因此,收看该节目的家庭的真正比例 p 在0.550到0.674之间。要是重复抽选若干个由165个家庭组成的随机样本,并根据每一个样本分别构造置信度为90%的置信区间,那么我们预料会有90%的区间包含 p。

6.4.3 一个总体方差的区间估计

本节只讨论正态总体方差的区间估计。

如果 $X \sim N(\mu, \sigma^2)$,且 σ^2 未知。从中抽取样本容量为 n 的样本,其方差为 s^2,则有

$$\frac{(n-1)s^2}{\sigma^2} \sim \chi^2(n-1) \tag{6.13}$$

这个随机变量中只含有未知参数 σ^2,所以可以根据给定的置信度及样本特征值,确定 σ^2 的置信区间。

下面给出置信度为 $1-\alpha$ 的 σ^2 的置信区间,即

$$P\{X_{1-\alpha/2}^2 < X^2 < X_{\alpha/2}^2\} = 1 - \alpha$$

因为随机变量 $\dfrac{(n-1)s^2}{\sigma^2}$ 服从自由度为 $n-1$ 的 X^2 分布，所以有

$$P\left\{X_{1-\alpha/2}^2 < \dfrac{(n-1)s^2}{\sigma^2} < X_{\alpha/2}^2\right\} = 1 - \alpha$$

经过变换，得

$$P\left\{X\dfrac{(n-1)s^2}{X_{\alpha/2}^2} < \sigma^2 < \dfrac{(n-1)s^2}{X_{1-\alpha/2}^2}\right\} = 1 - \alpha \tag{6.14}$$

即 σ^2 的置信度为 $1-\alpha$ 的双侧置信区间为

$$\left(\dfrac{(n-1)s^2}{X_{\alpha/2}^2},\ \dfrac{(n-1)s^2}{X_{1-\alpha/2}^2}\right) \tag{6.15}$$

总体标准差 σ 的双侧置信区间为

$$\left(\sqrt{\dfrac{(n-1)s^2}{X_{\alpha/2}^2}},\ \sqrt{\dfrac{(n-1)s^2}{X_{1-\alpha/2}^2}}\right) \tag{6.16}$$

【例 6-9】对某乳品厂生产的袋装鲜奶质量进行测量。随机抽出 20 袋，测得每袋平均质量为 250.8 g，标准差为 1.25 g。已知每袋质量服从正态分布，求 σ 的置信度为 90% 的置信区间。

解：已知 $\bar{x} = 250.8$ g，$s = 1.25$ g，$n = 20$，且 $1 - \alpha = 0.9$，查 X^2 分布表，得 $X_{\frac{0.1}{2}}^2(19) = 30.144$，$X_{1-\frac{0.1}{2}}^2(19) = 10.117$，所以总体标准差 σ 的置信区间为

$$\left(\sqrt{\dfrac{(n-1)s^2}{X_{\alpha/2}^2}},\ \sqrt{\dfrac{(n-1)s^2}{X_{1-\alpha/2}^2}}\right)$$

$$= \left(\sqrt{\dfrac{(20-1)1.25^2}{30.114}},\ \sqrt{\dfrac{(20-1)1.25^2}{10.117}}\right)$$

$$= (0.993,\ 1.713)$$

则每袋鲜奶质量的置信度为 90% 的标准差为 (0.993, 1.713)。

6.5 两个总体参数的区间估计

6.5.1 两个正态总体均值差的区间估计

两个总体均值之差的区间估计，根据方差已知或方差未知且相等分为两种情况，分别介绍如下。

（1）设总体 $X \sim N(\mu_1, \sigma_1^2)$，总体 $Y \sim N(\mu_2, \sigma_2^2)$，如果两个总体都为正态分布，$\sigma_1^2$ 及 σ_2^2 已知，或者两个总体不服从正态分布但两个样本都为大样本，根据抽样分布的知识，则有 $\bar{x} \sim N\left(\mu_1, \dfrac{\sigma_1^2}{n_1}\right)$，$\bar{y} \sim N\left(\mu_2, \dfrac{\sigma_2^2}{n_2}\right)$，$\bar{x} - \bar{y} \sim N\left(\mu_1 - \mu_2, \dfrac{\sigma_1^2}{n_1} + \dfrac{\sigma_2^2}{n_2}\right)$，从而两个样本均值之差标准化后服从标准正态分布，即

$$\frac{(\bar{x}-\bar{y})-(\mu_1-\mu_2)}{\sqrt{\frac{\sigma_1^2}{n_1}+\frac{\sigma_2^2}{n_2}}} \sim N(0,1) \qquad (6.17)$$

对于已知置信水平 $1-\alpha$，则有

$$P\left\{\frac{|(\bar{x}-\bar{y})-(\mu_1-\mu_2)|}{\sqrt{\frac{\sigma_1^2}{n_1}+\frac{\sigma_2^2}{n_2}}} < z_{\alpha/2}\right\} = 1-\alpha$$

即

$$P\left\{|(\bar{x}-\bar{y})-(\mu_1-\mu_2)| < \sqrt{\frac{\sigma_1^2}{n_1}+\frac{\sigma_2^2}{n_2}} \times z_{\alpha/2}\right\} = 1-\alpha$$

所以两个总体均值差 $\mu_1-\mu_2$ 的 $1-\alpha$ 置信区间为

$$(\bar{x}-\bar{y}) \pm z_{\alpha/2} \times \sqrt{\frac{\sigma_1^2}{n_1}+\frac{\sigma_2^2}{n_2}} \qquad (6.18)$$

当两个总体的方差 σ_1^2 及 σ_2^2 未知时，可用两个样本方差 s_1^2 及 s_2^2 来代替，这时两个总体均值差 $\mu_1-\mu_2$ 的 $1-\alpha$ 置信区间为

$$(\bar{x}-\bar{y}) \pm z_{\alpha/2} \times \sqrt{\frac{s_1^2}{n_1}+\frac{s_2^2}{n_2}} \qquad (6.19)$$

【例 6-10】 某地区的教育管理部门想估计两所高中的学生高考时数学平均分数之差，为此在两所学校独立抽取两个随机样本，有关数据是 $n_1=50$，$\bar{x}=90$，$s_1=6$；$n_2=60$，$\bar{y}=85$，$s_2=8$。试建立两所高中高考数学平均分之差 90% 的置信区间。

解：根据式 (6.19) 得

$$(\bar{x}-\bar{y}) \pm z_{\alpha/2} \times \sqrt{\frac{s_1^2}{n_1}+\frac{s_2^2}{n_2}} = (90-85) \pm 1.645 \times \sqrt{\frac{6^2}{50}+\frac{8^2}{60}}$$

即 $5 \pm 2.2 = (2.8, 7.2)$，两所高中高考数学平均分之差 90% 的置信区间为 $(2.8, 7.2)$。

(2) 设总体 $X \sim N(\mu_1, \sigma_1^2)$，$Y \sim N(\mu_2, \sigma_2^2)$，其中 σ_1^2 及 σ_2^2 未知，但 $\sigma_1^2 = \sigma_2^2$，则有

$$T = \frac{(\bar{x}-\bar{y})-(\mu_1-\mu_2)}{S_w\sqrt{\frac{1}{n_1}+\frac{1}{n_2}}} \sim t(n_1+n_2-2)$$

式中，$S_w = \sqrt{\frac{(n_1-1)S_1^2+(n_2-1)S_2^2}{n_1+n_2-2}}$。

对于已知的置信水平 $1-\alpha$，有

$$P\left\{\frac{|(\bar{x}-\bar{y})-(\mu_1-\mu_2)|}{S_w\sqrt{\frac{1}{n_1}+\frac{1}{n_2}}} < t_{\alpha/2}(n_1+n_2-2)\right\} = 1-\alpha$$

即

$$P\left\{|(\bar{x}-\bar{y})-(\mu_1-\mu_2)|<\sqrt{\frac{1}{n_1}+\frac{1}{n_2}}\cdot S_w\cdot t_{\alpha/2}(n_1+n_2-2)\right\}=1-\alpha$$

故可得两个总体均值差 $\mu_1-\mu_2$ 的置信水平为 $1-\alpha$ 的置信区间为

$$(\bar{x}-\bar{y})\pm t_{\alpha/2}\times S_w\times\sqrt{\frac{1}{n_1}+\frac{1}{n_2}} \tag{6.20}$$

【例6-11】为了估计磷肥对某种农作物的增产作用，分别各选10块土地，分别做施肥和不施肥的试验，设施肥的亩产量 $X\sim N(\mu_1,\sigma_1^2)$，不施肥的亩产量 $Y\sim N(\mu_2,\sigma_2^2)$。测得如下数据：$n_1=n_2=10$，$\bar{x}=600$，$\bar{y}=540$，$\sum_{i=1}^{10}(x_i-\bar{x})^2=6\,400$，$\sum_{i=1}^{10}(y_i-\bar{y})^2=2\,400$，取置信水平为95%，求施肥和不施肥的平均亩产之差 $\mu_1-\mu_2$ 的置信区间。

解：由题设知 $\bar{x}=600$，$\bar{y}=540$，有

$(n_1-1)S_1^2=\sum_{i=1}^{n_1}(x_i-\bar{x})^2=6\,400$，$(n_2-1)S_2^2=\sum_{i=1}^{n_1}(y_i-\bar{y})^2=2\,400$

$$S_w=\sqrt{\frac{(n_1-1)S_1^2+(n_2-1)S_2^2}{n_1+n_2-2}}=\sqrt{\frac{6\,400+2\,400}{10+10-2}}=22.11$$

由 $\alpha=0.05$，查表得 $t_{\alpha/2}(18)=2.10$。故 $\mu_1-\mu_2$ 的置信区间为

$$(\bar{x}-\bar{y})\pm t_{\alpha/2}\times S_w\times\sqrt{\frac{1}{n_1}+\frac{1}{n_2}}$$
$$=(600-540)\pm 2.10\times 22.11\times\sqrt{\frac{1}{10}+\frac{1}{10}}$$
$$=(60-20.764\,6,\ 60+20.764\,6)$$
$$=(39.235\,4,\ 80.764\,6)$$

故施肥和不施肥的平均亩产之差 $\mu_1-\mu_2$ 的置信区间为 $(39.235\,4,\ 80.764\,6)$。

6.5.2 两个总体比例之差的区间估计

假设两个总体的比例分别为 π_1 和 π_2，从中分别抽取容量为 n_1 和 n_2 的两个相互独立的简单随机样本，样本比例分别为 p_1 和 p_2。在大样本条件下，两个样本比例之差 p_1-p_2 的抽样分布近似服从正态分布，其数学期望为

$$E(p_1-p_2)=\pi_1-\pi_2$$

方差为

$$D(p_1-p_2)=\frac{\pi_1(1-\pi_1)}{n_1}+\frac{\pi_2(1-\pi_2)}{n_2}$$

即

$$p_1-p_2\sim N\left(\pi_1-\pi_2,\ \frac{\pi_1(1-\pi_1)}{n_1}+\frac{\pi_2(1-\pi_2)}{n_2}\right)$$

在实际应用中，除了要求 n_1、n_2 都大于等于30外，还要求 n_1p_1、$n_1(1-p_1)$、n_2p_2 和 $n_2(1-p_2)$ 都大于或等于5，且总体比例 π_1 和 π_2 不要太接近0或1，这时近似效果较好。于是，两个总体比例之差 $\pi_1-\pi_2$ 的置信度为 $1-\alpha$ 的置信区间为

$$(p_1-p_2)\pm z_{\alpha/2}\sqrt{\frac{\pi_1(1-\pi_1)}{n_1}+\frac{\pi_2(1-\pi_2)}{n_2}} \tag{6.21}$$

式中，$z_{\alpha/2}$ 是标准正态分布 $1-\alpha$ 置信水平的双侧分位数。因为 π_1 和 π_2 都是未知参数，将样本比例 p_1 和 p_2 代入公式，最后得到 $\pi_1 - \pi_2$ 的置信度为 $1-\alpha$ 的置信区间为

$$(p_1 - p_2) \pm z_{\alpha/2} \sqrt{\frac{p_1(1-p_1)}{n_1} + \frac{p_2(1-p_2)}{n_2}} \tag{6.22}$$

【例 6-12】对某个电视广告的收视率进行调查。在甲地区调查了 200 人，有 128 人收看过该广告，在乙地区调查了 225 人，有 90 人收看过该广告。试以 90% 的可靠性对该广告在两地收视率的差别做出区间估计。

解：假设用 p_1、p_2 分别表示某电视广告在甲、乙两地区的收视率，则由已知条件可知，$p_1 = \frac{128}{200} = 0.64$，$p_2 = \frac{90}{225} = 0.40$，$1-\alpha = 90\%$，$z_{\alpha/2} = 1.645$，由式（6.22）可得该广告在两地收视率之差的 90% 的置信区间为

$$(p_1 - p_2) \pm z_{\alpha/2} \sqrt{\frac{p_1(1-p_1)}{n_1} + \frac{p_2(1-p_2)}{n_2}}$$

$$= (0.64 - 0.40) \pm 1.645 \times \sqrt{\frac{0.64 \times (1-0.64)}{200} + \frac{0.40 \times (1-0.40)}{225}}$$

$$= 0.24 \pm 0.0775 = (0.1625, 0.3175)$$

计算结果表明，该广告在甲地区的收视率高于在乙地区的收视率，其 90% 的置信区间为 16.25% ~ 31.75%。

6.5.3 两个总体方差的区间估计

设总体 $X \sim N(\mu_1, \sigma_1^2)$，$Y \sim N(\mu_2, \sigma_2^2)$，当 μ_1 和 μ_2 都未知时，可知

$$\frac{(n-1)s^2}{\sigma^2} \sim x^2(n-1)$$

故有

$$\frac{(n_1-1)s_1^2}{\sigma_1^2} \sim X^2(n_1-1), \quad \frac{(n_2-1)s_2^2}{\sigma_2^2} \sim X^2(n_2-1)$$

因此

$$\frac{s_1^2/\sigma_1^2}{s_2^2/\sigma_2^2} = \frac{\dfrac{x^2(n_1-1)}{n_1-1}}{\dfrac{x^2(n_2-1)}{n_2-1}} \sim F(n_1-1, n_2-1)$$

对于置信水平 $1-\alpha$ 有

$$P\left\{ F_{1-\alpha/2}(n_1-1, n_2-1) < \frac{s_1^2/\sigma_1^2}{s_2^2/\sigma_2^2} < F_{\alpha/2}(n_1-1, n_2-1) \right\} = 1-\alpha$$

即

$$P\left\{ \frac{s_1^2}{s_2^2} \times \frac{1}{F_{\alpha/2}} < \frac{\sigma_1^2}{\sigma_2^2} < \frac{s_1^2}{s_2^2} \cdot \frac{1}{F_{1-\alpha/2}} \right\} = 1-\alpha$$

所以，两个总体方差比 $\dfrac{\sigma_1^2}{\sigma_2^2}$ 的置信水平为 $1-\alpha$ 的置信区间为

$$\left(\frac{s_1^2}{s_2^2} \cdot \frac{1}{F_{\alpha/2}},\ \frac{s_1^2}{s_2^2} \cdot \frac{1}{F_{1-\alpha/2}}\right) \qquad (6.23)$$

式中，$F_{\alpha/2}$，$F_{1-\alpha/2}$ 是分子自由度为 (n_1-1) 和分母自由度为 (n_2-1) 的 F 分布的上侧面积为 $\alpha/2$ 和 $1-\alpha/2$ 的分位数，且有 $F_{1-\alpha/2}(n_1, n_2) = \dfrac{1}{F_\alpha(n_2, n_1)}$。

【例 6-13】 已知两个正态总体 $X \sim N(\mu_1, \sigma_1^2)$，$Y \sim N(\mu_2, \sigma_2^2)$。其中，$\mu_1$ 和 μ_2 未知，分别测得有关数据为 $n_1 = 4$，$s_1^2 = 4.8$，$n_2 = 4$，$s_2^2 = 4.0$。试求方差比 $\dfrac{\sigma_1^2}{\sigma_2^2}$ 的置信水平为 90% 的置信区间。

解： 由题设知

$$\frac{s_1^2}{s_2^2} = \frac{4.8}{4.0} = 1.2,\quad F_{\alpha/2}(n_1-1, n_2-1) = F_{0.05}(3, 4) = 6.59$$

$$F_{1-\alpha/2}(n_1-1, n_2-1) = F_{0.95}(3, 4) = \frac{1}{F_{0.05}(4, 3)} = \frac{1}{9.12}$$

由式（6.23）知，所求 $\dfrac{\sigma_1^2}{\sigma_2^2}$ 的置信区间为

$$\left(\frac{s_1^2}{s_2^2} \cdot \frac{1}{F_{\alpha/2}},\ \frac{s_1^2}{s_2^2} \cdot \frac{1}{F_{1-\alpha/2}}\right) = \left(1.2 \times \frac{1}{6.59},\ 1.2 \times 9.12\right) = (0.182, 10.944)$$

即方差比 $\dfrac{\sigma_1^2}{\sigma_2^2}$ 的置信水平为 90% 的置信区间为 (0.182, 10.944)。

6.6 样本容量的确定

在参数区间估计的讨论中，估计值 $\hat{\theta}$ 和总体的参数 θ 之间存在着一定的差异，这种差异是由样本的随机性产生的。在样本容量不变的情况下，若要增加估计的可靠度，置信区间就会扩大，估计的精度就降低了。若要在不降低可靠性的前提下，增加估计的精确度，就只有扩大样本容量。当然，增大样本容量要受到人力、物力、财力和时间等条件的限制，所以需要在满足一定精确度的条件下，尽可能恰当地确定样本容量。通常来说，样本容量的确定与可以容忍的置信区间的宽度以及对此区间的置信水平有一定关系。因此，在给定的可容忍的误差范围内，如何确定一个最小的、适当的样本容量也是抽样估计的重要问题。

6.6.1 影响样本容量的因素

1. 总体的变异程度（总体方差 σ^2）

在其他条件相同的情况下，有较大方差的总体，样本的容量应该大一些，反之则应该小一些。例如，在正态总体均值的估计中，抽样平均误差为 $\sigma/\sqrt{n}$，它反映了样本均值相对于总体均值的离散程度。所以，当总体方差较大时，样本的容量也相应要大，这样才会使 $\sigma/\sqrt{n}$ 较小，以保证估计的精确度。

2. 允许误差的大小

允许误差指允许的抽样误差，记为 $|\hat{\theta} - \theta| = \Delta\theta$，例如，样本均值与总体均值之间的允

许误差可以表示为 $|\bar{x}-\mu|=\Delta_{\bar{x}}$，允许误差以绝对值的形式表现了抽样误差的可能范围，所以又称为误差。允许误差说明了估计的精度，所以，在其他条件不变的情况下，如果要求估计的精度高，允许误差就小，那么样本容量就要大一些；如要求估计的精确度不高，允许误差可以大些，则样本容量可以小一些。

3. 置信水平 $1-\alpha$ 的大小

置信水平 $1-\alpha$ 说明了估计的可靠程度。所以，在其他条件不变的情况下，如果要求较高的置信水平，就要增大样本容量；反之，可以相应减少样本容量。

4. 抽样方法的不同

在相同的条件下，重复抽样的抽样平均误差比不重复抽样的抽样平均误差大，所需要的样本容量也就不同。重复抽样需要更大的样本容量，不重复抽样的样本容量则可小一些。

6.6.2 估计总体均值时样本容量的确定

在总体均值的区间估计里，对于正态总体方差已知或非正态总体大样本时，总体均值的置信区间是由下式确定的，即

$$\bar{x} \pm z_{\alpha/2}\frac{\sigma}{\sqrt{n}}$$

总体均值的置信区间是由样本均值 $\bar{x}$ 和边际误差 $z_{\alpha/2}\dfrac{\sigma}{\sqrt{n}}$ 两部分组成的。

从图 6-8 中可以看到，从估计量 $\bar{x}$ 的取值到点 $\bar{x}+z_{\alpha/2}\dfrac{\sigma}{\sqrt{n}}$ 或从估计量 $\bar{x}$ 的取值到点 $\bar{x}-z_{\alpha/2}\dfrac{\sigma}{\sqrt{n}}$ 的距离实际上为置信区间长度的 $\dfrac{1}{2}$。这段距离表示在一定置信水平 $1-\alpha$ 下，用样本均值估计总体均值时所允许的最大误差，即边际误差 E。显然，若以 $\bar{x}$ 的取值为原点，则边际误差 E 可以表示为

$$E = z_{\alpha/2}\frac{\sigma}{\sqrt{n}} \tag{6.24}$$

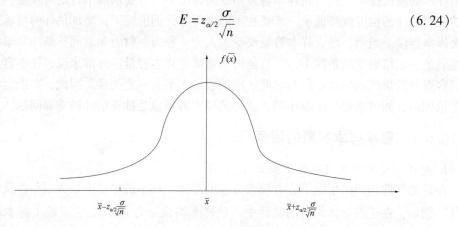

图 6-8 边际误差示意

式 (6.24) 反映了边际误差 E、可靠性系数 $z_{\alpha/2}$、总体标准差 σ 与样本容量之间的相互制约关系。只要这四个因素中的任意三个因素确定后，另一个因素也就确定了。

在重复抽样条件下，把边际误差 E 的计算公式 $E = z_{\alpha/2} \dfrac{\sigma}{\sqrt{n}}$ 变形整理，则得到样本容量的计算公式

$$n = \frac{z_{\alpha/2}^2 \sigma^2}{E^2} \tag{6.24}$$

式中，E 为使用者在给定的置信水平下可以接受的边际误差；$z_{\alpha/2}$ 的值直接由给定的置信水平 $1-\alpha$ 确定；σ^2 为总体方差（如果总体方差 σ^2 未知，则可用样本方差 s^2 代替 σ^2）。

由式（6.24）可以看出：

（1）样本容量 n 与置信度所对应的标准正态分布的双侧分位数 $z_{\alpha/2}$ 的平方成正比。置信度越高，要求样本容量就越大。

（2）样本容量 n 与总体方差 σ^2 成正比。总体方差越大，要求样本容量就越大。

（3）样本容量 n 与允许误差成反比。增大允许误差，也就是扩大置信区间的宽度，降低估计的精度，可以减少样本容量。

【例6-14】某食品厂要检验本月生产的 20 000 袋某产品的质量，根据以往的资料，这种产品每袋质量的标准差为 25 g。如果要求在 95.45% 的置信度下，平均每袋质量的误差不超过 5 g，应抽查多少袋产品？

解：由题意可知，$N = 20\ 000$，$\sigma = 25$ g，$E = 5$ g，根据置信度 $1-\alpha = 95.45\%$，有 $z_{\alpha/2} = 1.96$。在重复抽样的条件下，可得

$$n = \frac{z_{\alpha/2}^2 \sigma^2}{E^2} = \frac{1.96^2 \times 25^2}{5^2} = 97\ （袋）$$

即应抽查 97 袋产品。

在计算样本容量时，必须知道总体的方差，而在实际抽样调查前，往往总体的方差是未知的。在实际操作时，可以用过去的资料。若过去曾有若干个方差，则应该选样最大的，以保证抽样估计的精确度；也可以进行一次小规模的调查，用调查所得的样本方差来代替总体的方差。

6.6.3 估计总体比例时样本容量的确定

估计总体比例时样本容量的确定方法与估计总体均值是一样的。设 $E_p = |p - \pi|$ 为允许边际误差，在 $1-\alpha$ 的置信度下，重复抽样条件下边际误差有

$$E_p = |p - \pi| = z_{\alpha/2} \sqrt{\frac{\pi(1-\pi)}{n}}$$

解上面的方程，可得重复抽样条件下样本容量的公式为

$$n = \frac{z_{\alpha/2}^2 \pi(1-\pi)}{E^2} \tag{6.25}$$

在估计比例时，计算样本容量时需要总体的比例，但是总体的比例通常是未知的。在实际的抽样调查时，可先进行小规模的试调查，用求得的样本的比例来代替，也可用历史的资料。如果有若干个比例可供选择，则应选择最靠近 50% 的比例，使样本比例的方差最大，以保证估计的精确度。

【例 6-15】为了检查某企业生产的 10 000 个显像管的合格率,要确定样本的容量。根据以往经验合格率为 90%、91.7%。如果要求估计的允许误差不超过 0.027 5,置信水平为 95.45%。求应该取多少只显像管?

解:根据资料,我们应该选择 $\pi = 0.9$ 计算样本容量,根据置信水平 0.954 5,有

$$z_{\alpha/2} = 1.96, \quad E = 0.027\ 5$$

在重复抽样条件下,样本容量

$$n = \frac{z_{\alpha/2}^2 \pi(1-\pi)}{E^2} = \frac{1.96^2 \times 0.9 \times (1-0.9)}{0.027\ 5^2} = 457.18 \approx 458$$

即应该抽 458 只显像管。

6.7 如何使用软件进行参数估计

6.7.1 用 SPSS 求一个总体均值的置信区间(小样本)

第一步:选择"分析"→"比较均值—单样本 T 检验"选项,进入主对话框。

第二步:将变量选入"检验变量"框,在"选项"列表框中选择所需的置信水平(默认值为 95%),单击"确定"按钮。

也可以通过如下方法得到相同的置信区间:选择"分析"→"描述统计—探索"选项,将变量选入"因变量列表"框,单击"统计量"选项,在"描述性"选项下确定所需的置信水平(默认值为 95%),单击"继续"按钮,单击"确定"按钮。

6.7.2 用 SPSS 求两个总体均值之差的置信区间(独立小样本)

首先,把两个样本的观测值作为一个变量输入,然后设计另一个变量用于标记每个观测值所属的样本,最后按下列步骤操作。

第一步:选择"分析"→"比较均值—独立样本 T 检验"选项,进入主对话框。

第二步:将变量选入"检验变量"框,将分组变量选入"分组变量"框,并选择"定义组"选项,在"组 1"框后输入"1",在"组 2"框后输入"2",单击"继续"按钮回到主对话框,单击"确定"按钮。

第三步:单击"选项"列表框,选择所需的置信水平(默认值为 95%)。单击"继续"回到主对话框。单击"确定"按钮。

用 SPSS 求两个配对小样本时总体均值之差的置信区间与上述步骤类似。只需要选择"分析"→"比较均值—配对样本 T 检验"选项,并将两个样本同时选入"成对变量"框即可。

关键术语:

概率抽样 抽样分布 中心极限定理 标准误差 估计量 点估计 区间估计
置信水平

习 题

一、单项选择题

1. 抽样调查的目的在于（　　）。
   A. 了解总体的基本情况　　　　　　B. 用样本指标推断总体指标
   C. 对样本进行全面调查　　　　　　D. 了解样本的基本情况
2. 抽样调查所特有的误差是（　　）。
   A. 由于样本的随机性而产生的误差　　B. 登记误差
   C. 系统性误差　　　　　　　　　　D. A、B、C 都错
3. 为检验产品的质量，一个连续性生产的工厂在一天中每隔 1 h 取下 5 min 的产品做全部检验，这是（　　）。
   A. 分层抽样　　　B. 系统抽样　　　C. 整群抽样　　　D. 简单随机抽样
4. 抽样误差大小（　　）。
   A. 可以事先计算，但不能控制　　　B. 不可事先计算，但能控制
   C. 能够控制和消灭　　　　　　　　D. 能够控制，但不能消灭
5. 有一批灯泡共 1 000 箱，每箱 200 个，现随机抽取 20 箱并检查这些箱中全部灯泡，此种检验属于（　　）。
   A. 简单随机抽样　　B. 分层抽样　　C. 整群抽样　　　D. 系统抽样
6. 在抽样推断中，抽样误差是（　　）。
   A. 可以避免的　　　　　　　　　　B. 可避免且可控制的
   C. 不可避免且无法控制的　　　　　D. 不可避免，但可控制的
7. 抽样估计中最常用的分布理论是（　　）。
   A. t 分布理论　　B. 二项分布理论　　C. 正态分布理论　　D. 超几何分布理论
8. 样本平均数的可靠性和样本量的大小（　　）。
   A. 没有一定关系　　B. 成反比　　C. 没有关系　　　D. 成正比
9. 区间估计依据的原理是（　　）。
   A. 概率论　　　　B. 抽样分布理论　　C. 小概率事件　　　D. 总体分布
10. 已知总体的均值为 100、标准差为 10。从该总体中随机抽取容量为 100 的样本，则样本均值的抽样分布的标准差为（　　）。
    A. 100　　　　　　B. 10　　　　　　C. 1　　　　　　D. 50

二、简答题

1. 什么是总体分布和样本分布？二者有什么联系？
2. 什么是抽样分布？它受哪些因素影响？
3. 简述评估估计量的标准。
4. 解释中心极限定理的含义。
5. 怎样理解置信区间？

三、计算题

1. 设总体由 1、3、5、7 四个数字组成,现从中用简单随机抽样形式(重复抽样)抽取三个数字构成样本,要求:
   (1)列出样本均值的抽样分布。
   (2)计算样本均值抽样分布的期望与方差。
   (3)计算抽样标准误差。

2. 设体标准差为 10,从中抽取一个样本量为 36 的样本,样本均值为 66。要求:
   (1)计算样本均值的抽样标准差 $\sigma_{\bar{x}}$。
   (2)在 99% 的置信水平下,估计误差是多少?

3. 某研究公司想要估计每个学生每周的平均花费金额。选取 64 名顾客组成了一个简单随机样本。
   (1)假定总体标准差为 25 元,求样本均值的抽样标准误差。
   (2)在 95% 的置信水平下,求边际误差。
   (3)假定样本均值为 350 元,求总体均值的 99% 的置信区间。

4. 从总体中抽取一个 $n = 160$ 的简单随机样本,得到 $\bar{x} = 60$,$s = 15$。要求:
   (1)构建 μ 的 90% 的置信区间。
   (2)构建 μ 的 95% 的置信区间。

5. 为调查某中学学生的每月购书支出水平,在全校 2 550 名学生中,用重复简单随机抽样形式抽取一个容量为 15 的样本。经调查,每个抽中学生上个月的购书支出金额如下:

   63　95　97　19　57　49　45　95　36　25　45　88　45　29　84

   求置信水平分别为 90%、95%、99% 时该月平均购书支出额的置信区间。

6. 某地区粮食播种面积共 3 000 亩①,随机抽取 100 亩进行实测。调查结果,平均亩产为 500 kg,亩产的标准差为 50 kg。试以 90% 的置信度估计该地区粮食平均亩产量置信区间。

7. 从一个正态总体中随机抽取样本量为 10 的样本,各样本值分别为:20、23、21、22、25、28、21、25、25、27。求总体均值 μ 的 95% 的置信区间。

8. 某企业生产的袋装食品采用自动打包机包装,每袋标准质量为 100 g。现从某天生产的一批产品中按重复抽样随机抽取 50 包进行检查,测得每包质量(单位:g)如下:

每包质量/g	包数
96 ~ 98	2
98 ~ 100	3
100 ~ 102	34

---

① 1 亩 = 666.666 667 m²。

续表

每包质量/g	包数
102~104	7
104~106	4
合计	50

已知食品每包质量服从正态分布，要求：

(1) 确定该种食品平均质量的95%的置信区间。

(2) 如果规定食品质量低于100 g属于不合格，确定该批食品合格率的95%的置信区间。

9. 某汽车制造厂为了测定某种型号汽车轮胎的使用寿命，随机抽取16只作为样本进行寿命测试，计算出轮胎平均寿命为43 000km，标准差为4 120km，试以95%的置信度推断该厂这批汽车轮胎的平均使用寿命。

10. 利用下面的样本数据构建总体比例 π 的置信区间：

(1) $n=38$，$p=0.44$，置信水平为95%。

(2) $n=100$，$p=0.67$，置信水平为90%。

(3) $n=160$，$p=0.88$，置信水平为99%。

11. 对某一选举区内随机抽取的100位选民的民意调查表明，他们中的55%支持某位候选人，求置信区间分别为95%、99%、99.73%时，所求选民中支持这位候选人的比例。

12. 某企业生产一批灯泡10 000只，随机抽取100只做耐用时间试验和合格检验，测算结果，平均使用时间为2 000 h，标准差为12 h，其中有20只不合格。

要求：

(1) 确定该批灯泡平均耐用时间95%的置信区间。

(2) 确定该批灯泡合格率95%的置信区间。

13. 根据下面的结果，构建总体方差 σ^2 的置信区间。

(1) $\bar{x}=20$，$s^2=15$，$n=30$，置信水平为90%。

(2) $\bar{x}=120$，$s^2=30$，$n=20$，置信水平为95%。

14. 某土畜进出口公司出口一种名茶，抽样检验结果如下：

每包质量 x/g	包数 f/包	xf
148~149	10	1 485
149~150	20	2 990
150~151	50	7 525
151~152	20	3 030
合计	100	150 30

又知这种茶叶每包规格质量不低于150 g，试在99%的置信水平下，进行下列计算：

(1) 确定方差的估计区间。

(2) 估计这批茶叶的质量范围,确定是否达到规格质量要求。

15. 50名女生和75名男生参加某标准化考试,这些女生的平均分数为76分,样本标准差为6;这些男生的平均分数为82分,样本标准差为8。假设男生和女生的考试成绩均服从正态分布,μ_1表示所有男生的平均分数,μ_2为所有女生的平均分数,求$\mu_1 - \mu_2$的95%的置信区间。

16. 从一个$\sigma_1 = 5$的正态总体$N(\mu_1, \sigma_1^2)$中选出样本容量为25的随机样本,$\bar{x} = 80$;从另一个$\sigma_2 = 3$的正态总体$N(\mu_2, \sigma_2^2)$中选出样本容量为36的随机样本,其$\bar{y} = 80$,求两个总体均值之差$\mu_1 - \mu_2$的95%的置信区间。

17. 一家银行负责人想知道储户存入两家银行的钱数,他从每家银行各抽了一个由25户构成的样本。银行A与B的样本均值分别为450元和325元。假定两个总体服从方差分别为$\sigma_A^2 = 750$,$\sigma_B^2 = 850$的正态分布,求:

(1) 两家银行总体均值之差$\mu_A - \mu_B$的95%的置信区间。

(2) 两家银行总体均值之差$\mu_A - \mu_B$的99%的置信区间。

18. 对某个品牌使用情况进行调查。在甲地区调查了400人,有228人使用该品牌;在乙地区调查了300人,有177人使用该品牌。试以90%的可靠性对该品牌在两地使用的差别做出区间估计。

19. 某地要调查某种疾病的发病率。从历史资料得知,这种疾病的发病率为8%。问:如果要这种疾病发病率的估计的抽样标准误差为0.05,那么在采用随机抽样时需要多大的样本量?

20. 某公司加工车间200名工人加工同种零件,全体工人每加工一件零件所需时间(单位:min)$x \sim N(\mu, 5^2)$,今欲抽选部分工人所构成的简单随机样本,根据部分工人每生产一件零件平均所耗时间推算全体工人每生产一件零件平均所耗时间,并要求置信度达到95%,允许误差不超过3 min,试问:应抽多少工人才合适?

第七章

假设检验

学习目标

知识目标

➢ 理解假设检验的基本思想、步骤和两类错误。
➢ 掌握单个总体均值的假设检验,了解两个总体均值的假设检验。
➢ 掌握单个总体比例的假设检验,了解两个总体比例的假设检验。
➢ 掌握单个总体方差的假设检验,了解两个总体方差的假设检验。

能力目标

学会在统计实践工作中使用假设检验进行统计推断。

案例导读

抽奖真的公正吗?

当某个我们认为不大可能发生的事情因为某些因素而发生了,就会产生疑问:"不会这么凑巧吧?"如在某公司节日联欢会的抽奖活动中,特等奖的奖品被该公司的总经理抽得,一等奖的奖品被该公司的副总经理抽得,这时人们也会发出这样的疑问。这是因为在随机抽奖的情况下,每个人抽中的可能性都是一样的,尽管总经理有抽中的可能性,普通员工也有抽中的可能,但全体普通员工群体与总经理一人相比,普通员工由于人多,抽中的可能性更大。退一步来讲,即使总经理抽中是正常的,但是,副总经理在本次抽奖活动中也同时抽中,这种可能性就比较小了,更巧合的是得奖的顺序也是以职务高低排列,如此可能性就更小了。因此,人们有理由怀疑这次抽奖活动的公正性。这实际上就是人们在运用假设检验。

本章知识将告诉我们，为了检验感兴趣的假设，可以建立零假设和备择假设，然后利用获得的样本信息来判断假设是否成立。

参数估计（Parameter Estimation）和假设检验（Hypothesis Testing）是统计推断的两个组成部分，它们都是利用样本对总体进行某种推断，但推断的角度不同。参数估计讨论的是用样本统计量来估计总体参数，总体参数 μ 在估计前是未知的。在假设检验中，则是先对 μ 的值提出一个假设，然后利用样本信息去检验这个假设是否成立。因此，也可以说，本章讨论的内容是如何利用样本信息，对假设成立与否做出判断的一套程序。

7.1 假设检验的基本问题

7.1.1 假设问题的提出

假设检验是推论统计中的一项重要内容。在现实生活中，有大量的事例可以归结为假设检验的问题。本章的内容不妨从下面的例子谈起。

【例 7-1】由统计资料得知，1989 年某地新生儿的平均体重为 3 190 g，现从 1990 年的新生儿中随机抽取 100 个，测得其平均体重为 3 210 g，问：1990 年的新生儿与 1989 年相比，体重有无显著差异？

解：从调查结果看，1990 年新生儿的平均体重为 3 210 g，比 1989 年新生儿的平均体重 3 190 g 增加了 20 g，但这 20 g 的差异可能源于不同的情况。一种情况是，1990 年新生儿的体重与 1989 年相比没有什么差别，20 g 的差异是抽样的随机性造成的；另一种情况是，抽样的随机性不可能造成 20 g 这样大的差异，1990 年新生儿的体重与 1989 年新生儿的体重相比确实有所增加。

上述问题的关键点是，20 g 的差异说明了什么？这个差异能不能用抽样的随机性来解释？为了回答这个问题，我们可以采取假设的方法。假设 1989 年和 1990 年新生儿的体重没有显著差异，如果用 μ_0 表示 1989 年新生儿的平均体重，用 μ 表示 1990 年新生儿的平均体重，我们的假设可以表示为 $\mu = \mu_0$ 或 $\mu - \mu_0 = 0$。现要利用 1990 年新生儿体重的样本信息检验上述假设是否成立。如果成立，则说明这两年新生儿的体重没有显著差异；如果不成立，则说明 1990 年新生儿的体重有了明显增加。在这里，问题是以假设的形式提出的，问题的解决方案是检验提出的假设是否成立。所以假设检验的实质是检验我们关心的参数——1990 年的新生儿总体平均体重是否等于某个我们感兴趣的数值。

7.1.2 假设的表达式

统计的语言是用一个等式或不等式表示问题的原假设。在新生儿体重这个例子中，原假设采用等式的方式，即

$$H_0: \mu = 3\ 190\ (\text{g})$$

这里 H_0 表示原假设（Null Hypothesis）。由于原假设（H_0）的下标用 0 表示，所以有些文献中将此称为"零假设"。μ 是我们要检验的参数，即 1990 年新生儿总体体重的均值。该

表达式提出的命题是，1990 年的新生儿与 1989 年的新生儿在体重上没有什么差异。显然，3 190 g 是 1989 年新生儿总体的均值，是我们感兴趣的数值。如果用 μ_0 表示感兴趣的数值，那么原假设更一般的表达式为

$$H_0: \mu = \mu_0 \text{ 或 } H_0: \mu - \mu_0 = 0$$

尽管原假设陈述的是两个总体的均值相等，却并不表示它是既定的事实，仅是假设而已。如果原假设不成立，就要拒绝原假设，而需要在另一个假设中做出选择，这个假设称为备择假设（Alternative Hypothesis）。在我们的例子中，备择假设的表达式为

$$H_1: \mu \neq 3\ 190\ (g)$$

式中，H_1 表示备择假设，它意味着 1990 年的新生儿与 1989 年的新生儿在体重上有明显差异。备择假设更一般的表达式为

$$H_1: \mu \neq \mu_0 \text{ 或 } H_1: \mu - \mu_0 \neq 0$$

原假设与备择假设互斥，肯定原假设，意味着放弃备择假设；否定原假设，意味着接受备择假设。由于假设检验是围绕着对原假设是否成立而展开的，因此有些文献也把备择假设称为替换假设，表明当原假设不成立时的替换。

7.1.3 假设检验的步骤

（1）提出假设，即提出原假设和备择假设。在前面新生儿体重这个例子中，原假设和备择假设分别为

$$H_0: \mu = 3\ 190\ (g)$$
$$H_1: \mu \neq 3\ 190\ (g)$$

一般而言，原假设和备择假设是一个完备事件组，相互对立；当原假设确定之后，备择假设也随之确定。一般假设的设定采取如下形式：

①原假设 $H_0: \mu = \mu_0$，备择假设 $H_1: \mu \neq \mu_0$，这种类型的假设检验称为双侧检验。
②原假设 $H_0: \mu \leq \mu_0$，备择假设 $H_1: \mu > \mu_0$，这种类型的假设检验称为右侧检验。
③原假设 $H_0: \mu \geq \mu_0$，备择假设 $H_1: \mu < \mu_0$，这种类型的假设检验称为左侧检验。

右侧检验和左侧检验统称为单侧检验。采用双侧检验还是单侧检验，应视研究的问题性质而定。

（2）设计检验统计量。所设计的检验统计量应与原假设相关，与待检验参数的估计量相关，但不能包含待检验的未知参数，且能够知道当原假设 H_0 为真时该统计量的具体分布。

（3）给定显著性水平和确定相应的临界值。显著性水平（Significance Level）表示假设 H_0 为真时拒绝原假设的概率，也就是拒绝原假设所冒的风险，用 α 表示。α 一般取值很小，常取 $\alpha = 0.1$，0.05，0.01。给定了显著性水平 α，也就确定了原假设 H_0 的接受区域和拒绝区域。这两个区域的交界点就是临界值。比如取 $\alpha = 0.05$，则意味着原假设 H_0 为真时，检验统计量落在其拒绝区域内的概率只有 5%，而落入其接受区域内的概率为 95%。应当指出，对于同一的显著性水平 α，选择不同的检验统计量，得到的临界值是不同的；对于同一显著性水平 α 和同一的统计量，双侧检验（One - tailed Test）和单侧检验（One - sided Test）的临界值也是不同的，如图 7 - 1 所示。

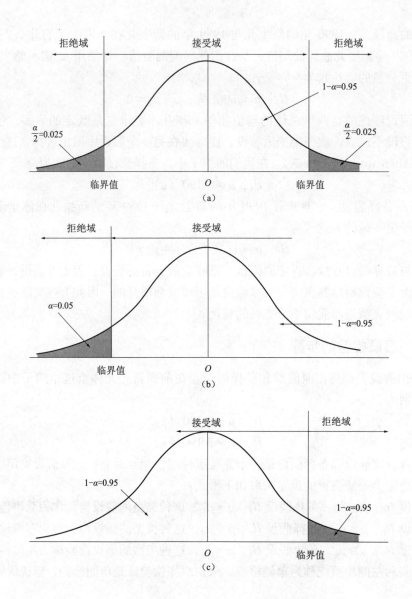

图 7-1 双侧检验、左侧检验和右侧检验示意

(a) 双侧检验；(b) 左侧检验；(c) 右侧检验

（4）依据假设检验的规则，由样本资料计算出检验统计量的实际值，与临界值比较，视实际值落入接受区域还是拒绝区域，做出接受或拒绝原假设 H_0 的结论。

7.1.4 两类错误和假设检验的规则

对于原假设提出的命题，我们需要做出判断，这种判断可以用"原假设正确"或"原假设错误"来表述。当然，这是依据样本提供的信息进行判断的，也就是由部分来推断总体。因而判断有可能正确，也有可能不正确，也就是说，我们面临着犯错误的可能。所犯的错误有两种类型，第Ⅰ类错误是原假设 H_0 为真却被我们拒绝了。犯这种错误的概率用 α 表示，所以也称 α 错误（α error）或弃真错误；第Ⅱ类错误是原假设为伪，我们却没有拒绝。

犯这种错误的概率用 β 表示，所以也称 β 错误（β error）或取伪错误。在前面的例子中，α 错误和 β 错误分别意味着什么呢？

α 错误：原假设 $H_0: \mu = 3\,190$（g）是正确的，但我们做出了错误的判断，认 $H_0: \mu \neq 3\,190$（g），即在假设检验中拒绝了本来是正确的原假设，这时犯了弃真错误。

β 错误：原假设 $H_0: \mu = 3\,190$（g）是错误的，我们却认为原假设 $H_0: \mu = 3\,190$（g）是成立的，即在假设检验中没有拒绝本来是错误的原假设，这时犯了取伪错误。

由此看出，当原假设 H_0 为真，我们却将其拒绝，犯这种错误的概率用 α 表示，那么，当 H_0 为真，我们没有拒绝 H_0，则表明做出了正确的决策，其概率自然为 $1-\alpha$；当原假设 H_0 为伪，我们却没有拒绝 H_0，犯这种错误的概率用 β 表示，那么，当 H_0 为伪，我们拒绝 H_0，这也是正确的决策，其概率为 $1-\beta$，如表 7-1 所示。

表 7-1　假设检验决策结果表

决策	H_0 是真实的	H_0 是不真实的
拒绝 H_0	第 Ⅰ 类错误（α）	正确（$1-\beta$）
接受 H_0	正确（$1-\alpha$）	第 Ⅱ 类错误（β）

由假设检验做出的决策既可能犯弃真错误又可能犯取伪错误。弃真错误称作假设检验的第 Ⅰ 类错误，取伪错误称作假设检验的第 Ⅱ 类错误。假设检验犯第 Ⅰ 类错误的原因是，在原假设为真的情况下，检验统计量不巧刚好落入小概率的拒绝区域，从而导致拒绝了原假设。因而，第 Ⅰ 类错误发生的概率就是显著性水平 α，第 Ⅱ 类错误发生的概率记为 β。

概率 α 和 β 是密切相关的，在样本一定的条件下，减小 α，就增大了 β；反之，增大 α，就减小了 β（见图 7-2）。

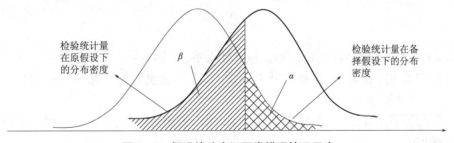

图 7-2　假设检验中犯两类错误情况示意

一般来说，哪一类错误所带来的后果严重、危害大，在假设检验中就应当把哪一类错误作为首要的控制目标。但在假设检验中，大家都在执行这样一个原则，即首先控制犯 α 错误原则。这样做的原因主要有两点：一方面，大家都遵循一个统一的原则，讨论问题就比较方便。但这还不是最主要的，最主要的原因在于，从实用的观点看，原假设是什么常常是明确的，而备择假设是什么常常是模糊的。在前面所举的新生儿体重的例子中，原假设 $H_0: \mu = 3\,190$（g）的数量标准十分清楚，而备择假设 $H_1: \mu \neq 3\,190$（g）的数量标准则比较模糊。我们不知道是 $\mu > 3\,190$（g），还是 $\mu < 3\,190$（g），而且大的程度也不清楚。显然，对于一个含义清楚的假设和一个含义模糊的假设，我们更愿意接受前者。

鉴于犯第Ⅰ类错误与第Ⅱ类错误的概率 α 与 β 的相互关系，在一定的样本容量下，期望两者都非常小是困难的。从而，在假设检验中，在控制犯第Ⅰ类错误的概率 α 的条件下，尽可能使犯第Ⅱ类错误的概率 β 减小。在假设检验实践中，该原则的含义是：原假设要受到维护，使它不至于被轻易否定，若要否定原假设，必须有充分的理由。

7.2　总体均值的假设检验

7.2.1　单个总体均值的检验

本节将在上一节的基础上介绍假设检验的具体应用。与参数估计类似，研究一个总体时，要检验的参数主要是总体均值 μ、总体比例 π 和总体方差 σ^2。本节主要研究总体均值 μ 的检验情况。

1. 大样本的检验方法

假设检验中重要的一步是确定适当的检验统计量。根据抽样分布的知识，在大样本的情况下，样本均值的抽样分布近似服从正态分布，其抽样标准差为 $\sigma/\sqrt{n}$，将样本均值 $\bar{x}$ 经过标准化后即可得到检验的统计量。可以证明，样本均值经过标准化后服从标准正态分布，因而采用正态分布的检验统计量。设假设的总体均值为 μ_0，当总体方差 σ^2 已知时，总体均值检验的统计量为

$$z = \frac{\bar{x} - \mu_0}{\sigma/\sqrt{n}}$$

当总体方差 σ^2 未知时，可以用样本方差 s^2 来近似替代总体方差，此时总体均值检验的统计量为

$$z = \frac{\bar{x} - \mu_0}{s/\sqrt{n}}$$

当 $\mu = \mu_0$ 时，z 服从 $N(0, 1)$。给定显著性水平 α，则有：

（1）原假设 H_0：$\mu = \mu_0$，备择假设 H_1：$\mu \neq \mu_0$，检验规则为：当 $|z| \geq z_{\alpha/2}$ 时，拒绝 H_0；当 $|z| < z_{\alpha/2}$，不能拒绝 H_0。

（2）原假设 H_0：$\mu \leq \mu_0$，备择假设 H_1：$\mu > \mu_0$，检验规则为：当 $z \geq z_\alpha$ 时，拒绝 H_0；当 $z < z_\alpha$，不能拒绝 H_0。

（3）原假设 H_0：$\mu \geq \mu_0$，备择假设 H_1：$\mu < \mu_0$，检验规则为：当 $z \leq -z_\alpha$ 时，拒绝 H_0；当 $z > -z_\alpha$，不能拒绝 H_0。

以上三个假设检验的拒绝区域如图 7-1 所示，拒绝区域的面积为 α。

【例 7-2】某机床厂加工一种零件，根据经验知道，该厂加工零件的椭圆度渐近服从正态分布，其总体均值为 0.081 mm，今另换一种新机床进行加工，取 200 个零件进行检验，得到椭圆度均值为 0.076 mm，样本标准差为 0.025 mm，问：新机床加工零件的椭圆度总体均值与以前有无显著差别？

解：在这个例题中，我们所关心的是新机床加工零件的椭圆度总体均值与老机床加工零件的椭圆度均值 0.081 mm 是否有显著差别，于是可以假设：

$$H_0: \mu = 0.081 \text{ (mm)}$$
$$H_1: \mu \neq 0.081 \text{ (mm)}$$

这是一个双侧检验的问题，所以只要 $\mu > \mu_0$ 或 $\mu < \mu_0$ 二者之中有一个成立，就可以拒绝原假设。由题意可知，$\mu = 0.081$ mm，$s = 0.025$ mm，$\bar{x} = 0.076$ mm。因为 $n > 30$，故选用 z 统计量，有

$$z = \frac{\bar{x} - \mu_0}{s/\sqrt{n}} = \frac{0.076 - 0.081}{0.025/\sqrt{200}} = -2.83$$

通常，取 $\alpha = 0.05$ 或 $\alpha = 0.01$。这表明，当做出接受原假设的决定时，其正确的概率为 95% 或 99%。此时不妨取 $\alpha = 0.05$，查表可以得到临界值：$z_{\alpha/2} = \pm 1.96$。

因为 $|z| > |z_{\alpha/2}|$，根据决策准则，故拒绝 H_0 可以认为新老机床加工零件椭圆度的均值有显著差别。

【例 7-3】某批发商欲从厂家购进一批灯泡，根据合同规定灯泡的使用寿命平均不能低于 1 000 h。已知灯泡燃烧寿命服从正态分布，标准差为 200 h。在总体中随机抽取了 100 个灯泡，得知样本均值为 960 h，批发商是否应该购买这批灯泡？

解：这是一个单侧检验问题。显然，如果灯泡的燃烧寿命超过 1 000 h，批发商是欢迎的，因为他用已定的价格（灯泡寿命为 1 000 h 的价格）购进了更高质量的产品。因此，如果样本均值超过 1 000 h，他会购进这批灯泡。问题在于样本均值为 960 h 他是否应当购进。因为即便总体均值为 1 000 h，由于抽样的随机性，样本均值略小于 1 000 h 的情况也会经常出现。在这种场合下，批发商更为关注可以容忍的下限，即当灯泡寿命低于什么水平时拒绝。于是，检验的形式为

$$H_0: \mu \geq 1\,000 \text{ (h)}$$
$$H_1: \mu < 1\,000 \text{ (h)}$$

采用左单侧检验，在该例中已知 $\mu_0 = 1\,000$，$\bar{x} = 960$，$\sigma = 200$，$n = 100$，并假定显著性水平 $\alpha = 0.05$ 拒绝域在左侧，所以临界值为负，即 $z_\alpha = -1.645$（z 的下标 α 表示单侧检验）。

进行检验的过程为

$$z = \frac{\bar{x} - \mu_0}{\sigma/\sqrt{n}} = \frac{960 - 1\,000}{200/\sqrt{100}} = -2$$

由于 $|z| > |z_\alpha|$，即 z 的值位于拒绝域，因此拒绝 H_0，即这批灯泡的使用寿命低于 1 000 h，批发商不应购买。

2. 小样本的检验方法

在小样本（$n < 30$）情形下，检验统计量的选择与总体是否服从正态分布、总体方差是否已知有着密切关系。本节的内容都是首先以总体服从正态分布为假定前提的，然后再依据总体方差是否已知来选择合适的检验统计量。

当总体方差 σ^2 已知时，即使是小样本情况下，检验统计量的公式（6.1）仍然服从标准正态分布，因而用式（6.1）给出的检验统计量对总体均值进行检验，检验的程序与大样本时完全相同，不再进行赘述。这里着重介绍小样本情形下总体方差未知时总体均值的检验方法。此时检验统计量为

$$t = \frac{\bar{x} - \mu_0}{s/\sqrt{n}}$$

式中，s 是样本标准差。

当 $\mu = \mu_0$ 时，根据抽样分布理论，统计量 t 服从 $t(n-1)$。给定显著性水平 α，则有：

（1）原假设 H_0：$\mu = \mu_0$，备择假设 H_1：$\mu \neq \mu_0$，检验规则为：当 $|t| \geq t_{\alpha/2}(n-1)$ 时，拒绝 H_0；当 $|t| < t_{\alpha/2}(n-1)$ 时，不能拒绝 H_0。

（2）原假设 H_0：$\mu \leq \mu_0$，备择假设 H_1：$\mu > \mu_0$，检验规则为：当 $t \geq t_\alpha(n-1)$ 时，拒绝 H_0；当 $t < t_\alpha(n-1)$ 时，不能拒绝 H_0。

（3）原假设 H_0：$\mu \geq \mu_0$，备择假设 H_1：$\mu < \mu_0$，检验规则为：当 $t \leq -t_\alpha(n-1)$ 时，拒绝 H_0；当 $t > -t_\alpha(n-1)$ 时，不能拒绝 H_0。

以上三个假设检验的拒绝区域如图 7-1 所示，拒绝区域的面积为 α。因为 t 分布与正态分布很相似，故当 $n > 30$ 时，二者就基本重合了。

【例 7-4】某电子元件批量生产的质量标准为平均使用寿命 1 200 h，标准差为 150 h。某厂宣称它采用一种新工艺生产的元件质量大大超过规定标准。为了进行验证，随机抽取 20 件作为样本，测得平均使用寿命为 1 245 h。能否说该厂的元件质量显著高于规定标准？

解：首先需要规定检验的方向。在本例中，某厂称其产品质量大大超过规定标准 1 200 h，要检验这个宣称是否可信，因而是单侧检验。从逻辑上看，如果样本均值低于 1 200 h，则电子元件厂的宣称会被拒绝，即使略高于 1 200 h，也会被拒绝。只有当样本均值大大超过 1 200 h，以至于用抽样的随机性也难以解释时，才能认为该厂产品质量确实超过规定标准。所以，用右单侧检验更为适宜。

由题意可知，$\mu_0 = 1\,200$，$\bar{x} = 1\,245$，$\sigma = 150$，$n = 20$，并规定 $\alpha = 0.05$。虽然 $n < 30$，但由于 σ 已知，因此可以使用 z 统计量。此时，进行检验的过程为

$$H_0: \mu \leq 1\,200 \text{（h）}$$
$$H_1: \mu > 1\,200 \text{（h）}$$

$$z = \frac{\bar{x} - \mu_0}{\sigma/\sqrt{n}} = \frac{1\,245 - 1\,200}{150/\sqrt{20}} = 1.34$$

因为这是右单侧检验，所以拒绝域在右侧，查表得到临界值 $z_\alpha = 1.645$。

由于 $z = 1.34$ 在非拒绝域，因此不能拒绝 H_0，即还不能说该厂产品质量显著高于规定标准。

【例 7-5】某机器制造出的肥皂厚度为 5 cm，今欲了解机器性能是否良好，随机抽取 10 块肥皂作为样本，测得平均厚度为 5.3 cm，标准差为 0.3 cm，试以 0.05 的显著性水平检验机器性能良好的假设。

解：如果机器性能良好，生产出的肥皂厚度将在 5 cm 上下波动，过薄或过厚都不符合产品质量标准，所以，根据题意，这是双侧检验问题。

由于总体 σ 未知，且样本量 n 较小，因此应采用 t 统计量。

已知条件为：$\mu_0 = 5$，$\bar{x} = 5.3$，$s = 0.3$，$n = 10$，$\alpha = 0.05$，故有

$$H_0: \mu = 5$$

$$H_1: \mu \neq 5$$

$$t = \frac{\bar{x} - \mu_0}{s/\sqrt{n}} = \frac{5.3 - 5}{0.3/\sqrt{10}} = 3.16$$

当 $\alpha = 0.05$，自由度 $n - 1 = 9$ 时，查表得 $t_{\alpha/2}(9) = 2.2622$。因为 $t > t_{\alpha/2}$ 样本统计量落入拒绝域，故拒绝 H_0，接受 H_1，即说明该机器的性能不好。

t 检验一般用于小样本检验，往往是已知服从正态分布但方差未知。随着样本容量 n 的增大，t 分布趋近于标准正态分布（有些 t 分布表就编到 30 为止，超过 30 的就查正态分布表），所以在大样本情形下，总体方差未知时对总体均值的假设检验可近似采用 z 检验。对于非正态总体，大样本情况下，在对总体均值假设检验时，也可采用 z 检验，选择检验统计量公式，如果 σ 未知，则可以用 s 代替。

7.2.2 两个正态总体均值之差的检验

样本 $x_1, x_2, \cdots, x_{n1}$ 来自正态总体 $N(\mu_1, \sigma_1)$，$y_1, y_2, \cdots, y_{n2}$ 来自正态总体 $N(\mu_2, \sigma_2)$，构造检验统计量，有

$$z = \frac{\bar{x} - \bar{y}}{\sqrt{\dfrac{\sigma_1^2}{n_1} + \dfrac{\sigma_2^2}{n_2}}}$$

当 $\mu_1 = \mu_2$ 时，z 服从 $N(0, 1)$。因此，采用 z 检验。

【例 7-6】 有两种方法可用于制造某种以抗拉强度为重要特征的产品。根据以往的资料得知，第一种方法生产出的产品抗拉强度的标准差为 8 kg；第二种方法的标准差为 10 kg。从采用两种方法生产的产品中各抽一个随机样本，样本量分别为 $n_1 = 32$，$n_2 = 40$。测得 $\bar{x}_1 = 50$ kg，$\bar{x}_2 = 44$ kg。问：采用这两种方法生产出来的产品平均抗拉强度是否有显著差别（$\alpha = 0.05$）？

解： 由于检验两种方法生产出的产品在抗拉强度上是否存在显著差别并不涉及方向，因此是双侧检验。现建立假设并进行检验：

$$H_0: \mu_1 - \mu_2 = 0$$
$$H_1: \mu_1 - \mu_2 \neq 0$$

本题中 σ_1^2，σ_2^2 已知，故应选用 z 作为检验统计量，有

$$z = \frac{(\bar{x}_1 - \bar{x}_2) - (\mu_1 - \mu_2)}{\sqrt{\dfrac{\sigma_1^2}{n_1} + \dfrac{\sigma_2^2}{n_2}}}$$

已知 $\bar{x}_1 = 50$，$\bar{x}_2 = 44$，$\sigma_1^2 = 8^2$，$\sigma_2^2 = 10^2$，$n_1 = 32$，$n_2 = 40$，故 $z = 2.83$。$\alpha = 0.05$ 时，$z_{\alpha/2} = 1.96$。

因为 $z > z_{\alpha/2}$，所以拒绝 H_0，即采用两种方法生产出来的产品其平均抗拉强度有显著差别。

如果两个总体方差 σ_1^2 和 σ_2^2 未知但相等，即 $\sigma_1 = \sigma_2 = \sigma$。构造检验统计量，有

$$t = \frac{\bar{x} - \bar{y}}{s_p \sqrt{\frac{1}{n_1} + \frac{1}{n_2}}}$$

$$s_p = \sqrt{\frac{(n_1 - 1)s_1^2 + (n_2 - 1)s_2^2}{n_1 + n_2 - 2}}$$

当 $\mu_1 = \mu_2$ 时，t 服从 $t(n_1 + n_2 - 2)$。因此，采用 t 检验。

【例7-7】某废水中的镉含量服从正态分布，先用标准方法与新方法同时测定该样本中镉含量。其中新方法测定10次，平均测定结果为5.28 μg/L，标准差为1.11 μg/L；标准方法测定9次，平均测定结果为4.03 μg/L，标准差为1.04 μg/L。问：两种测定结果有无显著差异？

解：依题意建立假设，有

$$H_0: \mu_1 - \mu_2 = 0$$
$$H_1: \mu_1 - \mu_2 \neq 0$$

$$s_p = \sqrt{\frac{(n_1 - 1)s_1^2 + (n_2 - 1)s_2^2}{n_1 + n_2 - 2}} = \sqrt{\frac{9 \times 1.11^2 + 8 \times 1.04^2}{10 + 9 - 2}} = \sqrt{1.16} = 1.08$$

根据检验统计量，有

$$t = \frac{\bar{x} - \bar{y}}{s_p \sqrt{\frac{1}{n_1} + \frac{1}{n_2}}} = \frac{5.28 - 4.03}{1.08 \times \sqrt{\frac{1}{10} + \frac{1}{9}}} = 2.53$$

取显著性水平 $\alpha = 0.05$，$t_{0.025}(17) = 2.11$。从而拒绝 H_0，即认为两种测定结果有显著性差异。

7.2.3 两个非正态总体均值之差的检验

样本 $x_1, x_2, \cdots, x_{n1}$ 来自正态总体 $N(\mu_1, \sigma_1)$，$y_1, y_2, \cdots, y_{n2}$ 来自两个非正态总体，当样本容量 n_1 和 n_2 较大（$n \geq 30$）时，构造检验统计量，有

$$z = \frac{\bar{x} - \bar{y}}{\sqrt{\frac{\sigma_1^2}{n_1} + \frac{\sigma_2^2}{n_2}}} \quad 或 \quad z = \frac{\bar{x} - \bar{y}}{\sqrt{\frac{s_1^2}{n_1} + \frac{s_2^2}{n_2}}}$$

当 $\mu_1 = \mu_2$ 时，z 近似服从 $N(0, 1)$。因此，两个非正态总体均值之差的检验可采用 z 检验。

7.3 总体比例的检验

7.3.1 一个总体比例的检验

所谓比例，是指具有某一特征的总体单位在总体中所占的比例，用 π 表示。如果将具有该特征的总体单位赋值"1"，不具有该特征的总体单位赋值"0"，则总体比例即总体均值，相应的总体方差为 $\pi(1-\pi)$。同理，样本比例 p 是一种样本均值。在大样本情况下，并且 $np > 5$，$n(1-p) > 5$，根据中心极限定理，p 近似服从

$$N\left(\pi, \frac{\pi(1-\pi)}{n}\right)$$

如果要检验的假设为 $H_0: \pi = \pi_0$，$H_1: \pi \neq \pi_0$（或 $\pi > \pi_0, \pi < \pi_0$），则可以构造检验统计量，即

$$z = \frac{p - \pi_0}{\sqrt{\frac{\pi_0(1-\pi_0)}{n}}}$$

当 $\pi = \pi_0$ 时，z 近似服从标准正态分布 $N(0, 1)$，因此，总体成数的大样本检验采用 z 检验。

【例 7-8】一项统计结果声称，某市老年人口（年龄在 65 岁以上）所占的比例为 14.7%，该市老年人口研究会为了检验该项统计是否可靠，随机抽选了 400 名居民，发现其中有 57 人年龄在 65 岁以上。调查结果是否支持该市老年人口比例为 14.7% 的看法（$\alpha = 0.05$）？

解：$H_0: \pi = 14.7\%$；$H_1: \pi \neq 14.7\%$。

$$p = \frac{57}{400} = 0.1425 = 14.25\%$$

$$z = \frac{p - \pi_0}{\sqrt{\frac{(1-\pi_0)\pi_0}{n}}} = \frac{0.1425 - 0.147}{\sqrt{\frac{(1 - 0.147) \times 0.147}{400}}} = -0.254$$

这是一个双侧检验，当 $\alpha = 0.05$ 时，有

$$z_{\alpha/2} = \pm 1.96$$

由于 $|z| < |z_{\alpha/2}|$，故不能拒绝 H_0，即可以认为调查结果支持了该市老年人口所占比例为 14.7% 的看法。

【例 7-9】某公司负责人发现开出去的发票有大量笔误，而且断定这些发票中，错误的发票占 20% 以上。随机检查 400 张，发现错误的发票占 25%。这是否可以证明负责人的判断正确（显著性水平为 0.05）？

解：依题意建立假设：

$$H_0: \pi \leq 0.2;\ H_1: \pi > 0.2$$

检验统计量 $z = \dfrac{p - \pi_0}{\sqrt{\dfrac{(1-\pi_0)\pi_0}{n}}} = \dfrac{0.25 - 0.2}{\sqrt{\dfrac{0.2 \times 0.8}{400}}} = 2.5$

因为 $z_{0.05} = 1.65$，从而拒绝 H_0，即负责人的判断是正确的。

7.3.2 两个总体比例之差的检验

在大样本条件下，两个样本比例之差的抽样分布近似为正态分布。若令

$$z^* = \frac{p_1 - p_2}{\sqrt{\frac{\pi_1(1-\pi_1)}{n_1} + \frac{\pi_2(1-\pi_2)}{n_2}}}$$

由于 z^* 含有未知参数 π_1 和 π_2，因此不能称为检验统计量。当 $\pi_1 = \pi_2$ 时，π_1 和 π_2 的联合估计值为

$$p = \frac{x_1 + x_2}{n_1 + n_2} = \frac{p_1 n_1 + p_2 n_2}{n_1 + n_2}$$

式中，x_1 表示样本 n_1 中具有某种特征的单位数；x_2 表示样本 n_2 中具有某种特征的单位数。故 $p_1 - p_2$ 标准差的估计值为

$$\sqrt{\frac{p(1-p)}{n_1} + \frac{p(1-p)}{n_2}}$$

在大样本条件下，统计量 z 的表达式为

$$z = \frac{p_1 - p_2}{\sqrt{\frac{p(1-p)}{n_1} + \frac{p(1-p)}{n_2}}}$$

当 $\pi_1 = \pi_2$ 时，z 近似服从标准正态分布 $N(0,1)$，因此，两个总体成数之差的检验可采用 z 检验。

【例 7-10】为了研究地势对小麦锈病发病率的影响，调查了低洼地麦田小麦 378 株，其中锈病株 342 株，还调查了高坡地麦田小麦 396 株，其中锈病株 313 株。若取显著性水平为 0.01，比较两块麦田小麦锈病发病率是否有显著差异。

解：依题意建立假设，有

$$H_0: \pi_1 = \pi_2;\ H_1: \pi_1 \neq \pi_2$$

$$p_1 = \frac{342}{378} = 0.905,\ p_2 = \frac{313}{396} = 0.790$$

$$p = \frac{x_1 + x_2}{n_1 + n_2} = \frac{p_1 n_1 + p_2 n_2}{n_1 + n_2} = \frac{342 + 313}{378 + 396} = 0.846$$

检验统计量 $\quad z = \dfrac{p_1 - p_2}{\sqrt{\dfrac{p(1-p)}{n_1} + \dfrac{p(1-p)}{n2}}} = 4.423$

取显著性水平 $\alpha = 0.01$，$z_{0.005} = 2.58$，$z > z_{0.005}$，从而拒绝 H_0，即认为两块麦田小麦锈病发病率有显著差异。

7.4 总体方差的检验

7.4.1 一个正态总体方差的检验

总体方差 σ^2 是用样本方差 s^2 来估计的。根据抽样分布理论，检验统计量

$$X^2 = \frac{(n-1)s^2}{\sigma_0^2}$$

服从 $X^2(n-1)$。给定显著性水平 α，则有：

(1) 原假设 $H_0: \sigma^2 = \sigma_0^2$，备择假设 $H_1: \sigma^2 \neq \sigma_0^2$，检验规则为：当 $X^2 \geq X_{\alpha/2}^2(n-1)$ 或 $X^2 \leq X_{1-\alpha/2}^2(n-1)$ 时，拒绝 H_0，否则不能拒绝 H_0。

(2) 原假设 $H_0: \sigma^2 \leq \sigma_0^2$，备择假设 $H_1: \sigma^2 > \sigma_0^2$，检验规则为：当 $X^2 \geq X_\alpha^2(n-1)$ 时，拒绝 H_0，否则不能拒绝 H_0。

(3) 原假设 $H_0: \sigma^2 \geq \sigma_0^2$，备择假设 $H_1: \sigma^2 < \sigma_0^2$，检验规则为：当 $X^2 \leq X^2_{1-\alpha}(n-1)$ 时，拒绝 H_0，否则不能拒绝 H_0。

【例 7-11】根据设计要求，某零件的内径标准差不得超过 0.30（单位：cm），现从该产品中随意抽取了 25 件，测得样本标准差为 0.36，问：检验结果是否说明该产品的标准差明显增大（显著性水平为 0.05）？

解：依题意建立假设，有

$$H_0: \sigma^2 \leq 0.30^2, \quad H_1: \sigma^2 > 0.30^2$$

检验统计量

$$X^2 = \frac{(n-1)s^2}{\sigma_0^2} = \frac{(25-1) \times 0.36^2}{0.30^2} = 34.56$$

取显著性水平 $\alpha = 0.05$，$X^2_\alpha(n-1) = 36.4$，因此，不能拒绝 H_0，即没有理由认为该产品的标准差超过了 0.30 cm。

7.4.2 两个正态总体方差之比的检验

根据抽样分布理论，检验统计量，有

$$F = \frac{s_1^2}{s_2^2}$$

服从 $F(n_1-1, n_2-1)$。给定显著性水平 α，则有：

(1) 原假设 $H_0: \sigma^2 = \sigma_0^2$，备择假设 $H_1: \sigma^2 \neq \sigma_0^2$，检验规则为：当 $F \geq F_{\alpha/2}(n_1-1, n_2-1)$ 或 $F \leq F_{1-\alpha/2}(n_1-1, n_2-1) = 1/F_{\alpha/2}(n_1-1, n_2-1)$ 时，拒绝 H_0，否则不能拒绝 H_0。

(2) 原假设 $H_0: \sigma^2 \leq \sigma_0^2$，备择假设 $H_1: \sigma^2 > \sigma_0^2$，检验规则为：当 $F \geq F_\alpha(n_1-1, n_2-1)$ 时，拒绝 H_0，否则不能拒绝 H_0。

(3) 原假设 $H_0: \sigma^2 \geq \sigma_0^2$，备择假设 $H_1: \sigma^2 < \sigma_0^2$，检验规则为：当 $F \leq 1/F_\alpha(n_1-1, n_2-1)$ 时，拒绝 H_0，否则不能拒绝 H_0。

【例 7-12】甲、乙两台机床加工产品的直径服从正态分布，现测得样本数据如下：$n_1 = 9$，$s_1^2 = 0.17$；$n_2 = 6$，$s_2^2 = 0.14$。问：这两个正态分布的方差是否相等（$\alpha = 0.1$）？

解：建立假设，有

$$H_0: \sigma_1^2 = \sigma_2^2, \quad H_1: \sigma_1^2 \neq \sigma_2^2$$

检验统计量

$$F = \frac{s_1^2}{s_2^2} = \frac{0.17}{0.14} = 1.214$$

当 $\alpha = 0.1$ 时，$F_{\alpha/2}(8, 5) = 4.82$，$F_{1-\alpha/2}(8, 5) = 1/F_{\alpha/2}(5, 8) = 1/3.69 = 0.27$ 由于 $0.27 < 1.214 < 4.82$，所以不能拒绝 H_0，即没有理由认为两个正态分布的方差不相等。

7.5 检验问题的进一步说明

在前面各种类型的检验中，我们采用是否拒绝原假设 H_0 的方式来达到检验目的。事实上，原假设是对于总体分布的某个未知特征的一种猜测，我们并不知道这个猜测是否正确。但是在选择 α 作为显著性的标准时，是在 H_0 为真的前提下进行的。即正常情况下，事件结

果应该与原假设 H_0 相差不远,如果发生了与 H_0 不一致的、概率小于显著性水平 α 的事件,则拒绝 H_0;否则,不拒绝 H_0。这种反证法的特点,保证了犯第 Ⅰ 类错误的概率不超过 α,即错误地拒绝 H_0 的概率不超过 α,但无法提供有关犯第 Ⅱ 类错误的信息,即不知道错误地接受 H_0 的概率。因此,对于显著性水平 α 的检验准则而言,如果出现拒绝 H_0 的结果,我们可以说"结论 H 为真出错的概率不超过 α"。

从假设检验的原理看,不拒绝原假设意味着我们所构造的与原假设相矛盾的小概率事件没有发生,但可能会有许多其他的与原假设矛盾的小概率事件,我们没有也无法证实所有的这些小概率事件不会发生,因此,我们把假设检验中出现接受 H 的结果解释为"没有发现充足的证据反对 H_0",或更严格地解释为"在显著性水平 α 下没有发现充足的证据反对 H_0",而不是"接受原假设 H_0",因为我们无法证明原假设是真的。

7.6 如何使用软件进行假设检验

现以检验一个总体均值为例,进行说明。

【例 7-13】某克山病区测得 11 例克山病患者与 13 名健康人的血磷值 mmol/L,如表 7-2 所示。问:该地急性克山病患者与健康人的血磷值是否不同?

表 7-2 克山病区调查数据结果

单位:mmol/L

患者	0.84	1.05	1.20	1.20	1.39	1.53	1.67	1.80	1.87	2.07	2.11
健康人	0.54	0.64	0.64	0.75	0.76	0.81	1.16	1.20	1.34	1.35	1.48

(1)录入数据。将组别设为 g,可将患者组设为 1,健康人组设为 2,血磷值设为 x,如患者组中第一个测量到的血磷值为 0.84,则 g 为 1,x 为 0.84,其他数据均仿此录入,如图 7-3 所示。

图 7-3 数据输入界面

(2) 统计分析。依次选择"Analyze""Compare Means""Independent-Samples T Test"选项,如图7-4所示。

图7-4 选择分析工具

(3) 弹出对话框,如图7-5所示。将 x 选入"Test Variables",将 g 选入"Grouping Variable",并单击下方的"Define Groups"按钮,弹出定义组对话框,默认选项为"Use Specified Value",在"Group1"框和"Group2"框中分别填入"1"和"2",即要对组别变量值为1和2的两个组做 t 检验。另外,可在"Options"对话框中选择置信度和处理缺失值的方法。

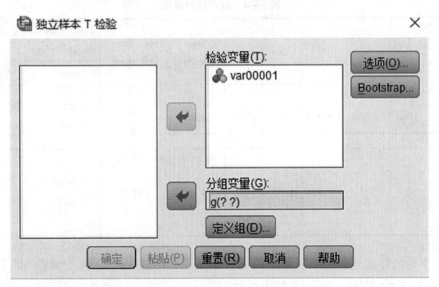

图7-5 选择变量进入右侧的分析列表

SPSS 输出的结果(见图7-6)和结果(见表7-4)说明:

应用统计学

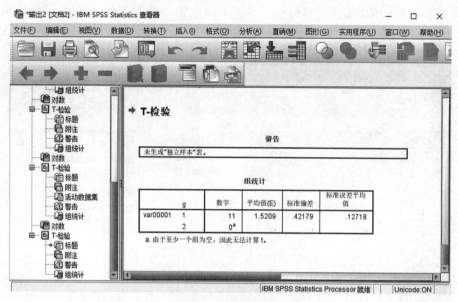

图 7-6 输出结果

表 7-3 统计量描述列表

	G	N	Mean	Std. Deviation	Std. Error Mean
VAR00001	1	11	1.5209	.4218	.1272
	2	13	1.0846	.4221	.1171

表 7-4 假设检验结果

	F	Sig.	t	df	Sig.	Mean Difference	Std. Error Difference	95% Confidence Interval of the Difference	
								Lower	Upper
Equal variances assumed	.032	.860	2.524	22	.019	.4363	.1729	7.777 E-02	.7948
Equal variances not assumed			2.524	21.353	.020	.4363	.1729	7.716 E-02	.7954

表 7-3 是统计描述，给出了两个组的样本数 N、均值 Mean、标准偏差 Std. Deviation、标准误差 Std. Error Mean。表 7-4 分两部分。

(1) 方差齐次检验（Levene 检验）。$F=0.032$，$P(\text{Sig})=0.860$。

(2) t 检验。因方差齐次 Equal variances assumed 与方差不齐 Equal variances not assumed 方法不同，方差不齐结果分两行给出。由使用者根据方差齐次检验结果来判断。本例尚不能认为方差不齐,故取方差齐次的结果 $t = 2.524$,自由度 $df = 22$,双侧 t 检验概率 $= 0.019$,即可认为两组间血磷值有差别。结果中还给出了两组间差值的均值标准误差和95%置信区间。

关键术语

假设检验　原假设　备择假设　两类错误　显著性水平

习题

一、选择题

1. 某一贫困地区所估计的营养不良人数高达20%,然而有人认为这个比例实际上还要高,要检验该说法是否正确,则假设形式为（　　）。

   A. $H_0: \pi \leq 0.2$; $H_1: \pi > 0.2$　　　　B. $H_0: \pi = 0.2$; $H_1: \pi \neq 0.2$

   C. $H_0: \pi \geq 0.2$; $H_1: \pi < 0.2$　　　　D. $H_0: \pi < 0.2$; $H_1: \pi \geq 0.2$

2. 一项新的减肥计划声称:在计划实施的第一个月内,参加者的体重平均至少可以减轻8 kg。随机抽取40位参加该项计划的人组成一个样本,样本结果显示:体重平均减少7 kg,标准差为3.2 kg,要检验该项减肥计划是否成功,原假设和备择假设是（　　）。

   A. $H_0: \mu \leq 8$; $H_1: \mu > 8$　　　　B. $H_0: \mu \geq 8$; $H_1: \mu \leq 8$

   C. $H_0: \mu \leq 7$; $H_1: \mu > 7$　　　　D. $H_0: \mu \geq 7$; $H_1: \mu \leq 7$

3. 在假设检验中,原假设所表达的含义是（　　）。

   A. 参数发生了变化　　　　　　　B. 参数没有发生变化

   C. 变量之间存在某种关系　　　　D. 参数是错误的

4. 在假设检验中,备择假设所表达的含义是（　　）。

   A. 参数发生了变化　　　　　　　B. 参数没有发生变化

   C. 变量之间没有关系　　　　　　D. 参数是正确的

5. 在假设检验中,不拒绝原假设意味着（　　）。

   A. 原假设肯定是正确的　　　　　B. 原假设肯定是错误的

   C. 没有证据证明原假设是正确的　D. 没有证据证明原假设是错误的

6. 在假设检验中,第Ⅰ类错误是指（　　）。

   A. 当原假设正确时,拒绝原假设　　　B. 当原假设错误时,拒绝原假设

   C. 当备择假设正确时,没有拒绝原假设　D. 当备择假设不正确时,没有拒绝备择假设

7. 下列假设检验中,属于右侧检验的是（　　）。

   A. $H_0: \mu = \mu_0$; $H_1: \mu \neq \mu_0$　　　　B. $H_0: \mu \geq \mu_0$; $H_1: \mu < \mu_0$

   C. $H_0: \mu \leq \mu_0$; $H_1: \mu > \mu_0$　　　　D. $H_0: \mu > \mu_0$; $H_1: \mu \leq \mu_0$

8. 下列假设检验中属于左侧检验的是（　　）。

   A. $H_0: \mu = \mu_0$; $H_1: \mu \neq \mu_0$　　　　B. $H_0: \mu \geq \mu_0$; $H_1: \mu < \mu_0$

   C. $H_0: \mu \leq \mu_0$; $H_1: \mu > \mu_0$　　　　D. $H_0: \mu > \mu_0$; $H_1: \mu \leq \mu_0$

9. 一家汽车生产企业在广告中宣称:"该公司的汽车可以保证在2年或24 000 km内无事故",但该汽车的一个经销商认为,保证"2年"这一项是不必要的,因为该企业生产的

汽车车主在 2 年内行驶的平均里程超过 24 000 km。假定这位经销商要检验假设 H_0：$\mu \leqslant 24\,000$；H_1：$\mu > 24\,000$，抽取容量 $n = 32$ 个车主的一个随机样本，计算出 2 年行驶里程的平均值 $\bar{x} = 24\,517$ km，标准差为 $s = 1\,866$ km，计算出的检验统计量为（　　）。

A. $z = 1.57$　　　B. $z = -1.57$　　　C. $z = 2.33$　　　D. $z = -2.33$

10. 一项研究发现，2017 年新购买小汽车的人中有 40% 是女性。在 2018 年所做的一项调查中，随机抽取 120 个新车主中有 57 人为女性，在 $\alpha = 0.05$ 的显著性水平下，检验 2017 年新车主中女性比例是否有显著增加，建立的原假设和备择假设分别为 H_0：$\pi \leqslant 40\%$；H_1：$\pi > 40\%$。检验的结论是（　　）。

A. 拒绝原假设　　　　　　　　　　B. 不拒绝原假设
C. 可以拒绝，也可以不拒绝原假设　　D. 可能拒绝，也可能不拒绝原假设

二、简答题

1. 假设检验和参数估计有什么相同点和不同点？
2. 什么是假设检验中的显著性水平？统计显著是什么意思？
3. 什么是假设检验中的两类错误？
4. 两类错误之间存在什么样的数量关系？
5. 假设检验依据的基本原理是什么？
6. 在单侧检验中，原假设和备择假设的方向应该如何确定？

三、计算题

1. 已知某炼铁厂的铁水含碳量服从正态分布 $N(4.55, 0.108^2)$，现在测定了 9 炉铁水，其平均含碳量为 4.484。如果估计方差没有变化，能否认为现在生产的铁水平均含碳量为 4.55（$\alpha = 0.05$）？

2. 有一种元件，要求其使用寿命不得低于 700 h。现从一批这种元件中随机抽取 36 件，测得其平均寿命为 680 h。已知该元件寿命服从正态分布，$\sigma = 60$ h，试在显著性水平 0.05 下确定这批元件是否合格。

3. 某地区小麦的一般生产水平为亩产 250 kg，其标准差为 30 kg。现用一种化肥进行试验，从 25 个地块抽样，平均产量为 270 kg。这种化肥是否使小麦明显增产（$\alpha = 0.05$）？

4. 糖厂用自动打包机打包，每包的标准质量是 100 kg。每天开工后需要检验一次打包机工作是否正常。某日开工后测得 9 包质量（单位：kg）如下：

99.3　98.7　100.5　101.2　98.3　99.7　99.5　102.1　100.5

已知每包的质量服从正态分布，试检验该日打包机工作是否正常（$\alpha = 0.05$）。

5. 某种大量生产的袋装食品按规定不得少于 250 g。今从一批该食品中任意抽取 50 袋，发现有 6 袋低于 250 g。若规定不符合标准的比例超过 5% 就不得出厂，问：该批食品能否出厂（$\alpha = 0.05$）？

6. 某厂家在广告中声称，该厂生产的汽车轮胎在正常条件下行驶距离超过目前的平均水平 25 000 km。对一个由 15 个轮胎组成的随机样本做了试验，得到样本均值和标准差分别为 27 000 km 和 5 000 km。假定轮胎寿命服从正态分布，问：该厂家的广告所声称的内容是

否真实（$\alpha=0.05$）？

7. 某种电子元件的寿命 x 服从正态分布。现测得 16 只元件的寿命（单位：h）如下：

159　280　101　212　224　379　179　264
222　362　168　250　149　260　485　170

是否有理由认为，元件的平均寿命显著地大于 225 h（$\alpha=0.05$）？

8. 随机抽取 9 个单位，测得结果分别为：

85　59　66　81　35　57　55　63　66

以 $\alpha=0.05$ 的显著性水平对下述假设进行检验：$H_0: \sigma^2 \leq 100$，$H_1: \sigma^2 > 100$。

9. A、B 两厂生产同样的材料。已知其抗压强度服从正态分布，且 $\sigma_A^2=63^2$，$\sigma_B^2=57^2$。从 A 厂生产的材料中随机抽取 81 个样品，测得 $\bar{x}_A=1\,070$ kg/cm²；从 B 厂生产的材料中随机抽取 64 个样品，测得 $\bar{x}_B=1\,020$ kg/cm²。根据以上调查结果，能否认为 A、B 两厂生产的材料的平均抗压强度相同（$\alpha=0.05$）？

10. 装配一个部件可以采用不同的方法，所关心的问题是哪一个方法的效率更高。劳动效率可以用平均装配时间来反映。现从不同的装配方法中各抽取 12 件产品，记录各自的装配时间（单位：min）如下：

甲方法：31　34　29　32　35　38　34　30　29　32　31　26
乙方法：26　24　28　29　30　29　32　26　31　29　32　28

两总体为正态总体，且方差相同，问：这两种方法的装配时间有无显著差别（$\alpha=0.05$）？

11. 调查了 339 名 50 岁以上的人，在 205 名吸烟者中有 43 个患慢性气管炎，在 134 名不吸烟者中有 13 人患慢性气管炎。调查数据能否支持"吸烟者容易患慢性气管炎"这种观点（$\alpha=0.05$）？

12. 为了控制贷款规模，某商业银行有个内部要求。平均每项贷款的数额不能超过 60 万元。随着经济的发展，贷款规模有增大的趋势。银行经理想了解在同样的项目条件下，贷款的平均规模是否明显地超过 60 万元，故一个 $n=144$ 的随机样本被抽出，测得 $\bar{x}=68.1$（万元），$s=45$。在 $\alpha=0.01$ 的显著性水平下采用 P 值进行检验。

13. 有一种理论认为，服用阿司匹林有助于减少心脏病的发生。为了进行验证，研究人员把自愿参与试验的 22 000 人随机平均分成两组，一组人员每星期服用三次阿司匹林（样本 1），另一组人员在相同的时间服用安慰剂（样本 2）。持续 3 年之后进行检测，样本 1 中有 104 人患心脏病，样本 2 中有 189 人患心脏病。以 $\alpha=0.05$ 的显著性水平检验服用阿司匹林是否可以降低心脏病发生率。

14. 某工厂制造螺栓，规定螺栓口径为 7.0 cm，方差为 0.03 cm。今从一批螺栓中抽取 80 个测量其口径，得平均值为 6.97 cm，方差为 0.037 5 cm。假定螺栓口径服从正态分布，问：这批螺栓是否达到规定的要求（$\alpha=0.05$）？

15. 有人说，在大学中男生的学习成绩比女生的学习成绩好。现从一所学校中随机抽取 25 名男生和 16 名女生，对他们进行相同题目的测试。测试结果表明，男生的平均成绩为 82 分，方差为 56 分，女生的平均成绩为 78 分，方差为 49 分。假设显著性水平 $\alpha=0.02$，从上述数据中能得到什么结论？

第八章

相关与回归分析

学习目标

知识目标

- ➢ 掌握相关关系的分析方法。
- ➢ 掌握一元线性回归的基本原理和参数的最小二乘估计。
- ➢ 了解回归直线的拟合优度。
- ➢ 了解回归方程的显著性检验的方法。
- ➢ 掌握利用回归方程进行估计和预测的方法。
- ➢ 了解多元线性回归的原理。
- ➢ 了解非线性回归的种类。

能力目标

掌握用 Excel 进行回归的方法。

案例导读

"回归"是由英国著名生物学家兼统计学家高尔顿（Francis Galton，1822—1911，生物学家达尔文的表弟）在研究人类遗传问题时提出来的。为了研究父代与子代身高的关系，高尔顿搜集了 1 078 对父亲及其儿子的身高数据。他发现，这些数据的散点图大致呈直线状态，也就是说，总的趋势是父亲的身高增加时，儿子的身高也倾向于增加。但是，高尔顿对试验数据进行了深入分析，发现了一个很有趣的现象——回归效应。因为当父亲高于平均身高时，他们儿子的身高比他更高的概率要小于比他更矮的概率；父亲矮于平均身高时，他们儿子的身高比他更矮的概率要小于比他更高的概率。它反映了一个规律，即这两种身高父亲的儿子的身高，有向他父辈的平均身高回归的趋势。对于这个一般结论的解释是：大自然具有一种约束力，使人类身高的分布相对稳定而不产生两极分化，这就是所谓的回归效应。

有趣的是，通过观察，高尔顿还注意到，尽管这是一种拟合较好的线性关系，但仍然存在例外现象：矮个父母所生的儿子比其父要高，身材较高的父母所生子女的身高却回降到多数人的平均身高。换句话说，当父母身高走向极端，子女的身高不会像父母身高那样极端化，其身高要比父母们的身高更接近平均身高，即有回归到平均数去的趋势，这就是统计学上最初出现"回归"时的含义，高尔顿把这一现象叫作"向平均数方向的回归"（Regression Toward Mediocrity）。虽然这是一种特殊情况，与线性关系拟合的一般规则无关，但"线性回归"的术语因此沿用下来，并作为根据一种变量（父母身高）来预测另一种变量（子女身高）或多种变量关系的描述方法。

相关与回归分析是处理数值型变量之间相关关系的一种统计方法，是现代统计学的一项重要内容。通过相关分析，可以判断两个或两个以上的变量之间是否存在相关关系，以及相关关系的方向和密切程度。而回归分析是对具有相关关系现象间数量变化的规律性进行计算与测定的理论与方法，即通过建立一个回归方程式，并对所建立的回归方程式的参数进行估计，分析、判断其有效性，以便进一步进行估计和预测。现在，相关与回归分析已经广泛应用于企业管理、商业决策和金融分析等社会科学以及自然科学的许多研究领域。

8.1 变量间的关系

在生产和经营活动中，经常要对变量之间的关系进行分析。例如，在企业生产中，要对影响生产成本的各种因素进行分析，以达到控制成本的目的；在农业生产中，需要研究农作物产量与施肥量之间的关系，以便分析施肥量对产量的影响，进而确定合理的施肥量；在商业活动中，需要分析广告费支出与销售量之间的关系，进而通过广告费支出来预测销售量，等等。统计分析的目的在于根据统计数据确定变量之间的关系形态及关联的程度，并探索内在的数量规律。人们在实践中发现，变量之间的关系可分为两种类型，即函数关系和相关关系。

8.1.1 函数关系

函数关系是指现象之间存在的确定性的数量依存关系。在这种关系中，当某一变量或某些变量取任意一个值时，另一个变量会有一个确定值与之严格相对应，并且这种对应关系可以用一个数学表达式来反映。例如，圆的面积 s 与半径 r 之间的关系可以表示为 $s=\pi r^2$，从公式可以看出，圆的面积和圆的半径之间存在着严格的一一对应关系，圆的面积随半径而变动，半径一旦确定，圆的面积也随之确定。在现实世界中，这样的函数关系十分广泛地存在着。有些函数关系是现象之间内在的联系，有些函数关系则是基于某种定义确定的，例如，商品库存额与库存商品周转速度之间的关系，国内生产总值与总产出及中间投入之间的关系等。

变量间的函数关系是一一对应的确定性的关系，一般可以用下面的公式表示，即

$$y=f(x) \tag{8.1}$$

8.1.2 相关关系

1. 相关关系的概念

相关关系也称统计关系,是指现象之间客观存在的非确定性的数量依存关系。当一个现象发生数量变化时,另一个现象也相应地发生数量变化,但这种数量变化关系不是严格一一对应的;当一个变量数值确定时,另一个变量可能有多个数值与之对应。即对于同一自变量值往往有一组不尽相同的因变量值与之对应,这些因变量值在一定的范围围绕其平均数上下变动。例如,在农业生产中,施肥量与农产品亩产之间的关系,对应相同的施肥量,两块试验田的亩产量可能各不相同;一个人的收入水平与其受教育水平之间的关系,两个受教育水平相同的人,即使从事相同的职业,其收入水平也未必相同;子女的身高与父母的身高之间的关系,父母身高相同的两个子女,其身高也未必相同。

一般认为,当变量 y 与变量 x 之间的关系为相关关系时,则 y 除受主要因素 x 的影响外,还受其他因素影响。由于这些因素对 y 的影响相比之下较小且具有随机性,因此把它们称为随机因素。变量间的相关关系一般可以用下面的公式表示,即

$$y = f(x) + \varepsilon \tag{8.2}$$

变量之间的函数关系和相关关系,在一定条件下是可以互相转化的。本来具有函数关系的变量,当存在观测误差时,其函数关系往往以相关的形式表现出来。而具有相关关系的变量之间的联系,如果我们对它们有了深刻的规律性认识,并且能够把影响因变量变动的因素全部纳入方程,这时的相关关系也可能转化为函数关系。另外,相关关系也具有某种变动规律性,所以,相关关系经常可以用一定的函数形式去近似地描述。客观现象的函数关系可以用数学分析的方法去研究,而研究客观现象的相关关系必须借助统计学中的相关与回归分析方法。

2. 相关关系的分类

相关关系的表现形态大体上可分为线性相关、非线性相关、完全相关和不相关几种。就两个变量而言:

(1) 如果变量之间的关系近似地表现为一条直线,则称为线性相关。

(2) 如果变量之间的关系近似地表现为一条曲线,则称为非线性相关或曲线相关。

(3) 如果一个变量的取值完全依赖于另一个变量,各观测点落在一条直线上,则称为完全相关,这实际上就是函数关系。

(4) 如果两个变量的观测点很分散,无任何规律,则表示变量之间没有相关关系,即不相关。

在线性相关中,按相关的方向相关关系可分为正相关和负相关两种。

(1) 若两个变量的变动方向相同,一个变量的数值增加,另一个变量的数值也随之增加,或一个变量的数值减少,另一个变量的数值也随之减少,则称为正相关。

(2) 若两个变量的变动方向相反,一个变量的数值增加,另一个变量的数值随之减少,或一个变量的数值减少,另一个变量的数值随之增加,则称为负相关。

具体地,相关关系的类型示意图如图 8-1 所示。

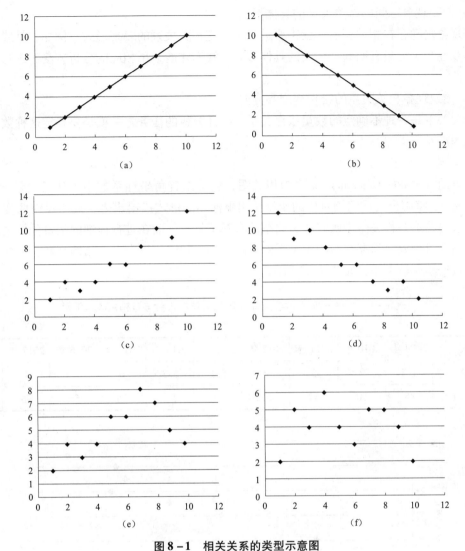

图 8-1 相关关系的类型示意图

(a) 完全正线性相关；(b) 完全负线性相关；(c) 正线性相关；
(d) 负线性相关；(e) 非线性相关；(f) 不相关

3. 相关分析的主要内容

相关分析是对两个或两个以上现象之间数量上的不确定性依存关系进行的统计分析。进行相关分析的目的是揭示现象之间是否存在相关关系、相关关系的密切程度如何，从而在消除偶然因素影响的基础上，分析因素之间数量变动的规律。相关分析的主要内容如下：

1) 揭示现象之间是否存在相关关系

进行相关分析时，一方面要对现象之间的联系开展理论研究，按照经济理论、专业知识和实践经验，进行定性分析和判断；另一方面要对大量的实际统计资料，通过编制相关表、绘制相关图等一系列统计分析方法，对被研究对象变量之间是否真正存在线性关系做出统计判断。

2）判断现象之间的相关关系的具体形式

若现象之间存在相关关系,就需要进一步确定相关关系的表现形式。例如,是线性相关还是非线性相关。只有明确了相关的具体形式,我们才能运用相应的分析方法去进行进一步的研究。

3）测定现象相关关系的密切程度和方向

相关关系是一种不确定的数量依存关系,统计分析的任务之一就是要确定这种数量关系的密切程度及方向。

4. 散点图

散点图（Scatter Diagram）又称为相关图,它是以直角坐标系的横轴代表变量 x,纵轴代表变量 y,将两个变量间相对应的变量值用坐标点的形式描绘出来,用来反映两变量之间相关关系的图形。相关图是研究相关关系的直观工具,一般在进行详细的定量分析之前,可以先利用它对现象之间存在的相关关系的方向、形式和密切程度做大致的判断。根据表 8-1 提供的数据绘制散点图,如图 8-2 所示。

表 8-1 2009—2018 年某公司 A 产品的年广告费与年销售收入汇总

单位：万元

年份	2009 年	2010 年	2011 年	2012 年	2013 年	2014 年	2015 年	2016 年	2017 年	2018 年
年广告费	1.3	2	3	4	5.1	6.3	6	6.2	7	7.2
年销售收入	48	50	52	52	53	54	55	56	56	57

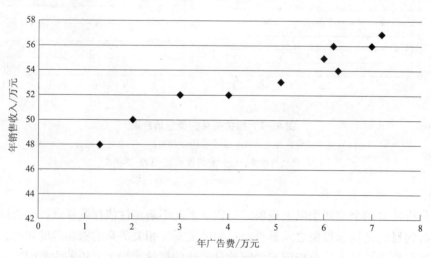

图 8-2 广告投入与销售收入的散点图

图 8-2 的横轴表示年广告费 x,纵轴表示年销售收入 y,两变量值的坐标点显示两个变量的相关关系。从图 8-2 可以看出,随着年广告费的增加,年销售收入也随之增加,且 x 和 y 之间的关系近似于一条直线,属于正线性相关关系。

在散点图中,若相关点呈现出一定的规律性,如大致为一条直线或一条曲线,就表明现象之间存在相关关系,且为直线相关或曲线相关。相关点越密集,表明相关关系越密切。若相关点分布没有规律，则表明现象之间没有相关关系或存在低度相关关系。

5. 相关系数

通过散点图可以判断两个变量之间有无相关关系，并对变量间的关系形态做出大致的描述，但散点图不能准确反映变量之间的关系强度。因此，为准确度量两个变量之间的关系强度，需要计算相关系数。

相关系数（Correlation Coefficient）是根据样本数据计算的度量两个变量之间线性关系强度的统计量。若相关系数是根据总体全部数据计算的，则称为总体相关系数，记为 ρ；若是根据样本数据计算的，则称为样本关系系数，记为 r。通常总体相关系数 ρ 可以用下式计算，即

$$\rho = \frac{\text{Cov}(X, Y)}{\sqrt{\text{Var}(X)\ \text{Var}(Y)}} \quad (8.3)$$

式中，$\text{Var}(X)$ 为变量 X 的方差；$\text{Var}(Y)$ 为变量 Y 的方差；$\text{Cov}(X, Y)$ 为变量 X 和 Y 的协方差。

变量 x 和 y 的样本相关系数通常用 r_{xy} 表示，或简记为 r，其可用下式去估计，即

$$r = \frac{\sum(x-\bar{x})(y-\bar{y})}{\sqrt{\sum(x-\bar{x})^2}\sqrt{\sum(y-\bar{y})^2}} \quad (8.4)$$

式中，x 和 y 为样本观测值；$\bar{x}$ 和 $\bar{y}$ 为变量 x 和 y 的平均值。

为了便于计算，相关系数也可用以下公式计算，即

$$r = \frac{n\sum xy - \sum x \sum y}{\sqrt{n\sum x^2 - (\sum x)^2}\sqrt{n\sum y^2 - (\sum y)^2}} \quad (8.5)$$

按上述公式计算的相关系数也称为线性相关系数（Linear Correlation Coefficient），或称为 Pearson 相关系数（Pearson's Correlation Coefficient）。

【例 8-1】根据表 8-1 的资料，计算该公司 A 产品的广告费投入与销售收入之间的相关系数。

解：根据表 8-1 中的数据和式（8.5），可知计算过程如表 8-2 所示。

表 8-2　相关系数计算表

年份	广告费/万元 x	销售收入/万元 y	x^2	y^2	xy
2009 年	1.3	48	1.69	2 304	62.4
2010 年	2	50	4	2 500	100
2011 年	3	52	9	2 704	156
2012 年	4	52	16	2 704	208
2013 年	5.1	53	26.01	2 809	270.3
2014 年	6.3	54	39.69	2 916	340.2
2015 年	6	55	36	3 025	330
2016 年	6.2	56	38.44	3 136	347.2

续表

年份	广告费/万元 x	销售收入/万元 y	x^2	y^2	xy
2017 年	7	56	49	3 136	392
2018 年	7.2	57	51.84	3 249	410.4
合计	48.1	533	271.67	28 483	2 616.5

把表 8-2 中的数据代入式（8.5）中，则有

$$r = \frac{n\sum xy - \sum x \sum y}{\sqrt{n\sum x^2 - (\sum x)^2}\sqrt{n\sum y^2 - (\sum y)^2}}$$

$$= \frac{10 \times 2\,616.5 - 48.1 \times 533}{\sqrt{10 \times 271.67 - 48.1^2}\sqrt{10 \times 28\,483 - 533^2}}$$

$$= \frac{527.7}{\sqrt{403.09}\sqrt{741}} = 0.965\,6$$

计算结果表明，相关系数为 0.965 6。这说明该公司广告投入与销售收入之间存在高度相关关系。

为解释相关系数各数值的含义，首先需要对相关系数的性质有所了解。相关系数的性质可总结如下：

（1）相关系数的值介于 -1 与 1 之间，即 $-1 \leq r \leq 1$。当 $r > 0$ 时，表示两变量正相关；当 $r < 0$ 时，表示两变量为负相关。当 $|r| = 1$ 时，表示两变量为完全线性相关，即函数关系。当 $r = 0$ 时，表示两变量间无线性相关关系。当 $0 < |r| < 1$ 时，表示两变量存在一定程度的线性相关，且 $|r|$ 越接近 1，两变量间线性关系越密切；$|r|$ 越接近于 0，表示两变量的线性相关越弱。

（2）r 具有对称性，即 x 与 y 之间的相关系数和 y 与 x 之间的相关系数相等，即 $r_{xy} = r_{yx}$。

（3）r 数值大小与 x 和 y 原点及尺度无关，即改变 x 和 y 的数据原点及计量尺度，并不改变 r 数值大小。

（4）r 仅仅是 x 和 y 之间线性关系的一个度量，它不能用于描述非线性关系。这意味着，$r = 0$ 只表示两个变量之间不存在线性相关关系，并不说明变量之间没有任何关系。

（5）r 虽然是两个变量之间线性关系的一个度量，却不一定意味着 x 和 y 一定有因果关系，也不能说明具体接近哪条直线。

对两个变量 x 和 y 之间相关关系的密切程度，可根据计算出的相关系数的大小进行判断。一般可按四级划分：$|r| < 0.3$ 为微弱线性相关，$0.3 \leq |r| < 0.5$ 为低度线性相关，$0.5 \leq |r| < 0.8$ 为显著线性相关或中度线性相关，$0.8 \leq |r| < 1$ 为高度线性相关。但需要强调的是，相关系数有一个明显的缺点，即接近于 1 的程度与数据组数 n 相关，这容易给人一种假象。因为当 n 较小时，相关系数的波动较大，对有些样本相关系数的绝对值易接近于 1；当 n 较大时，相关系数的绝对值容易偏小。特别是当 $n = 2$ 时，相关系数的绝对值总为 1。因此，在样本容量 n 较小时，仅凭相关系数较大就判定变量 x 和 y 之间有密切的线性关系是不妥当的。

6. 相关系数的检验

一般情况下，总体相关系数 ρ 是未知的，在实际的研究分析时，通常是根据样本数据测定样本相关系数 r，作为总体相关系数 ρ 的估计值。也就是说样本相关系数 r 是统计量，它会随着样本的不同而发生变化，是一个随机变量。这样，我们必须回答一个问题，当样本相关系数 r 表现为样本中两个变量相关时，能否代表总体中对应的两个变量也相关呢？或者说这个结果是偶然的吗？这就需要对 ρ 进行相关系数的显著性检验。

作为一个随机变量，样本相关系数 r 具有一定的概率分布。可以证明，如果两个变量都服从正态分布，在总体相关系数 $\rho = 0$ 的条件下，样本相关系数 r 服从自由度为 $(n-2)$ 的 t 分布。检验的具体步骤如下：

（1）提出假设。假设样本是从一个不相关的总体中抽取出来的，即
$$H_0: \rho = 0; \quad H_1: \rho \neq 0$$

（2）计算检验的统计量。
$$t = |t|\sqrt{\frac{n-2}{1-r^2}} \sim t(n-2) \tag{8.6}$$

（3）进行决策。根据给定的显著性水平 α 和自由度 $df = n-2$，查 t 分布表，查出 $t_{\alpha/2}(n-2)$ 的临界值。若 $|t| > t_{\alpha/2}$，则拒绝原假设 H_0，即表明总体的两个变量之间存在显著的线性关系。

【例 8-2】根据例 8-1 的计算结果，检验广告费投入和销售收入之间的相关系数是否显著（$\alpha = 0.05$）。

解：（1）提出假设：$H_0: \rho = 0;\ H_1: \rho \neq 0$。

（2）计算检验的统计量。
$$t = |t|\sqrt{\frac{n-2}{1-r^2}} = 0.965\ 6 \times \sqrt{\frac{10-2}{1-0.965\ 6^2}} = 10.504\ 3$$

（3）进行决策。根据给定的显著性水平 $\alpha = 0.05$ 和自由度 $df = n-2 = 8$，查 t 分布表，查出 $t_{\alpha/2}(n-2) = 2.306$。由于 $|t| = 10.504\ 3 > t_{\alpha/2} = 2.306$，则拒绝原假设 H_0，即表明该公司 A 产品的广告费投入与销售收入之间存在显著的正线性相关关系。

8.2 一元线性回归分析

相关分析的目的在于测度变量之间的关系强度，它所使用的测度工具就是相关系数。而回归分析侧重于考察变量之间的数量关系，并通过一定的数学表达式将这种关系描述出来，进而确定一个或几个变量（自变量）的变化对另一个特定变量（因变量）的影响程度。具体来说，回归分析主要解决以下几个方面的问题：

（1）从一组样本数据出发，确定变量之间的数学关系式。

（2）对这些关系式的可信程度进行各种统计检验，并从影响某一特定变量的诸多变量中找出哪些变量的影响是显著的，哪些是不显著的。

（3）利用所求的关系式，根据一个或几个变量的取值来估计或预测另一个特定变量的取值，并给出这种估计或预测的可靠程度。

8.2.1 回归分析

回归分析通过一个变量或一些变量的变化来解释另一变量的变化。其主要内容和步骤是，首先根据理论和对问题的分析判断，将变量分为自变量和因变量；其次，设法找出合适的数学方程式（即回归模型）来描述变量间的关系；由于涉及的变量具有不确定性，因此还要对回归模型进行统计检验；统计检验通过后，最后是利用回归模型，根据自变量去估计、预测因变量。

回归有不同种类，按照自变量的个数分，有一元回归和多元回归。其中，只有一个自变量的叫一元回归，有两个或两个以上自变量的叫多元回归。按照回归曲线的形态分，有线性（直线）回归和非线性（曲线）回归。实际分析时应根据客观现象的性质、特点、研究目的和任务来选取回归分析的方法。

8.2.2 一元线性回归模型

1. 回归模型

在回归分析中，被预测或被解释的变量，被称为因变量，用 y 表示。用来预测或用来解释因变量的一个或多个变量，称为自变量，用 x 表示。

描述因变量 y 如何依赖自变量 x 和误差项 ε 的方程，称为回归模型。

对于只涉及一个自变量的一元线性回归模型可表示为

$$y = \alpha + \beta x + \varepsilon \tag{8.7}$$

在一元线性回归模型中，y 由两部分构成：x 的线性函数 $\alpha + \beta x$ 和误差项 ε。$\alpha + \beta x$ 反映了由 x 的变化而引起的 y 的线性变化；ε 是被称为误差项的随机变量，它反映了除 x 和 y 之间的线性关系外的随机因素对 y 的影响，是不能由 x 和 y 之间的线性关系来解释的变异性。其中，α 和 β 称为模型的参数。

式（8.7）被称为理论回归模型，对这一模型通常有五个假定：

假定1：自变量是给定的变量，与随机误差项线性无关。

假定2：误差项 ε 是一个期望值为 0 的随机变量，即 $E(\beta) = 0$。对于一个给定的 x 值，y 的期望值为 $E(y) = \alpha + \beta x$。

假定3：对于所有的 x 值，ε 的方差 σ^2 都相同。

假定4：不同的 ε 之间不相关。

假定5：误差项 ε 是一个服从正态分布的随机变量，且相互独立，即 $\varepsilon \sim N(0, \sigma^2)$。

2. 回归方程

描述因变量 y 的期望值如何依赖于自变量 x 的方程，称为回归方程。一元线性回归方程的形式为

$$E(y) = \alpha + \beta x \tag{8.8}$$

一元线性回归方程的图示是一条直线，因此也称为直线回归方程。式中，α 为回归直线在 y 轴上的截距，是当 $x = 0$ 时 y 的期望值；β 为直线的斜率，它表示当 x 每变动一个单位时 y 的平均变动值。

3. 估计的回归方程

在实际的分析工作中，总体的数据一般是不能全部掌握的，常用的方法是用对应的样本

数据对总体进行估计。于是我们可以设定样本回归模型和样本回归方程。

样本回归模型为

$$y_i = \hat{\alpha} + \hat{\beta} x_i + e_i \tag{8.9}$$

式中，$\hat{\alpha}$ 为总体参数 α 的估计量；$\hat{\beta}$ 为总体参数 β 的估计量；e_i 为总体参数 ε（残差）的估计量。

样本回归方程为

$$\hat{y}_i = \hat{\alpha} + \hat{\beta} x_i \tag{8.10}$$

式中，$\hat{y}$ 为总体 $E(y)$ 的估计量。

由式（8.9）和式（8.10），显然有

$$y_i - \hat{y} = e_i \tag{8.11}$$

一元线性回归分析的基本方法是根据样本数据，采用最小二乘法来得到样本回归方程，用样本的 $\hat{\alpha}$ 和 $\hat{\beta}$ 对总体的 α 和 β 进行估计。在这个过程中要注意的是，总体方程中的 α 和 β 是客观存在的，是我们想要知道的参数，但往往是未知的；而样本方程中的 $\hat{\alpha}$ 和 $\hat{\beta}$ 是可以通过样本数据采用最小二乘法得到的，但它们会随着样本的变化而变化，即它们是样本统计量，是随机变量。

4. 参数的最小二乘法

进行一元线性回归分析（确定 $\hat{\alpha}$ 和 $\hat{\beta}$）时，最为简单的方法是最小二乘法（简称"OLS"）。最小二乘法的基本思想是：要使估计值 $\hat{y}_i$ 与实际观测值 y_i 的偏差最小，由式（8.11）可知，也就是使 $\sum e_i$ 为最小；但是由于 e_i 是可正可负的，可以证明 $\sum e_i$ 是等于 0 的。所以，我们用 $\sum e_i^2$（残差平方和）作为衡量 $\hat{y}_i$ 和 y_i 偏差程度的标准，即要求 $\sum e_i^2 = \min$。

由式（8.10）和式（8.11）得

$$\sum e_i^2 = \sum (y_i - \hat{y}_i)^2 = \sum (y_i - \hat{\alpha} - \hat{\beta} x_i)^2 = \min \tag{8.12}$$

令 $Q = \sum (y_i - \hat{y}_i)^2$，在给定了样本数据后，$Q$ 是 $\hat{\alpha}$ 和 $\hat{\beta}$ 的函数，且最小值总是存在。根据微积分的极值定理可知，函数 $Q(\hat{\alpha}, \hat{\beta})$ 有最小值的必要条件是对于 $\hat{\alpha}$ 和 $\hat{\beta}$ 的两个偏导数为 0，即

$$\begin{cases} \dfrac{\partial Q}{\partial \hat{\alpha}} = -2 \sum (y_i - \hat{\alpha} - \hat{\beta} x_i) = 0 \\ \dfrac{\partial Q}{\partial \hat{\beta}} = -2 \sum x_i (y_i - \hat{\alpha} - \hat{\beta} x_i) = 0 \end{cases} \tag{8.13}$$

整理得

$$\begin{cases} \sum_{i=1}^{n} y_i = n\hat{\alpha} + \hat{\beta} \sum_{i=1}^{n} x_i \\ \sum_{i=1}^{n} x_i y_i = \hat{\alpha} \sum_{i=1}^{n} x_i + \hat{\beta} \sum_{i=1}^{n} x_i^2 \end{cases} \tag{8.14}$$

解上式方程组，得

$$\begin{cases} \hat{\beta} = \dfrac{n\sum_{i=1}^{n}x_iy_i - \sum_{i=1}^{n}x_i\sum_{i=1}^{n}y_i}{n\sum_{i=1}^{n}x_i^2 - (\sum_{i=1}^{n}x_i)^2} \\ \hat{\alpha} = \bar{y} - \hat{\beta}\bar{x} \end{cases} \quad (8.15)$$

由式 (8.15) 可知, 当 $x = \bar{x}$ 时, $\hat{y} = \bar{y}$, 即回归直线 $\hat{y}_i = \hat{\alpha} + \hat{\beta}x_i$ 通过点 $(\bar{x}, \bar{y})$。这是回归直线的重要特征之一, 它对于回归直线的作图很有帮助。

【例 8-3】根据例 8-1, 求销售收入对广告投入费的估计方程。

$$\begin{cases} \hat{\beta} = \dfrac{n\sum_{i=1}^{n}x_iy_i - \sum_{i=1}^{n}x_i\sum_{i=1}^{n}y_i}{n\sum_{i=1}^{n}x_i^2 - (\sum_{i=1}^{n}x_i)^2} = \dfrac{10 \times 2\,616.5 - 48.1 \times 533}{10 \times 271.67 - 48.1^2} = \dfrac{527.7}{403.09} = 1.309\,1 \\ \hat{\alpha} = \bar{y} - \hat{\beta}\bar{x} = 53.3 - 1.309\,1 \times 4.81 = 47.003\,2 \end{cases}$$

即销售收入对广告投入费的估计方程为 $\hat{y}_i = 47.003\,2 + 1.309\,1x_i$。回归系数 $\hat{\beta} = 1.309\,1$ 表示广告投入每增加 1 万元, 销售收入平均增加 1.309 1 万元。

8.2.3 回归直线的拟合优度

回归直线 $\hat{y}_i = \hat{\alpha} + \hat{\beta}x_i$ 在一定程度上描述了变量 x 与 y 之间的数量关系, 根据这一方程, 可依据自变量 x 的取值来估计或预测因变量 y 的取值。但估计或预测的精度如何将取决于回归直线对观测数据的拟合优度。可以想象, 如果各观测数据的散点都落在这一直线上, 那么这条直线就是对数据的完全拟合, 直线充分代表了各个点, 此时用 x 来估计 y 是没有误差的。各观测点越是紧密围绕直线, 说明直线对观测数据的拟合优度越好; 反之, 则越差。回归直线与各观测点的接近程度称为回归直线对数据的拟合优度 (Goodness of Fit)。为说明直线的拟合优度, 需要计算判定系数。

1. 判定系数

判定系数是样本回归直线对数据拟合程度的综合度量。对回归直线拟合优度的检验是建立在因变量的总离差分解的基础之上的。因变量 y 不同取值的波动称为离差, 这种离差的产生源于两个方面: 一是由自变量 x 的取值不同造成的; 二是除 x 以外的其他因素 (如 x 对 y 的非线性影响、测量误差、随机因素等) 的影响。对一个具体的观测值来说, y 离差的大小可用实际观测值 y 与其均值的离差 $(y - \bar{y})$ 来表示, 如图 8-3 所示。

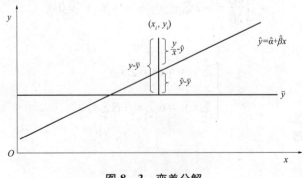

图 8-3 变差分解

由图 8-3 可知，每个观测值 y_i 的离差都可以分解两部分：一部分是因变量的理论回归值与其样本均值的离差 $(\hat{y}_i - \bar{y})$，它可以看作能够由回归直线解释的部分，称为可解释离差；另一部分是实际观测值与理论回归值的离差 $(y_i - \hat{y}_i)$，它是不能由回归直线加以解释的残差 e_i。对任一实际观测值 y_i，总有

$$y_i - \bar{y} = (y_i - \hat{y}_i) + (\hat{y}_i - \bar{y}) \tag{8.16}$$

对上式两边取平方并求和，得到

$$\sum(y_i - \bar{y})^2 = \sum(y_i - \hat{y}_i)^2 + \sum(\hat{y}_i - \bar{y})^2 + 2\sum(y_i - \hat{y}_i)(\hat{y}_i - \bar{y}) \tag{8.17}$$

利用残差的定义与 $\sum e_i = 0$，可以证明 $\sum(y_i - \hat{y}_i)(\hat{y}_i - \bar{y}) = 0$，从而有

$$\sum(y_i - \bar{y})^2 = \sum(y_i - \hat{y}_i)^2 + \sum(\hat{y}_i - \bar{y})^2 \tag{8.18}$$

即

$$\text{SST} = \text{SSE} + \text{SSR}$$

式中，SST 是总平方和，反映因变量的 n 个观察值与其均值的总离差；SSR 是回归平方和，反映自变量 x 的变化对因变量 y 取值变化的影响，或者说，是由于 x 与 y 之间的线性关系引起的 y 的取值变化，也称为可解释的平方和；SSE 是残差平方和，反映除 x 以外的其他因素对 y 取值的影响，也称为不可解释的平方和或剩余平方和。

从图 8-3 可以直观地看出，回归直线拟合的好坏取决于 SSR 及 SSE 的大小，或者说取决于回归平方和 SSR 占总平方和 SST 比例，即 SSR/SST 的大小。各观测点越是靠近直线，SSR/SST 越大，回归直线拟合程度越好。

判定系数是指回归平方和占总平方和的比例，我们用 R^2 表示。其计算公式为

$$R^2 = \frac{\text{SSR}}{\text{SST}} = \frac{\sum(\hat{y}_i - \bar{y})^2}{\sum(y_i - \bar{y})^2} = 1 - \frac{\sum(y_i - \hat{y}_i)^2}{\sum(y_i - \bar{y})^2} \tag{8.19}$$

从式 (8.19) 可以看出，判定系数 R^2 表示全部偏差中有百分之几的偏差可由 x 与 y 的回归关系来解释。判定系数是对回归模型拟合程度的综合度量，判定系数越大，模型拟合程度越高。判定系数越小，则模型对样本的拟合程度越低。

判定系数 R^2 具有以下特性：

(1) 判定系数 R^2 具有非负性。由判定系数 R^2 的定义式可知，R^2 的分子、分母均是不可能为负值的平方和，因此其比值必大于 0。

(2) 判断系数 R^2 的取值范围为 [0, 1]。由 R^2 的计算公式可以看出，当所有的实际观测值都位于回归直线上时，SSE = 0，这时 $R^2 = 1$，说明总离差可以完全由所估计的样本回归直线来解释；当实际观察值并不是全部位于回归直线上，但又大致分布在其附近时，SSE > 0，这时 $R^2 < 1$；当回归直线没有解释任何离差，即模型中解释变量 x 与因变量 y 完全无关时，y 的总离差可全部归于残差平方和，即 SSE = SST，这时 $R^2 = 0$。

(3) 判定系数是样本观测值的函数，它也是一个统计量。

(4) 在一元线性回归模型中，可以证明判定系数是相关系数的平方（在多元回归分析中这一关系并不成立）。根据这一结论，相关系数 r 可以作为回归直线拟合程度的另一个测度值。$|r|$ 越接近于 1，表明回归直线对观测数据的拟合程度越高。但用 r 来说明回归直线的拟合程度要慎重，因为 r 的绝对值总是大于判定系数 R^2 的值（除 $r = 1$ 或 $r = 0$ 两种情况外）。

例如，当 $r=0.5$ 时，表面上拟合程度不小，但 $R^2=0.25$，即实际上回归直线只能解释总离差的 25%；$r=0.7$ 时，才能解释一半的离差，$r<0.3$ 意味着只有很少一部分变差可由回归直线来解释。

2. 估计标准误差

判断系数可以用于度量回归直线的拟合程度，相关系数也可以起到类似的作用。而残差平方和可以说明实际观测值 y_i 与回归估计值 $\hat{y}_i$ 之间的差异程度。对于一个变量的诸多观测值，我们可以用标准差来测度各观测值在其平均数周围的分散程度。与之类似的一个量可以用来测度各实际观测点在直线周围的散布情况，这个量就是估计标准误差。

残差均方（MSE）的平方根，称为估计量的标准差或标准误差，用 s_y 来表示，它是对误差项 ε 的标准差 σ 的估计。

估计标准误差的计算公式为

$$s_y = \sqrt{\frac{\sum(y_i - \hat{y}_i)^2}{n-2}} = \sqrt{\frac{\text{SSE}}{n-2}} = \sqrt{\text{MSE}} \qquad (8.20)$$

上面的公式计算比较烦琐，还可以在算术上简化为

$$s_y = \sqrt{\frac{\sum y^2 - \hat{\alpha}(\sum y) - \hat{\beta}(\sum xy)}{n-2}} \qquad (8.21)$$

从估计标准误差的实际意义看，它反映了用估计的回归方程预测因变量 y 时预测误差的大小。若各观测点越靠近直线，s_y 越小，回归直线对各观测点的代表性就越好，根据估计的回归方程进行预测也就越准确；若各观测点全部落在直线上，则 $s_y=0$。此时用自变量来预测因变量是没有误差的。可见 s_y 也从另一个角度说明了回归直线的拟合优度。

从式（8.20）可以看出，回归直线是对 n 个观测点拟合的所有直线中估计标准误差最小的一条直线，因为回归直线是在 $\sum(y_i - \hat{y}_i)^2$ 最小时确定的。

【例 8-4】根据例 8-3 的有关结果，计算广告费投入对销售收入回归的估计标准误差。

解：利用表 8-1 的输出结果，根据式（8.21）得

$$s_y = \sqrt{\frac{\sum y^2 - \hat{\alpha}(\sum y) - \hat{\beta}(\sum xy)}{n-2}}$$

$$= \sqrt{\frac{28\,483 - 47.003\,2 \times 533 - 1.309\,1 \times 2\,616.5}{10-2}}$$

$$= \sqrt{\frac{5.034\,25}{8}} = 0.793\,3 \text{（万元）}$$

这就是说，根据广告费投入量来估计销售收入时，平均的估计误差为 0.793 3 万元。

8.2.4 回归分析的检验

回归分析中的显著性检验主要包括两方面的内容：一是回归方程的检验；二是回归系数的检验。

1. 回归方程的检验

回归方程的显著性检验是对回归模型总体的显著性检验，即对回归模型中所有因变量与自变量之间的线性关系在总体上是否显著成立做出推断。对于一元线性回归模型，检验自变

量 x 和因变量 y 之间的线性关系是否显著，我们需要构造用于检验的一个统计量。该统计量的构造是以回归平方和（SSR）以及残差平方和（SSE）为基础的。将 SSR 除以其相应的自由度（自变量的个数 k，一元线性回归中自由度为 1）后的结果称为均方回归，记为 MSR；将 SSE 除以其相应的自由度（$n-k-1$，一元回归中自由度为 $n-2$）后的结果称为均方残差，记为 MSE。如果原假设成立，则此值 MSR/MSE 的抽样分布服从分子自由度为 1、分母自由度为 $n-2$ 的 F 分布，即

$$F = \frac{\text{SSR}/1}{\text{SSE}/(n-2)} = \frac{\text{MSR}}{\text{MSE}} \sim F(1, n-2) \tag{8.22}$$

所以当原假设 $H_0: \beta = 0$ 成立时，MSR/MSE 的值应接近于 1，但如果原假设 $H_0: \beta = 0$ 不成立，则 MSR/MSE 的值将变得无穷大。因此，较大的 MSR/MSE 值将导致拒绝原假设 H_0，从而可以断定变量 x 和 y 之间存在显著的线性关系。线性关系检验的具体步骤如下：

（1）提出假设。$H_0: \beta = 0$，$H_1: \beta \neq 0$。

（2）计算检验的统计量 F。$F = \frac{\text{SSR}/1}{\text{SSE}/(n-2)} = \frac{\text{MSR}}{\text{MSE}}$。

（3）确定显著性水平 α。显著性水平的大小应根据犯哪一类可能带来损失的大小确定，一般情况下取 0.05。

（4）确定临界值。F 检验的临界值是由显著水平和分子的自由度 $df_1 = 1$ 以及分母的自由度 $df_2 = n-2$ 决定的，通过查 F 分布表，找到相应的临界值 $F_\alpha(1, n-2)$。

（5）做出决策。$F > F_\alpha$，拒绝 H_0，回归系数等于 0 的可能性小于 α，表明自变量 x 对因变量 y 的影响是显著的，换言之，两个变量之间存在着显著的线性关系；若 $F < F_\alpha$，则不能拒绝 H_0，表明 x 对 y 的影响是不显著的，二者之间不存在线性关系。

【例 8-5】根据例 8-3 的有关结果，检验回归系数的显著性（$\alpha = 0.05$）。

解：（1）提出假设：$H_0: \beta = 0$，$H_1: \beta \neq 0$。

（2）计算检验的统计量 F，有

$$F = \frac{\text{SSR}/1}{\text{SSE}/(n-2)} = \frac{\text{MSR}}{\text{MSE}} = \frac{69.0832}{0.6271} = 110.1620$$

（3）确定显著性水平 $\alpha = 0.05$。

（4）确定临界值。通过查 F 分布表，找到相应的临界值 $F_{0.05}(1, 8) = 5.32$。

（5）做出决策。因为 $F = 110.1620 > F_\alpha = 5.32$，所以拒绝原假设 H_0，即广告费投入与销售收入之间存在显著性线性相关关系。

2. 回归系数的检验

所谓回归系数的显著性检验，就是根据样本估计的结果对总体回归系数的有关假设进行检验。α 和 β 的检验方法是相同的，但 β 的检验更为重要，因为它表明自变量对因变量的线性影响的程度。在一元线性回归模型 $y = \alpha + \beta x + \varepsilon$ 中，如果回归系数 $\beta = 0$，回归线是一条水平线，则表明因变量 y 的取值不依赖于自变量 x，即两个变量之间没有线性关系。如果回归系数 $\beta \neq 0$，就可以得出两个变量之间存在线性关系的结论。因此，回归系数的显著性检验就是检验回归系数 β 是否等于 0。为检验原假设 $H_0: \beta = 0$ 是否成立，需要构造用于检验的统计量。为此，我们需要研究回归系数 β 的抽样分布。我们知道，$\hat{\beta}$ 是用于估计参数 β 的统计量，它是随机变量，也有自己的分布。统计证明，$\hat{\beta}$ 服从正态分布，其数学期望为 $E(\hat{\beta}) =$

β，标准差为

$$\delta_{\hat{\beta}} = \frac{\delta}{\sqrt{\sum x_i^2 - \frac{1}{n}(\sum x_i)^2}} \tag{8.23}$$

式中，δ 为误差项 ε 的标准差。

由于 δ 未知，我们用 δ 的估计量 s_y 代入式（8.23）得到 $\delta_{\hat{\beta}}$ 的估计量，即 $\hat{\beta}$ 的估计的标准差为

$$s_{\hat{\beta}} = \frac{s_y}{\sqrt{\sum x_i^2 - \frac{1}{n}(\sum x_i)^2}} \tag{8.24}$$

这样，就可以构造出用于检验回归系数 $\hat{\beta}$ 的统计量 t，即

$$t = \frac{\hat{\beta} - \beta}{s_{\hat{\beta}}} \tag{8.25}$$

该统计量服从自由度为 $n-2$ 的 t 分布。如果原假设成立，则 $\beta = 0$，检验的统计量为

$$t = \frac{\hat{\beta}}{s_{\hat{\beta}}} \tag{8.26}$$

回归系数显著性检验的具体步骤如下：

（1）提出假设：H_0：$\beta = 0$，H_1：$\beta \neq 0$。

（2）计算检验的统计量，$t = \frac{\hat{\beta}}{s_{\hat{\beta}}}$。

（3）确定显著性水平 α。显著性水平的大小应根据犯哪一类错误可能带来损失的大小确定，一般情况下取 0.05。

（4）确定临界值。t 检验的临界值是由显著水平和自由度 $df = n - 2$ 决定的，通过查 t 分布表，找到相应的临界值 $t_{\alpha/2}(n-2)$。

（5）做出决策。$|t| > t_{\alpha/2}$，拒绝 H_0。回归系数等于 0 的可能性小于 α，表明自变量 x 对因变量 y 的影响是显著的，换言之，两个变量之间存在着显著的线性关系；若 $|t| < t_{\alpha/2}$，则不能拒绝 H_0，表明 x 对 y 的影响是不显著的，二者之间不存在线性关系。

【例 8-6】根据例 8-3 的有关结果，检验回归系数的显著性（$\alpha = 0.05$）。

解：（1）提出假设：H_0：$\beta = 0$；H_1：$\beta \neq 0$。

（2）计算检验的统计量，有

$$t = \frac{\hat{\beta}}{s_{\hat{\beta}}} = \frac{1.3091}{0.1250} = 10.4728$$

式中，$s_{\hat{\beta}} = \frac{s_y}{\sqrt{\sum x_i^2 - \frac{1}{n}(\sum x_i)^2}} = \frac{0.7933}{\sqrt{271.67 - \frac{48.1^2}{10}}} = 0.1250$。

（3）确定显著性水平 $\alpha = 0.05$。

（4）确定临界值，查表得 $t_{0.025}(8) = 2.306$。

（5）做出决策。因为 $|t| = 10.4728 > t_{0.025}(8) = 2.306$，所以拒绝原假设 H_0，即广告费投入与销售收入之间存在显著性线性相关关系。

在进行显著性检验时，有以下两点需要注意：

（1）在对回归系数进行检验时，如果我们拒绝了原假设，仅仅表明在 x 的样本观测值范围内，x 和 y 之间存在线性关系，而且一个线性关系只是解释了 y 的变差中的显著部分。

（2）在一元线性回归中，自变量只有一个，因此，F 检验和 t 检验是一致的。但是在多元回归中，二者是不同的，F 检验只是用来检验总体方程的显著性，而 t 检验是检验各个回归系数的显著性。

8.2.5　回归分析的预测与推断

1. 点估计

点估计分为 y 的个别值的点估计和 y 的平均值的点估计两种情况。

1）y 的个别值的点估计

利用估计的回归方程，对于自变量 x 的一个给定值 x_0，求出因变量 y 的一个个别值的估计值 $\hat{y}_0$，就是个别值的点估计。

【例8-7】根据例8-1资料，试问：当该企业某一年 A 产品的广告费投入为 2.4 万元时，销售收入是多少？

解：根据估计的回归方程，得

$$\hat{y}_0 = \hat{\alpha} + \hat{\beta} x_0 = 47.003\,2 + 1.309\,1 \times 2.4 = 50.145\,0 \text{（万元）}$$

2）y 的平均值的点估计

利用估计的回归方程，对于自变量 x 的一个给定值 x_0，求出因变量 y 的平均值 $E(y_0)$ 的一个估计值，就是平均值的点估计。

【例8-8】根据例8-1资料，试预测投入 6.6 万元的广告费时，该企业所有年份的销售收入的平均值。

解：根据估计的回归方程，得

$$E(y_0) = \hat{\alpha} + \hat{\beta} x_0 = 47.003\,2 + 1.309\,1 \times 6.6 = 55.643\,3$$

点估计不能给出估计的精度，点估计值与实际值之间是有误差的，而且仅知道 $\hat{y}_0$ 意义不大，人们往往希望给出一个预测值的范围来，即为了掌握预测的精度，要对误差变动范围做出测定，因此需要进行区间估计。

2. 区间估计

利用估计的回归方程，对于 x 的一个特定值 x_0，求出 y 的一个估计值的区间就是区间估计。区间估计也有两种类型：一是置信区间估计，它是对 x 的一个给定值 x_0，求出 y 的平均值的估计区间，这一区间称为置信区间（Confidence Interval）；二是预测区间估计，它是对 x 的一个给定值 x_0，求出 y 的一个个别值的估计区间，这一区间称为预测区间（Prediction Interval）。

1）置信区间估计

置信区间估计（Confidence Interval Estimate）就是对 x 的一个给定值 x_0，求出 y 的平均值的区间估计。

设 x_0 为自变量 x 的一个特定值或给定值，$E(y_0)$ 为对于给定的 x_0，因变量 y 的平均值或期望值。当 $x = x_0$ 时，$\hat{y}_0$ 为 $E(y_0)$ 的估计值。一般来说，我们不能期望估计值 $\hat{y}_0$ 精确地等于 $E(y_0)$。因此要想用 $\hat{y}_0$ 推断 $E(y_0)$，必须考虑根据估计的回归方程得到的 $\hat{y}_0$ 的方差，对于给定

的 x_0，统计学家给出了估计 $\hat{y}_0$ 方差的公式，用 $S_{\hat{y}_0}^2$ 表示 $\hat{y}_0$ 方差的估计量，其计算公式为

$$S_{\hat{y}_0}^2 = S_y^2 \left[\frac{1}{n} + \frac{(x_0 - \bar{x})^2}{\sum_{i=1}^{n}(x_i - \bar{x})^2} \right] \quad (8.27)$$

$\hat{y}_0$ 标准差的估计量计算公式为

$$S_{\hat{y}_0} = S_y \sqrt{\frac{1}{n} + \frac{(x_0 - \bar{x})^2}{\sum_{i=1}^{n}(x_i - \bar{x})^2}} \quad (8.28)$$

有了 $\hat{y}_0$ 的标准差之后，对于给定的 x_0，$E(y_0)$ 在 $1-\alpha$ 置信水平下的置信区间可表示为

$$S_{\hat{y}_0} \pm t_{\alpha/2} S_y \sqrt{\frac{1}{n} + \frac{(x_0 - \bar{x})^2}{\sum_{i=1}^{n}(x_i - \bar{x})^2}} \quad (8.29)$$

【例 8-9】根据例 8-3 所求得的估计方程，当 $x_0 = 6.6$ 万元时，建立销售收入 95% 的置信区间。

解：根据前例的计算结果，知 $n=10$, $S_y = 0.7933$，查表得 $t_{\alpha/2}(n-2) = t_{0.025}(10-2) = 2.306$。当广告费投入为 6.6 万元时，销售收入的点估计值为

$$E(y_0) = 47.0032 + 1.3091 \times 6.6 = 55.6433 \text{（万元）}$$

根据式（8-29）得 $E(y_0)$ 的置信区间为

$$55.6433 \pm 2.306 \times 0.7933 \times \sqrt{\frac{1}{10} + \frac{(6.6 - 4.81)^2}{40.3085}} = 55.6433 \pm 0.7750$$

即 $54.8683 \leqslant E(y_0) \leqslant 56.4183$。也就是说，当广告投入为 6.6 万元时，销售收入的平均值为 54.8683 万 ~ 56.4183 万元。

当 $x_0 = \bar{x}$ 时，$\hat{y}_0$ 的标准差的估计量最小，此时有 $S_{\hat{y}_0} = S_y \sqrt{1/n}$。这就是说，当 $x_0 = \bar{x}$ 时，估计是最准确的。x 偏离 $\bar{x}$ 越远，y 的平均值 $E(y_0)$ 的置信区间就变得越宽，估计的效果也就越不好。

2. 预测区间估计

预测区间估计（Prediction Interval Estimate）就是对 x 的一个给定值 x_0，求出 y 的一个个别值的区间估计。

为求出预测区间，我们首先必须知道用于估计的方差。统计学家已给出了 y 的一个个别估计值 y_0 的方差估计量，我们用 S_{ind}^2 表示，其计算公式为

$$S_{\text{ind}}^2 = S_y^2 + S_{\hat{y}_0}^2 = S_y^2 + S_y^2 \left[\frac{1}{n} + \frac{(x_0 - \bar{x})^2}{\sum_{i=1}^{n}(x_i - \bar{x})^2} \right] = S_y^2 \left[1 + \frac{1}{n} + \frac{(x_0 - \bar{x})^2}{\sum_{i=1}^{n}(x_i - \bar{x})^2} \right] \quad (8.30)$$

y 的一个个别估计值 y_0 的标准差的估计量为

$$S_{\text{ind}} = S_y \sqrt{1 + \frac{1}{n} + \frac{(x_0 - \bar{x})^2}{\sum_{i=1}^{n}(x_i - \bar{x})^2}} \quad (8.31)$$

因此，对于给定的 x_0，y 的一个个别值 y_0 在 $1-\alpha$ 置信水平下的预测区间可表示为

$$\hat{y}_0 \pm t_{\alpha/2} S_y \sqrt{1 + \frac{1}{n} + \frac{(x_0 - \bar{x})^2}{\sum_{i=1}^{n}(x_i - \bar{x})^2}} \quad (8.32)$$

从式（8.29）和式（8.32）可以看出，预测区间的公式比置信区间的根号内多了一个1。因此，即使对同一个 x_0，这两个区间的宽度也是不一样的。预测区间要比置信区间宽一些。

【例8-10】根据例8-3所求得的估计方程，建立广告费投入为2.4万元时，那年的销售收入的95%的预测区间。

解：根据前例的计算结果，已知 $n=10$，$S_y=0.7933$，查表得 $t_{\alpha/2}(n-2) = t_{0.025}(10-2) = 2.306$。当广告投入为2.4万元时，销售收入的点估计值为

$$E(y_0) = 47.0032 + 1.3091 \times 2.4 = 50.1450 （万元）$$

根据式（8.31）得，$E(y_0)$ 的置信区间为

$$50.1450 \pm 2.306 \times 0.7933 \times \sqrt{1+\frac{1}{10}+\frac{(2.4-4.81)^2}{40.3085}} = 50.1450 \pm 2.0404$$

即 $48.1046 \leqslant E(y_0) \leqslant 52.1854$。

也就是说，当广告投入为2.4万元时，销售收入的平均值为48.1046万～52.1854万元。

从上述置信区间与预测区间的数学推导和实际计算结果可以看出，所求得的区间有以下几个特点：

（1）对因变量进行区间估计，所得到的区间并不是常数，而是随着给定的 x_0 的变化而变化。当 $x_0 = \bar{x}$ 时，所得到的区间最窄，离 $\bar{x}$ 越远，区间越宽。因此，利用回归模型进行预测时，给定的 x_0 值不应偏离 $\bar{x}$ 太远，否则预测精度难以得到保证。

（2）区间的宽度与样本容量有关。样本容量越大，$\sum_{i=1}^{n} x_i^2$ 也越大，从而使预测误差的方差越小，所得到的区间就越窄。要提高预测精度，就需要增大样本容量。当 $n \to \infty$ 时，就不存在抽样误差，此时的预测误差只取决于随机误差项 ε 的方差，所得到的区间最小。

（3）两个区间的宽度不太一样，y 的个别值的预测区间要宽一些。二者的差别表明，估计 y 的平均值比预测 y 的一个特定值或个别值更精确。图8-4给出了置信区间和预测区间的示意。

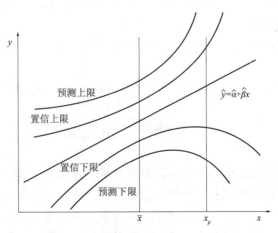

图8-4 置信区间和预测区间示意

8.3 多元线性回归分析

许多经济现象往往受多个因素的影响，研究被解释变量受多个解释变量的影响时，就要利用多元回归模型。多元线性回归模型与一元线性回归模型基本类似，只不过解释变量由一个增加到两个以上，被解释变量 Y 与多个解释变量 X_1，X_2，$\cdots$，X_k 之间存在线性关系。

假定被解释变量 Y 与多个解释变量 X_1，X_2，$\cdots$，X_k 之间具有线性关系，是解释变量的多元线性函数，则称其为多元线性回归模型，即

$$Y = \beta_0 + \beta_1 X_1 + \beta_2 X_2 + \cdots + \beta_k X_k + \mu \tag{8.22}$$

式中，Y 为被解释变量；X_j（$j=1$，2，$\cdots$，k）为 k 个解释变量；β_j（$j=0$，1，2，$\cdots$，k）为 $k+1$ 个未知参数；μ 为随机误差项。

被解释变量 Y 的期望值与解释变量 X_1，X_2，$\cdots$，X_k 的线性方程为

$$E(Y) = \beta_0 + \beta_1 X_1 + \beta_2 X_2 + \cdots + \beta_k X_k \tag{8.23}$$

其称为多元总体线性回归方程，简称总体回归方程。

与一元线性回归分析一样，多元线性回归分析仍是根据观测样本估计模型中的各个参数，对估计参数及回归方程进行统计检验，从而利用回归模型进行经济预测和分析。多元线性回归模型包含多个解释变量，多个解释变量同时对被解释变量 Y 发生作用。若要考察其中一个解释变量对 Y 的影响，就必须假设其他解释变量保持不变来进行分析。因此，多元线性回归模型中的回归系数为偏回归系数，即反映了当模型中的其他变量不变时，其中一个解释变量对因变量 Y 的均值的影响。

由于参数 β_0，β_1，β_2，$\cdots$，β_k 都是未知的，可以利用样本观测值（X_{1i}，X_{2i}，$\cdots$，X_{ki}；Y_i）对它们进行估计。若计算得到的参数估计值为 $\hat{\beta}_0$，$\hat{\beta}_1$，$\hat{\beta}_2$，$\cdots$，$\hat{\beta}_k$，用参数估计值替代总体回归函数的未知参数 β_0，β_1，β_2，$\cdots$，β_k，则得多元线性样本回归方程为

$$\hat{Y}_i = \hat{\beta}_0 + \hat{\beta}_1 X_{1i} + \hat{\beta}_2 X_{2i} + \cdots + \hat{\beta}_k X_{kn} \tag{8.24}$$

式中，$\hat{\beta}_j$（$j=0$，1，2，$\cdots$，k）为参数估计值；$\hat{Y}_i$（$i=1$，2，$\cdots$，n）为 Y_i 的样本回归值或样本拟合值、样本估计值。

样本回归方程得到的被解释变量估计值 $\hat{Y}_i$ 与实际观测值 Y_i 之间的偏差称为残差 e_i。其计算公式为

$$e_i = Y_i - \hat{Y}_i = Y_i - (\hat{\beta}_0 + \hat{\beta}_1 X_{1i} + \hat{\beta}_{2i} x_{2i} + \cdots + \hat{\beta}_k X_{ki}) \tag{8.25}$$

8.4 非线性关系的回归

在回归分析中，当研究的因果关系只涉及因变量和一个自变量时，叫作一元回归分析；当研究的因果关系涉及因变量和两个或两个以上自变量时，叫作多元回归分析。此外，在回归分析中，又依据描述自变量与因变量之间因果关系的函数表达式是线性的还是非线性的，分为线性回归分析和非线性回归分析。通常线性回归分析法是最基本的分析方法，遇到非线性回归问题可以借助数学手段化为线性回归问题处理。

两个现象变量之间的相关关系并非线性关系，而呈现某种非线性的曲线关系，如双曲

线、二次曲线、三次曲线、幂函数曲线、指数函数曲线（Gompertz）、S 形曲线（Logistic）、对数曲线、指数曲线等，以这些变量之间的曲线相关关系来拟合相应的回归曲线，建立非线性回归方程，进行回归分析称为非线性回归分析。

1）常见非线性回归曲线

（1）双曲线，$\frac{1}{y} = a + \frac{b}{x}$。

（2）二次曲线。

（3）三次曲线。

（4）幂函数曲线。

（5）指数函数曲线。

（6）倒指数曲线 $y = ae^{b/x}$，其中 $a > 0$。

（7）S 形曲线（Logistic），$y = \frac{1}{a + be^{-x}}$。

（8）对数曲线，$y = a + b\log x$，$x > 0$。

（9）指数曲线，$y = ae^{bx}$，其中参数 $a > 0$。

2）非线性函数的线性化

非线性函数的线性变化参见表 8-3。

表 8-3 非线性函数的线性变化

曲线方程	曲线图形	变换公式	变换后的线性函数
$y = ax^b$	(a=1,b>0) / (a=1,b<0)	$c = \ln a$ $v = \ln x$ $u = \ln y$	$u = c + bv$
$y = ae^{bx}$	(a>0,b>0) / (a>0,b<0)	$c = \ln a$ $u = \ln y$	$u = c + bv$
$y = a\dfrac{b}{e^x}$	(a>0,b>0) / (a>0,b<0)	$c = \ln a$ $v = \dfrac{1}{x}$ $u = \ln y$	$u = c + bv$
$y = a + b\ln x$	(b>0) / (b<0)	$v = \ln x$ $u = y$	$u = a + bv$

8.5 如何使用统计软件进行相关与回归分析

回归分析中的计算量较大，特别是多元回归，用手工计算几乎是不可能的。因此，在实际分析中，回归的计算基本上依赖于计算机。除专门的统计软件外，我们也可以用熟悉的 Excel 软件进行回归分析。

以例 8 - 1 数据资料为例，将广告费投入和销售收入的数据输入 Excel 工作表中的 A2：B12 单元格。然后按下列步骤进行操作。

第 1 步：单击"数据"选项下的"数据分析"选项。

第 2 步：在分析工具中选择"回归"选项，单击"确定"按钮，如图 8 - 5 所示。

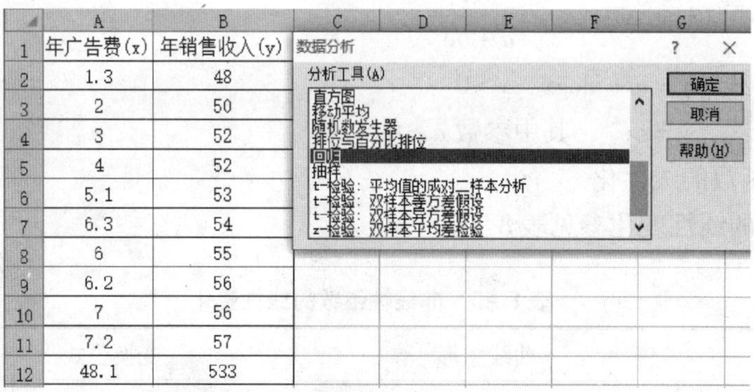

图 8 - 5　数据分析中的分析工具界面

第 3 步：当对话框出现时：

在"Y 值输入区域"方框内输入数据区域 B2：B12；

在"X 值输入区域"方框内输入数据区域 A2：A12；

在"置信度"选项中给出所需的数值（这里我们使用隐含值 95%）；

在"输出选项"中选择输出区域（这里我们选新工作表组）；

在"残差"中选择所需的选项（这里我们暂时未选）。

输入结果如图 8 - 6 所示。

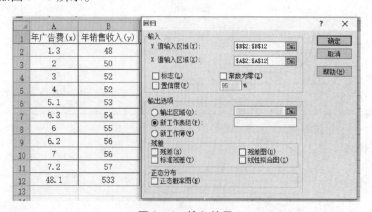

图 8 - 6　输入结果

单击"确定"按钮后得到下面的结果,如图 8-7 所示。

	A	B	C	D	E	F	G	H	I
1	SUMMARY OUTPUT								
2									
3		回归统计							
4	Multiple R	0.990963018							
5	R Square	0.982007702							
6	Adjusted R Sq	0.980008558							
7	标准误差	20.45372148							
8	观测值	11							
9									
10	方差分析								
11		df	SS	MS	F	Significance F			
12	回归分析	1	205501.72	205501.72	491.21405	3.66346E-09			
13	残差	9	3765.1925	418.35472					
14	总计	10	209266.91						
15									
16		Coefficients	标准误差	t Stat	P-value	Lower 95%	Upper 95%	下限 95.0%	上限 95.0%
17	Intercept	1.97527268	7.5086286	0.263067	0.7984223	-15.01042528	18.96097	-15.0104	18.9609706
18	X Variable 1	10.8552183	0.4897824	22.163349	3.663E-09	9.747253543	11.96318	9.747254	11.9631831

图 8-7 Excel 输出的回归分析结果

Excel 输出的回归分析结果包括以下几个部分:

第一部分是"回归统计"。这部分给出了回归分析中的一些常用统计量,包括相关系数(Multiple R)、判断系数(R Square)、调整的判定系数(Adjusted R Square)、标准误差、观测值等。

第二部分是"方差分析"。这部分给出的是回归分析的方差分析表,包括回归和残差的自由度(df)、总平方和(SS)、均方(MS)、检验统计量(F)、F 检验的显著性水平(Significance F)。这部分的主要作用是对回归方程的线性关系进行显著性检验。

第三部分是回归参数估计的有关内容。其包括回归方程的截距(Intercept)和斜率(X Variable 1)的系数(Coefficients)、标准误差、用于检验回归系数的 t 统计量(t Stat)和 P 值(P-value),以及截距和斜率的置信区间(Lower 95% 和 Upper 95%)等。

关键术语:

函数关系 相关关系 相关系数 散点图 回归分析 回归模型回归方程 拟合优度 判定系数 点估计 区间估计

习 题

一、选择题

1. 欲以图形显示两变量 X 和 Y 的关系,最好创建( )。
   A. 直方图　　　　B. 圆形图　　　　C. 柱形图　　　　D. 散点图
2. 在相关分析中,对两个变量的要求是( )。
   A. 都是随机变量　　　　　　　　B. 都不是随机变量
   C. 其中一个是随机变量,一个是常数　D. 都是常数
3. 按其涉及变量多少,相关关系的种类可分为( )。
   A. 正相关和负相关　　　　　　　B. 单相关和复相关
   C. 线性相关和非线性相关　　　　D. 不相关、不完全相关、完全相关

4. 关于相关系数，下面不正确的描述是（　　）。
   A. 当 $r=1$ 时，表示两变量不完全相关
   B. 当 $r=0$ 时，表示两变量间无相关
   C. 两变量之间的相关关系是单相关
   D. 如果自变量增长引起因变量的相应增长，就形成正相关关系

5. 当变量 x 按一定数量变化时，变量 y 随之近似地以固定的数量发生变化，这说明 x 与 y 之间存在（　　）。
   A. 正相关关系　　B. 负相关关系　　C. 直线相关关系　　D. 曲线相关关系

6. 评价直线相关关系的密切程度，当 r 介于 $0.5 \sim 0.8$ 时，表示（　　）。
   A. 无相关　　B. 低度相关　　C. 中等相关　　D. 高度相关

7. 两变量的线性相关系数为 0，表明两变量之间（　　）。
   A. 完全相关　　B. 无关系　　C. 不完全相关　　D. 不存在线性相关

8. 相关分析和回归分析相辅相成，又各有特点，下面描述中正确的有（　　）。
   A. 在相关分析中，相关的两变量都不是随机的
   B. 在回归分析中，自变量是随机的，因变量不是随机的
   C. 在回归分析中，因变量和自变量都是随机的
   D. 在相关分析中，相关的两变量都是随机的

9. 年劳动生产率 x（千元）和工人工资 y（元）之间的回归方程为 $y=10+70x$，这意味着年劳动生产率每提高 1 000 元时，工人工资平均（　　）。
   A. 增加 70 元　　B. 减少 70 元　　C. 增加 80 元　　D. 减少 80 元

10. 产量 X（千件）与单位成本 Y（元）之间的回归方程为 $Y=77-3X$，这表示产量每提高 1 000 件，单位成本平均（　　）。
    A. 增加 3 元　　B. 减少 3 000 元　　C. 增加 3 000 元　　D. 减少 3 元

11. 两变量 X 和 Y 的相关系数为 0.8，则其回归直线的判定系数为（　　）。
    A. 0.50　　B. 0.80　　C. 0.64　　D. 0.90

12. 一元线性回归模型和多元线性回归模型的区别在于只有一个（　　）。
    A. 因变量　　B. 自变量　　C. 相关系数　　D. 判定系数

二、简答题

1. 许多现象在数量上存在的相互关联、相关制约关系的类型有哪几种？
2. 什么是函数关系？什么是相关关系？
3. 相关系数的特点是什么？
4. 什么是拟合优度？拟合优度的评价最常用的方法有哪些？
5. 回归分析的区间估计有哪几种类型？

三、计算题

1. 已知回归方程 $y_c=10+0.5x$，$n=40$，$\sum y=460$，$\sum xy=7\,800$，$\sum y^2=8\,652$，试计算估计标准误差。

2. 某原始资料为：

X	65	73	91	88	76	53	96	67	82	85
Y	5	7	13	13.5	7	4.5	15	6.7	10	11

要求：（1）求回归方程；
（2）这是正相关还是负相关？
（3）求估计标准误差。

3. 从某一行业中随机抽取 5 家企业，所得产品产量与生产费用的数据如下：

产品产量 x_i/台	40	50	50	70	80
生产费用 y_i/万元	130	140	145	150	156

要求：（1）利用最小二乘法求出估计的回归方程；
（2）计算判定系数 R^2。

第九章

方差分析

学习目标

知识目标

- 了解方差分析的一般思想。
- 理解单因素方差分析的意义。
- 重点掌握单因素方差分析的方法。
- 了解双因素方差分析的意义、作用。
- 理解双因素方差分析的方法。

能力目标

准确掌握方差的相关知识。

案例导读

新药在广泛用于临床之前需要先在动物身上进行试验,证明它安全有效;然后在健康的志愿者中进行一个剂量或一个疗程的耐受试验,证明人体能够耐受并给出临床上将来能够使用的安全剂量,最后在患者身上进行临床试验。

某药厂为考察新药是否对胰岛素分泌水平有显著影响进行了试验。试验中采用了5种新型药物,各自利用4只小白鼠做试验,测得白鼠胰岛质量如表9-1所示。

表9-1 5种药物刺激下小白鼠的胰岛质量

编号	胰岛质量/g	药物组
1	87.8	1

续表

编号	胰岛质量/g	药物组
2	91.8	1
3	86.4	1
4	110.2	1
5	95.6	2
6	84.4	2
…	…	…
16	88.4	4
17	88.2	5
18	73.2	5
19	87.7	5
20	85.6	5

问题：5 种药物对胰岛素水平的影响是否相同？

为了回答上述问题，本章将介绍单因素方差分析、双因素方差分析法的有关概念，以及如何使用软件来进行方差分析，希望读者能够通过本章的学习掌握方差分析的基本方法。

9.1 方差分析的基本思想

方差分析（Analysis of Variance，简称 ANOVA）是在 20 世纪 20 年代发展起来的一种统计方法，它是由英国统计学家 R. A. Fisher 在进行试验设计时为解释试验数据而首先引入的。目前，方差分析方法广泛应用于经济学、社会学、心理学、工程和医药等领域。

方差分析是比较两个或两个以上样本的均值是否相等的一种统计方法，但本质上它所研究的是变量之间的关系。在研究一个（或多个）分类型自变量与一个数值型因变量之间的关系时，方差分析是其中的主要方法之一。方差分析建立在以下基本假设上：每个总体都服从正态分布，且各总体的方差相同，各个观测值相互独立。本章将要介绍的内容包括单因素方差分析、双因素方差分析以及实验设计的基本知识。

9.1.1 方差分析的概念

先举一个例子，现在有 4 个总体的均值分别为 μ_1、μ_2、μ_3、μ_4，想检验 4 个总体的均值是否相等。如果用一般的假设检验方法，如 t 检验，一次只能研究两个样本，根据排列组合的方法计算，则需要做 6 次检验：检验 1：$H_0: \mu_1 = \mu_2$；检验 2：$H_0: \mu_1 = \mu_3$；检验 3：$H_0: \mu_1 = \mu_4$；检验 4：$H_0: \mu_2 = \mu_3$；检验 5：$H_0: \mu_2 = \mu_4$；检验 6：$H_0: \mu_3 = \mu_4$。

显而易见，这样做的两两比较十分烦琐。同时，由于这样的两两检验共需进行 6 次，假设 $\alpha = 0.05$，即每次检验犯第 I 类错误的概率都是 0.05，那么做多次检验自然会使犯第 I 类错误的概率相应增加，当完成这一系列检验时，我们会发现，犯第 I 类错误的概率会远大于

0.05，即连续做 6 次检验犯第 I 类错误的概率为 $1-(1-\alpha)^6 = 0.265$，置信水平则会降低到 $0.95^6 = 0.735$。

通过上面的例子可以直观地发现，随着增加个体显著性检验的次数，偶然因素导致均值间差别的可能性也会增加（并非均值真的存在差别）。而如果使用方差分析方法，则是可以同时考虑所有样本的，因此排除了错误积累的概率，从而避免拒绝一个真实的原假设。

与第 7 章介绍的假设检验方法相比，方差分析既可以提高检验的效率，同时由于它将所有的样本信息结合在一起，因此也增加了分析的可靠性。

方差分析，又叫变异数分析，如前面所述，它是用来比较多个总体的均值是否相等的统计方法，然而其更深层次的作用是研究分类型自变量对数量型因变量的影响，也就是"分类变量"与"数值变量"两类变量之间的关系。通常，如果有一个你感兴趣的指标（因变量），其变化可能受到众多离散型因素（如性别、党派、户籍）而不是连续型因素（如身高、体重、收入等）的影响，就可以考虑使用方差分析。

在方差分析中，所要检验的对象称为因素或因子（Factor），因素的不同表现称为水平。在每个因子水平下得到的样本数据称为观测值。在本章开头案例中，胰岛质量就是因变量，药物是所要检验的因素，5 种不同的药物可看成该因素的 5 种水平，所以这是一个单因素五水平的试验。或者，要在不同的高度下进行一项试验，高度就是一个因素，在 20 m、25 m、30 m、35 m 4 个高度值下做试验，每个高度值就是一个水平，共有 4 个水平，在每个高度下试验得到的数据就是观测值，这是一个单因素四水平的试验。若方差分析同时针对两个因素进行，则称为双因素方差分析。

为更好地理解方差分析的含义，先通过一个例子来说明方差分析的有关概念以及方差分析所要解决的问题。

【例 9-1】在行风评比中，消费者的表扬次数是评价行业服务质量的一个重要指标，有关部门在电信业、电力业、航空公司、铁路业分别抽取了不同的企业作为样本。每个行业中各抽取 5 家，所抽取的这些企业，假定它们在服务对象、服务内容、企业规模等方面基本上是相同的。然后统计出最近一年中消费者对这 20 家企业表扬的次数，结果如表 9-2 所示。

表 9-2　4 个行业被表扬次数

电信业	电力业	航空公司	铁路业
47	58	21	34
56	29	39	41
39	19	11	55
30	35	24	67
24	46	30	48

一般而言，受到表扬的次数越多，说明服务的质量越好。有关部门想知道这几个行业之间的服务质量是否有显著差异。

要分析行业对被表扬次数是否有显著影响，先要明确各元素在分析中的角色。根据前面的定义，这里的行业是因素；电信业、电力业、航空公司、铁路业是水平；在每个行业下得到的样本数据（被表扬次数）称为观测值。由于这里只涉及行业一个因素，因此称为单因素四水平的试验。因素的每一个水平可以看作一个总体，如电信业、电力业、航空公司、铁路业可以看作4个总体，上面的数据可以看作从这4个总体中抽取的样本数据。

在只有一个因素的方差分析（称为单因素方差分析）中，涉及两个变量：一个是分类型自变量，另一个是数值型因变量。例如，在上面的例子中，行业就是自变量，它是一个分类型变量。被表扬次数是因变量，它是一个数值型变量，不同的被表扬次数就是因变量的取值。

要分析这4个行业之间的服务质量是否有显著差异，实际上也就是要判断行业对被表扬次数是否有显著影响，做出这种判断最终被归结为检验这4个行业被表扬次数的均值是否相等。如果它们的均值相等，就意味着行业对被表扬次数是没有影响的，也就是它们之间的服务质量没有显著差异；如果均值不全相等，则意味着行业对被表扬次数是有影响的，它们之间的服务质量有显著差异。这就是方差分析要解决的问题。

对于如何把由于因素水平不同与随机因素的影响所造成的差异从数量上区分开来的问题，需要从对数据误差来源的分析入手。

怎样判断行业对被表扬次数是否有显著影响？或者说，行业与被表扬次数之间是否有显著的关系？我们可以从表中的数据进行初步的分析。不同行业被表扬的次数是有明显差异的，而且，即使是在同一个行业，不同企业被表扬的次数也明显不同。从表9-2中可以看出，铁路业被表扬的次数较多，而航空公司被表扬的次数较少。这表明，行业与被表扬次数之间有一定的关系。如果行业与被表扬次数之间没有关系，那么它们被表扬次数的均值应该差不多相同，在表格中的数字上所呈现的模式应该很接近。

9.1.2 平方和误差分解

虽然一般的数据表上往往会展示出不同的数据，然而我们并不能因此肯定判断这些差别是由于某个因素引起的，因为很有可能这种差异是由抽样的随机性造成的。比如，上例的统计表中各行业被表扬次数虽然各不相同，但并不能因此说明不同行业被表扬次数之间有显著差异，因此，需要有更准确的方法来检验这种差异是否显著，也就是进行方差分析。方差分析就是通过对数据误差来源的分析来判断不同总体的均值是否相等，进而分析自变量对因变量是否有显著影响。所以，进行误差分析时，需要考察数据误差的来源。一般来讲，误差可能来自抽样过程本身，也有可能是因素不同水平间的差异产生的。下面结合表9-2中的数据来说明数据的误差来源及其分解过程。

首先，可以发现在同一行业中，样本的各观测值是不同的。例如，在电信业中，所抽取的5家企业之间被表扬次数是不同的。由于企业是随机抽取的，因此它们之间的差异可以看成是随机因素的影响造成的，或者说是由抽样的随机性造成的随机误差。这种来自水平内部的数据误差也称为组内误差。例如，电信业中所抽取的5家企业被表扬次数之间的误差就是组内误差，它反映了一个样本内部数据的离散程度。显然，组内误差只含有随机误差。

其次，不同行业的观测值也是不同的。不同水平之间的数据误差称为组间误差。这种差异可能是由抽样本身形成的随机误差，也可能是由行业本身的系统性因素造成的系统误差。因此，组间误差是随机误差和系统误差的总和。例如，4个行业被表扬次数之间的误差就是组间误差,它反映了不同样本之间数据的离散程度。

在方差分析中,数据的误差是用平方和来表示的。反映全部数据误差大小的平方和称为总平方和,记为 SST(Sum of Squares of Total)。例如,所抽取的全部 20 家企业被表扬次数之间的误差平方和就是总平方和,它反映了全部观测值的离散状况。反映组内误差大小的平方和称为组内平方和,也称为误差平方和或残差平方和,记为 SSE(Sum of Squares for Error)。例如,每个样本内部的数据平方和加在一起就是组内平方和,它反映了每个样本内各观测值的离散状况。反映组间误差大小的平方和称为组间平方和,也称为因素平方和,记为 SSA(Sum of Squares for Factor A)。例如,4 个行业被表扬次数之间的误差平方和就是组间平方和,它反映了样本均值之间的差异程度。

图 9-1 给出了数据误差的分解过程。有关各误差的计算方法将在后面的章节进行介绍。

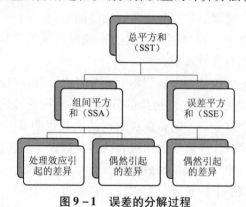

图 9-1 误差的分解过程

9.1.3 误差分析

如果不同行业对被表扬次数没有影响,那么在组间误差中只包含随机误差,而没有系统误差。这时,组间误差与组内误差经过平均后的数值(称为均方或方差)就应该很接近,它们的比值就会接近 1。反之,如果不同行业对表扬次数有影响,则组间误差中除了包含随机误差外,还会包含系统误差,这时组间误差平均后的数值就会大于组内误差平均后的数值,它们之间的比值就会大于 1。当这个比值大到某种程度时,就认为因素的不同水平之间存在着显著差异,也就是自变量对因变量有显著影响。因此,判断行业对被表扬次数是否有显著影响这一问题,实际上也就是检验被表扬次数的差异主要是由什么原因引起的。如果这种差异主要是系统误差,就认为不同行业对被表扬次数有显著影响。在方差分析的假定前提下,要检验行业(分类型自变量)对被表扬次数(数值型因变量)是否有显著影响,在形式上也就转化为检验 4 个行业被表扬次数的均值是否相等。

9.1.4 方差分析的三个基本假定

(1)各个总体都应服从正态分布。即对于因素的每一个水平,其观测值都应是来自正态分布总体的简单随机样本。在例 9-1 中,要求每个行业被表扬次数必须服从正态分布。

(2)每个总体的方差 σ^2 必须相同。即各组观察数据是从具有相同方差的正态总体中抽取的。在例 9-1 中,要求每个行业被表扬次数的方差都相同。

(3) 每个观测值都是独立的,即每个观测值都不受其他观测值的影响。在例 9-1 中,要求每个被抽中的企业被表扬次数都与其他企业被表扬次数独立。

假定上述假设条件成立,要判断行业对被表扬次数是否有显著影响,实际上也就是检验具有相同方差的 4 个正态总体的均值(被表扬次数的均值)是否相等。也就是说,要分析自变量对因变量是否有影响,在形式上也就转化为检验自变量的各个水平的均值是否相等。

一般地,总体的均值往往无法获得,但可以使用样本数据来检验它们是否相等。这里运用的基本逻辑是:如果总体的均值相等,那么可以认为相应样本的均值也会很接近。事实上,样本间的均值越接近,推断总体间均值相等的证据也就越充分;反之,样本间均值越不同,推断总体间均值不同的证据就越充分。也就是说,样本均值差异越小,越支持原假设;样本均值差异越大,越支持备择假设。如果原假设 H_0: $\mu_1 = \mu_2 = \mu_3 = \mu_4$ 为真,则意味着每个样本都来自同一个均值为 μ、方差为 σ^2 的正态总体。由样本均值的抽样分布可知,来自正态总体的一个简单随机样本的样本均值 $\bar{x}$ 服从均值为 μ、方差为 σ^2/n 的正态分布。

当 μ_1、μ_2、μ_3、μ_4 完全不同时,意味着这 4 个样本分别来自均值不同的 4 个正态总体,因此有 4 个不同的抽样分布。

9.1.5 方差分析的假设提出

设因素有 k 个水平,每个水平的均值分别用 μ_1, μ_2, $\cdots$, μ_k 表示,要检验 k 个水平的均值是否相等,需要提出如下假设,即

H_0: $\mu_1 = \mu_2 = \cdots = \mu_k$ 　　　　自变量对因变量没有显著影响
H_1: μ_1, μ_2, $\cdots$, μ_k 不全相等 　　　　自变量对因变量有显著影响

在例 9-1 中,分别设电信业被表扬次数的均值为 μ_1,电力业被表扬次数的均值为 μ_2,航空公司被表扬次数的均值为 μ_3,铁路业被表扬次数的均值为 μ_4。为检验行业对被表扬次数是否有影响,需要提出如下假设,即

H_0: $\mu_1 = \mu_2 = \cdots = \mu_k$ 　　　　行业对被表扬次数没有显著影响
H_1: μ_1, μ_2, $\cdots$, μ_k 不全相等 　　　　行业对被表扬次数有显著影响

9.2　单因素方差分析

根据所分析的分类型自变量的多少,方差分析可分为单因素方差分析和双因素方差分析。当方差分析中只涉及一个分类型自变量时,称为单因素方差分析(One-way Analysis of Variance)。

9.2.1　单因素方差分析的数据结构

设分类变量 A 有 n 个不同水平,通过 m 次观测可以获得数值变量 X 的 n 组独立的样本观测值。为了方便进行单因素方差分析,可以用到下面的数据结构,如表 9-3 所示。

表 9-3 n 水平单因素方差分析的数据结构

观测值 (j)	因素 (i)			
	A_1	A_2	$\cdots$	A_n
1	x_{11}	x_{21}	$\cdots$	X_{n1}
2	x_{12}	x_{22}	$\cdots$	X_{n2}
$\vdots$	$\vdots$	$\vdots$	$\vdots$	$\vdots$
m	x_{1m}	x_{2m}	$\cdots$	X_{nm}

在表 9-3 中，x_{ij} 表示第 i 行、第 j 列的观测值（$i=1, 2, \cdots, n; j=1, 2, \cdots, m$）。例如，$x_{35}$ 表示第 3 个水平的第 5 个观测值。从不同水平中所抽取的样本量可以相等，也可以不相等。

9.2.2 分析步骤

根据假设检验的思路，为检验自变量对因变量是否有显著影响，首先需要提出原假设，即两个变量在总体中没有关系，然后构造一个用于检验的统计量来检验这一假设是否成立，之后计算统计量的值，最后根据结果做出统计决策。

1. 假设提出

原假设所描述的应该是因素在其分类下，因变量的均值应该相等。所以，检验因素的 n 个水平的均值是否相等，需要提出如下形式的假设，即

$H_0: \mu_1 = \mu_2 = \cdots = \mu_n$ 自变量对因变量没有显著影响

$H_1: \mu_i (i=1, 2, \cdots, n)$ 不全相等   自变量对因变量有显著影响

式中，μ_i 为第 i 个水平的均值。

如果不拒绝原假设 H_0，则没有证据表明自变量对因变量有显著影响，也就是说，不能认为自变量与因变量之间有显著关系。如果拒绝原假设 H_0，则意味着自变量对因变量有显著影响，也就是自变量与因变量之间有显著关系。但要注意的是，拒绝原假设并不表示所有均值都不相等，它是指至少有两个水平的均值不相等。

2. 检验统计量构造

为检验 H_0 是否成立，需要确定检验的统计量。

1) 各样本的均值计算

假定从第 i 个水平中抽取一个容量为 m_i 的简单随机样本，令 $\bar{x}_i$ 为第 i 个水平的样本均值，则有

$$\bar{x}_i = \frac{\sum_{j=1}^{m_i} x_{ij}}{m_i}, \quad i=1, 2, \cdots, n \tag{9.1}$$

式中，m_i 为第 i 个水平的样本量；x_{ij} 为第 i 个水平的第 j 个观测值。例如，根据表 9-2 中的数据，计算电信业的样本均值为

$$\bar{x}_1 = \frac{\sum_{j=1}^{5} x_{ji}}{m_1} = \frac{47+56+39+30+24}{5} = 39.2$$

同样，可以得到电力业、航空公司、铁路业的均值分别为 $\bar{x}_2 = 37.4$，$\bar{x}_3 = 25$，$\bar{x}_4 = 49$。

2）全部观测值的总均值计算

它是全部观测值的总和除以观测值的总个数 m 的结果。令总均值为 $\bar{\bar{x}}$，则有

$$\bar{\bar{x}} = \frac{\sum_{i=1}^{n}\sum_{j=1}^{m_i} x_{ij}}{m} = \frac{\sum_{i=1}^{n} m_i \bar{x}_i}{m} \tag{9.2}$$

式中，$m = m_1 + m_2 + \cdots + m_n$，根据式（9.2）计算的总均值 $\bar{\bar{x}}$ 为 37.65。

3）各误差平方和计算

为构造检验的统计量，在方差分析中，需要计算三个误差平方和，它们是总平方和、组间平方和（因素平方和）、组内平方和（误差平方和或残差平方和）。

（1）总平方和（Sum of Squares for Total），记为 SST。它是全部观测值 x_{ij} 与总均值 $\bar{\bar{x}}$ 的误差平方和，其计算公式为

$$\text{SST} = \sum_{i=1}^{n}\sum_{j=1}^{m_i}(x_{ij} - \bar{\bar{x}})^2 \tag{9.3}$$

例如，根据表 9-2 中的数据，我们已经计算出 $\bar{\bar{x}} = 37.65$。所以，根据式（9.3）计算总平方和为

$$\begin{aligned}\text{SST} &= (47 - 37.65)^2 + \cdots + (48 - 37.65)^2 \\ &= 4\ 112.55\end{aligned}$$

它反映了全部 20 个观测值与这 20 个观测值平均数之间的差异。

（2）组间平方和（Sum of Squares for Factor A），记为 SSA，它是各组均值 $\bar{x}_i$（$i = 1, 2, \cdots, n$）与总均值 $\bar{\bar{x}}$ 的误差平方和，反映各样本均值之间的差异程度，因此又称为因素平方和。其计算公式为

$$\text{SSA} = \sum_{i=1}^{n} m_i (\bar{x}_i - \bar{\bar{x}})^2 \tag{9.4}$$

例如，根据表 9-2 的有关结果，利用式（9.4）计算组间平方和为

$$\begin{aligned}\text{SSA} &= \sum_{i=1}^{4} m_i (\bar{x}_i - \bar{\bar{x}})^2 \\ &= 5 \times (39.2 - 37.65)^2 + 5 \times (37.4 - 37.65)^2 + 5 \times (25 - 37.65)^2 + 5 \times \\ &\quad (49 - 37.65)^2 = 1\ 456.55\end{aligned}$$

（3）组内平方和（Sum of Squares for Error），记为 SSE。它是每个水平或组的各样本数据与其组均值的误差平方和，反映每个样本各观测值的离散状况，因此又称为误差平方和。该平方和反映了随机误差的大小。其计算公式为

$$\text{SSE} = \sum_{i=1}^{n}\sum_{j=1}^{m_i}(x_{ij} - \bar{x}_i)^2 \tag{9.5}$$

在例 9-1 中，先求出每个行业被表扬次数与其均值的误差平方和，然后将 4 个行业的误差平方和加总，即 SSE。例如，根据表 9-2 的有关结果，利用式（9.5），计算误差平方和分别为

电信业：

$$\sum_{j=1}^{5}(x_{1j}-\bar{x}_1)^2 = (47-39.2)^2 + (56-39.2)^2 + \cdots + (24-39.2)^2 = 658.8$$

电力业:

$$\sum_{j=1}^{5}(x_{2j}-\bar{x}_2)^2 = (58-37.4)^2 + (29-37.4)^2 + \cdots + (46-37.4)^2 = 913.2$$

航空公司:

$$\sum_{j=1}^{5}(x_{3j}-\bar{x}_3)^2 = (21-25)^2 + (39-25)^2 + \cdots + (30-25)^2 = 434$$

铁路业:

$$\sum_{j=1}^{5}(x_{4j}-\bar{x}_4)^2 = (34-49)^2 + (41-49)^2 + \cdots + (48-49)^2 = 650$$

将其加总,可以得到

$$SSE = 658.8 + 913.2 + 434 + 650 = 2\,656$$

上述三个平方和之间关系为

$$\sum_{i=1}^{n}\sum_{j=1}^{m_i}(x_{ij}-\bar{\bar{x}}_i)^2 = \sum_{i=1}^{n}m_i(\bar{x}_i-\bar{\bar{x}})^2 + \sum_{i=1}^{n}\sum_{j=1}^{m_i}(x_{ij}-\bar{x}_i)^2 \tag{9.6}$$

即

总平方和(SST) = 组间平方和(SSA) + 组内平方和(SSE)

通过上面的计算结果,也可以验证这一点。

从上述三个误差平方和可以看出,SSA 是对随机误差和系统误差大小的度量。反映了自变量(行业)对因变量(被表扬次数)的影响,也称为自变量效应或因子效应;SSE 是对随机误差大小的度量,反映了除自变量对因变量的影响之外其他因素对因变量的总影响,因此 SSE 也称为残差变量,它所引起的误差称为残差效应;SST 是对全部数据总误差程度的度量,反映了自变量和残差变量的共同影响,因此它等于自变量效应加残差效应。

4)统计量计算

为了消除观测值数量对误差平方和大小的影响,可以运用统计学的方法将各平方和除以它们所对应的自由度,得到的结果称为均方(Mean Square),或者方差,之后利用均方进行统计量的构建。

对于等均值原假设 H_0,利用总平方和(SST) = 组间平方和(SSA) + 组内平方和(SSE) 中 SSE 和 SSA 的分布,我们构造下面的 F 统计量,有

$$F = \frac{SSA/(n-1)}{SSE/(m-n)} \sim F(n-1, m-n) \tag{9.7}$$

它服从第一自由度为 $n-1$,第二自由度为 $m-n$ 的 F 分布。其中,$SSA/(n-1)$ 表示组间均方;$SSE/(m-n)$ 为组内均方;$n-1$ 为 SSA 的自由度,n 为因素水平的个数;SSE 的自由度为 $m-n$,m 为全部观测值的个数。

例如,根据例 9-1,并利用式(9.7)得

$$\frac{SSA}{n-1} = \frac{1\,456.55}{4-1} = 485.516\,7$$

$$\frac{SSE}{m-n} = \frac{2\,656}{20-4} = 166$$

$$F = \frac{SSA/(n-1)}{SSE/(m-n)} = \frac{485.516\,7}{166} = 2.925\,0$$

3. 统计决策

根据之前假设检验部分所学知识，将统计量的值 F 与给定的显著性水平 α 下的临界值 F_α 进行比较，从而做出对原假设 H_0 的决策。如果原假设 H_0：$\mu_1 = \mu_2 = \cdots = \mu_n$ 成立，则表明没有系统误差，F 就不会太大；如果组间均方显著大于组内均方，则说明各水平（总体）之间的差异不仅有随机误差，还有系统误差。可见，判断因素的水平是否对观测值有显著影响，本质上也就是比较组间方差与组内方差之间差异的大小。那么，它们之间的差异大到何种程度才表明有系统误差存在呢？

若 $F > F_\alpha$，说明 F 落在拒绝域，则拒绝原假设 H_0：$\mu_1 = \mu_2 = \cdots = \mu_n$，表明 μ_i（$i = 1$，2，$\cdots$，n）之间的差异是显著的；用例 9-1 来说明，所检验的因素（行业）对观测值（被表扬次数）有显著影响。

若 $F > F_\alpha$，F 落在接受域，则不拒绝原假设 H_0，没有证据表明 μ_i（$i = 1$，2，$\cdots$，n）之间有显著差异；也就是说，这时还不能认为所检验的因素（行业）对观测值（被表扬次数）有显著影响。

以例 9-1 来说明。例如，根据上面计算出的 $F = 2.9250$。若取显著性水平 $\alpha = 0.05$，根据分子自由度 $df_1 = n - 1 = 4 - 1 = 3$ 和分母自由度 $df_2 = m - n = 20 - 4 = 16$，查 F 分布表得到临界值 $F_{0.05}(3, 16) = 3.24$. 由于 $F > F_\alpha$，因此不拒绝原假设 H_0：$\mu_1 = \mu_2 = \mu_3 = \mu_4$，表明 μ_1、μ_2、μ_3、μ_4 之间没有显著差异，即行业对被表扬次数没有显著影响。

4. 方差分析表

上面详细介绍了方差分析的计算步骤和过程。为使计算过程更加清晰，通常将上述过程的内容列在一张表内，这就是方差分析表（Analysis of Variance Table）。其一般形式如表 9-4 所示。

表 9-4 方差分析表的一般形式

误差来源	平方和 SS	自由度 df	均方 MS	F 值
组间（因素影响）	SSA	$n - 1$	SSA/$n-1$	
组内（误差）	SSE	$m - n$	SSE/$m-n$	
总和	SST	$m - 1$		

将例 9-2 的计算结果列成方差分析表，如表 9-5 所示。

表 9-5 4 个行业被表扬次数的方差分析表

差异源	方差分析				
	SS	df	MS	F	F crit
组间	1 456.55	3	485.516 7	2.925 0	3.24
组内	2 656	16	166		
总计	4 112.55	19			

在上面的例子中，分类变量各水平（各行业）中选取的观测数目是相同的，假如选取

的观测数目不同,即样本容量为 m_1, m_2, …, m_n, 则该怎么处理呢?答案是,实质上并没有变化。因为总误差平方和 SST 的分解式并没有变化。

【例 9-2】一个大型汽车制造商希望了解 4 种品牌的轮胎(A、B、C 和 D)的平均里程数是否存在差异,因为该制造商根据轮胎的耐用性来选择最好的供应商,供应商从每家公司选择了等级相同的轮胎,并在同等汽车上进行了检验,里程数如表 9-6 所示,检验 4 种品牌的平均里程数是否存在显著性差异,假定轮胎里程数服从正态分布。

表 9-6 里程数

观测值序号	A	B	C	D
1	57	62	51	70
2	55	49	59	68
3	46	60	48	63
4	45	54	55	69
5	54	56	47	60
6	53	55	—	—
7	47	—	—	—

解:
(1) 建立假设。

H_0: $\mu_1 = \mu_2 = \mu_3 = \mu_4$; H_1: μ_1, μ_2, …, μ_4 不全相等。

(2) 计算有关均值及平方和。

$m_1 = 7$, $m_2 = 6$, $m_3 = m_4 = 5$; $\bar{x}_1 = 51$, $\bar{x}_2 = 56$, $\bar{x}_3 = 52$, $\bar{x}_4 = 66$, $\bar{\bar{x}} = 55.7826$

$\text{SST} = (57 - 55.7826)^2 + (55 - 55.7826) + \cdots + (62 - 55.7826)^2 +$
$\qquad (49 - 55.7826)^2 + \cdots + (51 - 55.7826)^2 + (49 - 55.7826)^2 + \cdots +$
$\qquad (70 - 55.7826)^2 + (68 - 55.7826)^2 + \cdots + (60 - 55.7826)^2 = 1175.913$

$\text{SSE} = (57 - 51)^2 + (55 - 51)^2 + \cdots + (62 - 56)^2 + (49 - 56)^2 + \cdots + (51 - 52)^2 +$
$\qquad (49 - 52)^2 + \cdots + (70 - 66)^2 + (68 - 66)^2 + \cdots + (60 - 66)^2 = 422$

$\text{SSA} = 7 \times (51 - 55.7826)^2 + 6 \times (56 - 55.7826)^2 + 5 \times (52 - 55.7826)^2 +$
$\qquad 5 \times (66 - 55.7826)^2 = 753.913$

(3) 列方差分析表(见表 9-7)。

表 9-7 方差分析表

方差来源	离差平方和 S	自由度 df	均方 MS	F 值
组间	753.913	3	251.3043	11.31465
组内	422	19	22.2105	
总计	1 175.913	22		

(4) 统计决策。

显著性水平 $\alpha = 0.05$ 时，$F_{0.05}(3, 19) = 3.1274$。

由于检验统计量 $F = 11.31465 > F_{0.05}(3, 19) = 3.1274$，因此拒绝原假设 H_0，即有 95% 的把握认为 4 种品牌的里程数是存在显著性差异的。

【例 9-3】某灯泡厂用 4 种不同配料方案制成的灯丝，生产了 4 批灯泡。在每批灯泡中随机地抽取若干个灯泡观测其使用寿命（单位：h），数据列于表 9-8 中，试分析这 4 种灯丝生产的灯泡使用寿命有无显著性的差异。

表 9-8 灯丝配料方案的试验数据

灯丝	灯泡使用寿命								均值
水平 1	1 600	1 610	1 650	1 680	1 700	1 700	1 780		1 674.29
水平 2	1 500	1 640	1 400	1 700	1 750				1 598.00
水平 3	1 640	1 550	1 600	1 620	1 640	1 600	1 740	1 800	1 648.75
水平 4	1 510	1 520	1 530	1 570	1 640	1 680			1 575.00

解：灯丝配料作为分类变量有 4 种水平，观测值个数对应为 7、5、8、6 共 26 个数据，通过计算可以得到如表 9-9 所示方差分析表。

表 9-9 方差分析表

差异源	SS	df	MS	F
组间	39 776.45	3	13 258.82	1.64
组内	178 088.93	22	8 094.95	
总计	217 865.38	25		

对于 5% 的显著性水平，$F = 1.64 < F_{0.05}(3, 22) = 3.05$，所以接受原假设，认为由不同配料灯丝制成的灯泡使用寿命不存在显著差异。

5. 用 Excel 进行方差分析

现有 4 个不同品牌的胶合板，它们的磨损指数见表 9-10，请问：不同品牌的磨损指数之间有无显著性差异？

表 9-10 4 个品牌胶合板的磨损情况

A	B	C	D
2.3	2.2	2.2	2.4
2.1	2.3	2.0	2.7
2.4	2.4	2.9	2.6
2.5	2.6	2.1	2.7

用 Excel 进行方差分析的操作步骤：

第 1 步：单击"数据"选项，并单击"数据分析"选项。

第 2 步：在分析工具中选择"单因素方差分析"选项，单击"确定"按钮。

第 3 步：当对话框出现时：

在"输入区域"方框内输入数据单元格区域，或者单击"输入区域："框右边的按钮，用鼠标左键选中数据，再次单击框右边的按钮。

在"α"方框内输入"0.05"（可根据需要确定）；

在"分组方式"选项下选择"行"，并单击选择"标志位于第一列"；

在"输出"选项中选择输出区域（这里选新工作表组）；

单击"确定"按钮后，即可输出单因素方差分析结果。

Excel 表中的"SUMMARY"部分是有关各样本的一些描述统计量，它们可以作为方差分析的参考信息。"方差分析"部分即方差分析表，其中，SS 表示平方和；df 表示自由度；MS 表示均方；F 为检验的统计量；$P-value$ 为用于检验的 P 值；$F\ crit$ 为给定的 α 水平下的临界值。

进行决策时，可以将方差分析表中的 P 值与显著性水平 α 的值进行比较。若 $P<\alpha$，则拒绝 H_0；若 $P>\alpha$，则不拒绝 H_0。

大家可以根据上述操作方法利用表 9-10 中的数据进行操作练习。

9.2.3 方差分析中的多重比较

方差分析只是回答了各总体均值间是否有显著差异。但究竟哪些均值之间存在差异还需要做进一步的分析，所使用的方法就是多重比较方法（Multiple Comparison Procedures），它是通过对总体均值之间的配对比较来进一步检验到底哪些均值之间存在差异。

多重比较方法有许多种，这里介绍由费希尔提出的最小显著差异方法（Least Significant Difference，LSD）。使用该方法进行检验的基本步骤为：

(1) 提出原假设：$H_0: \mu_i = \mu_j$。

(2) 计算各检验统计量：$|\bar{x}_i - \bar{x}_j|$ 的值。

(3) 计算 LSD，其公式为：$LSD = t_{\alpha/2}\sqrt{MSE\left(\dfrac{1}{m_i}+\dfrac{1}{m_j}\right)}$，式中，$t_{\alpha/2}$ 是自由度为 $m-n$ 的 t 分布的临界值；这里的 n 是因素中水平的个数；MSE 为组内方差；m_i 和 m_j 分别是第 i 个样本和第 j 个样本的样本量。

(4) 根据显著性水平 α 做出决策。如果 $|\bar{x}_i - \bar{x}_j| > LSD$，则拒绝 H_0；否则，则不拒绝 H_0。

对于例 9-2，我们对 4 种产品的均值进行多重比较，取 $\alpha=0.05$。

解：第 1 步：提出如下假设：

检验 1：$H_0: \mu_1 = \mu_2$；$H_1: \mu_1 \neq \mu_2$。

检验 2：$H_0: \mu_1 = \mu_3$；$H_1: \mu_1 \neq \mu_3$。

检验 3：$H_0: \mu_1 = \mu_4$；$H_1: \mu_1 \neq \mu_4$。

检验 4：$H_0: \mu_2 = \mu_3$；$H_1: \mu_2 \neq \mu_3$。

检验 5：$H_0: \mu_2 = \mu_4$；$H_1: \mu_2 \neq \mu_4$。

检验 6：$H_0: \mu_3 = \mu_4$；$H_1: \mu_3 \neq \mu_4$。

第 2 步：计算检验统计量。

$|\bar{x}_1 - \bar{x}_2| = |51 - 56| = 5$

$|\bar{x}_1 - \bar{x}_3| = |51 - 52| = 2$

$|\bar{x}_1 - \bar{x}_4| = |51 - 66| = 15$

$|\bar{x}_2 - \bar{x}_3| = |56 - 52| = 4$

$|\bar{x}_2 - \bar{x}_4| = |56 - 66| = 10$

$|\bar{x}_3 - \bar{x}_4| = |52 - 66| = 14$

第 3 步：计算 LSD。

根据表 9 - 7 的结果，知 MSE = 22.210 5。由于各水平的样本量不同，因此本题需要分别计算 LSD。根据自由度 = $m - n = 23 - 4 = 19$，查 t 分布表，得 $t_{0.025}(19) = 2.093$。此时，各检验的 LSD 为

检验 1：$\text{LSD}_1 = 2.093 \times \sqrt{22.210\ 5 \times \left(\frac{1}{7} + \frac{1}{6}\right)} = 5.487\ 8$

检验 2：$\text{LSD}_2 = 2.093 \times \sqrt{22.210\ 5 \times \left(\frac{1}{7} + \frac{1}{5}\right)} = 5.775\ 7$

检验 3：$\text{LSD}_3 = \text{LSD}_2 = 5.775\ 7$

检验 4：$\text{LSD}_4 = 2.093 \times \sqrt{22.210\ 5 \times \left(\frac{1}{6} + \frac{1}{5}\right)} = 5.972\ 9$

检验 5：$\text{LSD}_5 = \text{LSD}_4 = 5.972\ 9$

检验 6：$\text{LSD}_6 = 2.093 \times \sqrt{22.210\ 5 \times \left(\frac{1}{5} + \frac{1}{5}\right)} = 6.238\ 5$

第 4 步：做出决策。

$|\bar{x}_1 - \bar{x}_2| = 5 < 5.487\ 8$，不拒绝 H_0，不能认为产品 A 与产品 B 质量之间有显著差异；

$|\bar{x}_1 - \bar{x}_3| = 2 < 5.775\ 7$，不拒绝 H_0，不能认为产品 A 与产品 C 质量之间有显著差异；

$|\bar{x}_1 - \bar{x}_4| = 15 > 5.775\ 7$，拒绝 H_0，认为产品 A 与产品 D 质量之间有显著差异；

$|\bar{x}_2 - \bar{x}_3| = 4 < 5.972\ 9$，不拒绝 H_0，不能认为产品 B 与产品 C 质量之间有显著差异；

$|\bar{x}_2 - \bar{x}_4| = 10 > 5.972\ 9$，拒绝 H_0，认为产品 B 与产品 D 质量之间有显著差异；

$|\bar{x}_3 - \bar{x}_4| = 14 > 6.238\ 5$，拒绝 H_0，认为产品 C 与产品 D 质量之间有显著差异。

需要注意的是，关于均值的多重比较应是在进行了方差分析 F 检验，并且有足够理由确定均值之间存在差别之后才做的。若 F 检验结果不显著，此时不建议使用多重比较的方法，因为很有可能造成结果不可信。

9.3 无交互作用的双因素方差分析

9.3.1 双因素方差分析及其类型

单因素方差分析只是考虑一个分类型自变量对数值型因变量的影响。在实际中,往往需要考虑两个或两个以上因素对试验结果的影响。例如,分析影响彩电销售量的因素时,需要考虑品牌、销售地区、价格、质量等多个因素的影响。当方差分析中涉及两个分类型自变量时,称为双因素方差分析(Two Way Analysis of Variance)。

【例9-4】有4个品种的小麦在5个不同的土壤中种植,为分析小麦的品种(品种因素)和土壤变化(土壤因素)对产量的影响,取得以下每个品种在各土壤环境中的产量数据(单位:kg),如表9-11所示。试分析品种和土壤环境对小麦的产量是否有显著影响($\alpha = 0.05$)。

表9-11 4个品种的小麦在5块土壤的产量数据

项目		土壤因素				
		土壤1	土壤2	土壤3	土壤4	土壤5
品种因素	品种1	365	350	343	340	323
	品种2	345	368	363	330	333
	品种3	358	323	353	343	308
	品种4	288	280	298	260	298

在上面的例子中,品种和土壤变化是两个分类型自变量,产量是一个数值型因变量。同时分析品种和土壤变化对产量的影响,分析究竟是一个因素在起作用,还是两个因素都起作用,还是两个因素都不起作用,这就是一个双因素方差分析问题。

在双因素方差分析中,由于有两个影响因素,如小麦的品种因素和土壤因素,如果品种和土壤对产量的影响是相互独立的,则需分别判断品种和土壤对产量的影响,这时的双因素方差分析称为无交互作用(Interaction)的双因素方差分析,或称为无重复双因素(Two Factors without Replication)分析。如果除了品种和土壤对产量的单独影响,两个因素的搭配还会对产量产生一种新的影响,如某一块土壤特别适合某个品种的小麦的种植,从而产量突出,这就是两个因素结合后产生的新效应,这时的双因素方差分析称为有交互作用的双因素方差分析,或称为可重复双因素(Two Factors with Replication)分析。

9.3.2 无交互作用的双因素方差分析

在无交互作用的双因素方差分析中,有两个因素,假定为因素A和因素B,设A因素有k个水平:A_1,A_2,…,A_k;B因素有r个水平:B_1,B_2,…,B_r。在因素A的k个水平与因素B的r个水平的每一组合A_iB_j下做一次试验,观察它们对试验数据X_{ij}的影响,可得无交互作用的双因素方差分析的数据结构如表9-12所示。

表 9-12 双因素（无交互作用）方差分析的数据结构

项目		B 因素				平均值 $\bar{x}$
		B_1	B_2	$\cdots$	B_r	
A 因素	A_1	X_{11}	X_{12}	$\cdots$	X_{1r}	$\bar{x}_{1.}$
	A_2	X_{21}	X_{22}	$\cdots$	X_{2r}	$\bar{x}_{2.}$
	$\vdots$	$\vdots$	$\vdots$	$\vdots$	$\vdots$	$\vdots$
	A_k	X_{k1}	X_{k2}	$\cdots$	X_{kr}	$\bar{x}_{k.}$
平均值 $\bar{x}_{.j}$		$\bar{x}_{.1}$	$\bar{x}_{.2}$	$\cdots$	$\bar{x}_{.r}$	$\bar{\bar{X}}$

在表 9-12 中，每一个观测值 X_{ij}（$i = 1, 2, \cdots, k$; $j = 1, 2, \cdots, r$）都是从由 A 因素与 B 因素构成的 $k \times r$ 个总体中抽取的样本量为 1 的独立随机样本。这 $k \times r$ 个总体中的每一个总体都服从正态分布，且有相同的方差。

在表 9-12 中，各行均值 $\bar{x}_i$

$$X_{i.} = \sum_{j=1}^{k} x_{ij}/r, \ i = 1, 2, \cdots, k \tag{9.8}$$

各列均值 $\bar{x}_{.j}$、$\bar{x}_{.i}$

$$X_{.j} = \sum_{i=1}^{k} x_{ij}/k, \ j = 1, 2, \cdots, r \tag{9.9}$$

$\bar{\bar{x}}$ 是全部 kr 个样本数据的总平均值，即

$$\bar{\bar{x}} = \sum_{i=1}^{k}\sum_{j=1}^{r} x_{ij}/kr \tag{9.10}$$

对于无交互作用的双因素方差分析，其统计分析的原理与单因素方差分析的原理相同，也包括提出假设、构造假设检验的统计量、做出统计决策等步骤。

1）提出假设

为了检验两个因素的影响，需要对两个因素分别提出如下假设。

（1）判断因素 A 的影响是否显著等价于提出假设：

H_{01}：$\mu_1 = \mu_2 = \cdots = \mu_i = \cdots = \mu_k$；$H_{11}$：$\mu_i$（$i = 1, 2, \cdots, k$）不全相等

其中，μ_i 表示 A 的第 i 个水平所构成的总体均值。

（2）判断因素 B 的影响是否显著等价于提出假设：

H_{02}：$\mu_1 = \mu_2 = \cdots = \mu_j = \cdots = \mu_r$；$H_{12}$：$\mu_j$（$j = 1, 2, \cdots, r$）不全相等

其中，μ_j 表示 B 的第 j 个水平所构成的总体均值。

2）构造假设检验的统计量

为检验 H_0 是否成立，需要分别确定检验 A 因素和 B 因素的统计量。与单因素方差分析构造统计量的方法一样，同样需要从对离差总平方和的分解入手。离差总平方和是全部样本观察值 x_{ij}（$i = 1, 2, \cdots, k$; $j = 1, 2, \cdots, r$）与总样本平均值 $\bar{\bar{x}}$ 的误差平方和，记为 SST，即

$$\text{SST} = \sum_{i=1}^{k}\sum_{j=1}^{r}(x_{ij} - \bar{\bar{x}})^2$$

$$= \sum_{i=1}^{k}\sum_{j=1}^{r}(x_{i.} - \bar{\bar{x}})^2 + \sum_{i=1}^{k}\sum_{j=1}^{r}(\bar{x}_{.j} - \bar{\bar{x}})^2 + \sum_{i=1}^{k}\sum_{j=1}^{r}(x_{ij} - x_{i.} - x_{.j} + \bar{\bar{x}})^2$$

$$SST = SSR + SSC + SSE \qquad (9.11)$$

其中，分解后的等式右边的第一项是 A 因素所产生的误差平方和，记为 SSR，即

$$SSR = \sum_{i=1}^{k} \sum_{j=1}^{r} (\bar{x}_{i.} - \bar{\bar{x}})^2 \qquad (9.12)$$

第二项是 B 因素所产生的误差平方和，记为 SSC，即

$$SSC = \sum_{i=1}^{k} \sum_{j=1}^{r} (\bar{x}_{.j} - \bar{\bar{x}})^2 \qquad (9.13)$$

第三项是除 A 因素和 B 因素之外的剩余因素所产生的误差平方和，称为随机误差平方和，记为 SSE，即

$$SSE = \sum_{i=1}^{k} \sum_{j=1}^{r} (X_{ij} - \bar{x}_{i.} - \bar{x}_{.j} + \bar{\bar{x}})^2 \qquad (9.14)$$

由数理统计知识可知，当 $x_{ij} \sim N(\mu, \sigma^2)$ 时，$\dfrac{SST}{\sigma^2} \sim X^2(kr-1)$。

与单因素方差分析情况类似，可以证明各误差平方和相对应的自由度分别是：

（1）离差总平方和 SST 的自由度为 $kr-1$。

（2）A 因素的误差平方和 SSR 自由度为 $k-1$，

（3）B 因素的误差平方和 SSC 的自由度为 $r-1$；

（4）随机误差平方和 SSE 的自由度为 $(k-1)(r-1)$。

在上述误差平方和的基础上计算均方，也就是将各平方和除以相应的自由度。为构造检验统计量，需要计算下列各均方：

（1）A 因素的均方，记为 MSR，即 $MSR = SSR/(k-1)$。 $\qquad$ (9.15)

（2）B 因素的均方，记为 MSC，即 $MSC = SSC/(r-1)$。 $\qquad$ (9.16)

（3）随机误差项的均方，记为 MSE，即 $MSE = SSE/[(k-1)(r-1)]$。 (9.17)

由于 SSR 反映因素 A 的各水平之间的差异，SSC 反映因素 B 的各水平之间的差异，SSE 反映在交互作用不显著时试验本身随机误差大小。所以，可以采用下面的统计量，即

$$F_R = MSR/MSE \sim F(k-1, (k-1)(r-1)) \qquad (9.18)$$

$$F_C = MSC/MSE \sim F(r-1, (k-1)(r-1)) \qquad (9.19)$$

作为检验 A 因素、B 因素对因变量的影响是否显著的统计量，方便起见，通常也用方差分析表，如表 9-13 所示。

表 9-13 双因素（无交互作用）方差分析表

误差来源	误差平方和 SS	自由度 df	均方 MS	F 值
A 因素	SSR	$k-1$	MSR	F_R
B 因素	SSC	$r-1$	MSC	F_C
误差	SSE	$(k-1) \times (r-1)$	MSE	
总和	SST	$kr-1$		

3）做出统计决策

计算出检验统计量的值之后，根据给定的显著性水平 α 和两个自由度，查 F 分布表得

到相应的临界值 F_α，然后将 F_R 和 F_C 与 F_α 进行比较。

若 $F_R > F_\alpha$，则拒绝原假设 H_0：$\mu_1 = \mu_2 = \cdots = \mu_i = \cdots = \mu_k$，表明 μ_i（$i = 1, 2, \cdots, k$）之间的差异是显著的；也就是说，所检验的因素 A 对观测值有显著影响。

若 $F_C > F_\alpha$，则拒绝原假设 H_0：$\mu_1 = \mu_2 = \cdots = \mu_j = \cdots = \mu_r$，表明 μ_j（$j = 1, 2, \cdots, r$）之间的差异是显著的；也就是说，所检验的因素 B 对观测值有显著影响。

【例 9 – 5】根据例【例 9 – 4】中的数据，分析小麦品种和土壤因素对小麦产量是否有显著影响（$\alpha = 0.05$）。

解：首先对两个因素分别提出如下假设。

A 因素（品种）：

H_0：$\mu_1 = \mu_2 = \mu_3 = \mu_4$　　　　　　品种对小麦产量没有显著影响

H_1：$\mu_1, \mu_2, \mu_3, \mu_4$ 不全相等　　　　品种对小麦产量有显著影响

B 因素（土壤）：

H_0：$\mu_1 = \mu_2 = \mu_3 = \mu_4 = \mu_5$　　　土壤对小麦产量没有显著影响

H_1：$\mu_1, \mu_2, \mu_3, \mu_4, \mu_5$ 不全相等　土壤对小麦产量有显著影响

双因素方差分析的计算较复杂，可直接利用 Excel 给出计算结果，步骤与上面介绍的类似，只需要将第 2 步中的"单因素方差分析"改为"无重复双因素分析"即可。表 9 – 14、表 9 – 15 所示为 Excel 输出的方差分析结果。

表 9 – 14　Excel 输出的方差结果

SUMMARY	观测数	求和	平均	方差
A_1	5	1 721	344.2	2 33.7
A_2	5	1 739	347.8	2 95.7
A_3	5	1 685	337	442.5
A_4	5	1 424	284.8	249.2
B_1	4	1 356	339	1 224.666 667
B_2	4	1 321	330.25	1464.25
B_3	4	1 357	339.25	822.916 666 7
B_4	4	1 273	318.25	1 538.916 667
B_5	4	1 262	315.5	241.666 666 7

表 9 – 15　无交互作用双因素方差分析表

方差分析						
差异源	SS	df	MS	F 值	P – value	F crit
A	13 004.55	3	4 334.85	18.107 773 1	9.456 15E	3.490 294
B	2 011.7	4	502.925	2.100 845 89	0.143 664 8	3.259 166
误差	2 872.7	12	239.391			
总计	1 788.95	19				

表9-14、表9-15中的"A"指品种因素,"B"指土壤因素。根据方差分析表的计算结果得出以下结论:

由于 $F_R = 18.107\,773 > F_\alpha = 3.490\,3$,因此拒绝原假设 H_0,表明 μ_1,μ_2,μ_3,μ_4 之间的差异是显著的,这说明小麦品种对小麦产量有显著影响。

由于 $F_C = 2.100\,846 < F_\alpha = 3.259\,2$,因此不拒绝原假设 H_0,表明 μ_1,μ_2,μ_3,μ_4,μ_5 之间的差异不显著,不能认为土壤变化对小麦产量有显著影响。

9.4 有交互作用的双因素方差分析

在前面的双因素方差分析中,并没有考虑两个因素之间的相互协同或抵消的交互作用问题。简单地说,交互作用就是不同的因素对试验指标的复合作用。在上面的分析中,假定两个因素对因变量的影响是独立的,但如果两个因素搭配在一起会对因变量产生一种新的效应,也就是说因素 A 与因素 B 的综合效应并不是二者效用的简单相加。这时就需要考虑交互作用对因变量的影响,这就是有交互作用的双因素方差分析。为了分辨出两个因素的交互作用,至少需要每组做两次以上的试验。

与无交互作用的方差分析方法类似,有交互作用的双因素方差分析也需要提出假设、构造检验的统计量、做出统计决策等步骤。提出假设时,需要对行变量、列变量和交互作用变量分别提出假设。

9.4.1 数据结构

在有交互作用的双因素方差分析中,假定两个因素为因素 A 和因素 B,设 A 因素有 k 个水平:A_1,A_2,…,A_k;B 因素有 r 个水平:B_1,B_2,…,B_r,则共有 kr 个水平组合。每一水平组合 A_iB_j 下重复 t 次试验,观察它们对试验数据 X_{ijt}($i = 1, 2, …, k$;$j = 1, 2, …, r$;$t = 1, 2, …, s$)的影响,可得有交互作用的双因素方差分析的数据结构,如表9-16所示。

表9-16 双因素(有交互作用)方差分析的数据结构

因素		B 因素			
		B_1	B_2	…	B_r
A 因素	A_1	X_{111},…,X_{11s}	X_{121},…,X_{12s}	…	X_{1r1},…,X_{1rs}
	A_2	X_{211},…,X_{21s}	X_{221},…,X_{22s}	…	X_{2r1},…,X_{2rs}
	…	…	…		…
	A_k	X_{k11},…,X_{k1s}	X_{k21},…,X_{k2s}		X_{kr1},…,X_{krs}

设 $x_{ijt} \sim N(\mu_{ijt}, \sigma^2)$,各 x_{ijt} 相互独立,μ_{ijt} 和 σ^2 均为未知参数,于是有

$$x_{ijt} = \mu_{ijt} + \varepsilon_{ijt} \tag{9.20}$$

$\varepsilon_{ijt} \sim N(0, \sigma^2)$,各 ε_{ijt} 相互独立,令

$$\mu = \frac{1}{kr}\sum_{i=1}^{k}\sum_{j=1}^{r}\mu_{ij}$$

$$\mu_{i.} = \frac{1}{r}\sum_{j=1}^{r}\mu_{ij}$$

$$\mu_{.j} = \frac{1}{k}\sum_{i=1}^{k}\mu_{ij}$$

$$\alpha_i = \mu_{i.} - \mu$$

$$\beta_j = \mu_{.j} - \mu$$

$$\gamma_{ij} = \mu_{ij} - \mu_{i.} - \mu_{.j} + \mu$$

$$\mu_{ij} = \mu + \alpha_i + \beta_j + \gamma_{ij}$$

则 α_i 为水平 A_i 的效应，β_j 为水平 B_i 的效应，γ_{ij} 为水平 A_i 和 B_i 的交互效应，μ 为总平均数。

所以，式 (9.20) 可以写成

$$x_{ijt} = \mu + \alpha_i + \beta_j + \gamma_{ij} + \varepsilon_{ijt} \tag{9.21}$$

同时，$\varepsilon_{ijt} \sim N(0, \sigma^2)$，各 ε_{ijt} 相互独立，即 $\sum_{i=1}^{k}\alpha_i = 0$，$\sum_{j=1}^{r}\beta_j = 0$，$\sum_{i=1}^{k}\gamma_{ij} = 0$，$\sum_{j=1}^{r}\gamma_{ij} = 0$。

该模型可提出如下三个假设：

(1) H_{01}：$\alpha_1 = \alpha_2 = \cdots = \alpha_k = 0$。

(2) H_{02}：$\beta_1 = \beta_2 = \cdots = \beta_r = 0$。

(3) H_{03}：$\gamma_{11} = \gamma_{12} = \cdots = \gamma_{rk} = 0$。

9.4.2 方差分析

与单因素方差分析的平方和分解类似，有

$$SST = \sum_{i=1}^{k}\sum_{j=1}^{r}\sum_{t=1}^{s}(x_{ijt} - \bar{\bar{x}})^2$$

$$SSR = rs\sum_{i=1}^{k}(\bar{x}_{i.} - \bar{\bar{x}})^2$$

$$SSC = ks\sum_{j=1}^{r}(\bar{x}_{.j} - \bar{\bar{x}})^2$$

$$SSRC = s\sum_{i=1}^{k}\sum_{j=1}^{r}(\bar{x}_{ij} - \bar{x}_{i.} - \bar{x}_{.j} + \bar{\bar{x}})^2$$

$$SSE = s\sum_{i=1}^{k}\sum_{j=1}^{r}\sum_{t=1}^{s}(x_{ijt} - \bar{x}_{ij})^2$$

$$SSE = SST - SSR - SSC - SSRC$$

式中，X_{ijt} 为对应于因素 A 的第 i 个水平和因素 B 的第 j 个水平的第 t 行的观测值；$\bar{x}_{i.}$ 为因素 A 的第 i 个水平的样本均值；$\bar{x}_{.j}$ 为因素 B 的第 j 个水平的样本均值；$\bar{x}_{ij}$ 为对应于因素 A 的第 i 个水平和因素 B 的第 j 个水平组合的样本均值；$\bar{\bar{x}}$ 为全部 n 个观测值的总均值。

有相互作用的双因素方差分析表如表 9-17 所示。

表 9-17 有交互作用的双因素方差分析表的一般形式

误差来源	平方和 SS	自由度 df	均方 MS	F 值
因素 A	SSR	$k-1$	MSR = SSR$/(k-1)$	F_R = MSR/MSE
因素 B	SSC	$r-1$	MSC = SSC$/(r-1)$	F_C = MSC/MSE
交互作用	SSRC	$(k-1)(r-1)$	MSRC = SSRC$/[(k-1)(r-1)]$	F_{RC} = MSRC/MSE
误差	SSE	$kr(s-1)$	MSE = SSE$/[kr(s-1)]$	
总和	SST	$n-1$		

【例 9-6】某公司想比较手机网络服务商和上传文件类型是否对上传速度有影响。该公司比较了两个大规模的手机网络服务商,并考虑了文本文档、图片和视频三种文件类型。为了能对不同文件类型的上传速度进行比较,并确定哪个手机网络服务商的速度更快,他在 6 种情况下,分别上传了三个相应文件,得到的试验数据(每秒上传 KB)如表 9-18 所示,试运用方差分析进行比较。

表 9-18 文件上传速度数据表

文件类型		文本 B_1	图片 B_2	视频 B_3
手机网络服务商	A_1	3.36	4.01	4.31
		3.42	3.94	4.27
		3.48	3.89	4.4
	A_2	3.91	3.48	3.94
		3.80	3.53	3.81
		3.85	3.42	3.99

解:
(1) 建立假设。
H_{01}: $\alpha_1 = \alpha_2 = \cdots = \alpha_r = 0$
H_{02}: $\beta_1 = \beta_2 = \cdots = \beta_s = 0$
H_{03}: $\gamma_{11} = \gamma_{12} = \cdots = \gamma_{rs} = 0$
(2) 计算相应的均值和平方和(见表 9-19)。

$$\bar{x} = \frac{1}{rst}\sum_{i=1}^{r}\sum_{j=1}^{s}\sum_{k=1}^{t}x_{ijk} = 3.8228$$

表 9-19 数据均值表

项目	$j=1$	$j=2$	$j=3$	$\bar{x}_{i..}$
$i=1$	$\bar{x}_{11.} = 3.42$	$\bar{x}_{12.} = 3.9467$	$\bar{x}_{13.} = 4.3267$	3.8978
$i=2$	$\bar{x}_{21.} = 3.8533$	$\bar{x}_{22.} = 3.4767$	$\bar{x}_{23.} = 3.9133$	3.7478
$\bar{x}_{.j.}$	3.6367	3.7117	4.1200	

$$SST = \sum_{i=1}^{r}\sum_{j=1}^{s}st\sum_{k=1}^{t}(x_{ijk}-\overline{x})^2 = 1.734, \quad SSR = st\sum_{i=1}^{r}(\overline{x}_{i..}-\overline{x})^2 = 0.101\,25$$

$$SSC = rt\sum_{j=1}^{s}(\overline{x}_{.j.}-\overline{x})^2 = 0.811\,8, \quad SSRC = t\sum_{i=1}^{r}\sum_{j=1}^{s}(\overline{x}_{ij.}-\overline{x}_{i..}-\overline{x}_{.j.}+\overline{x})^2 = 0.768$$

$$SSE = \sum_{i=1}^{r}\sum_{j=1}^{s}\sum_{k=1}^{t}(x_{ijk}-\overline{x}_{ij.})^2 = 0.052\,73$$

（3）列方差分析表（见表9-20）。

表9-20 方差分析表

方差来源	平方和 SS	自由度 df	均方 MS	F 值
因素 A	0.101 25	1	MSR = 0.101 25	F_R = MSR/MSE = 23.01
因素 B	0.811 8	2	MSC = 0.405 9	F_C = MSC/MSE = 92.25
因素 $A \times B$	0.768	2	MSRC = 0.389	
误差	0.052 73	12	MSE = 0.004 4	$F_{RC} = \dfrac{MSRC}{MSE} = 0.004\,4$
总和	1.734	17		

（4）做出统计决策。

$F_R = 23.01 > F_{0.05}(2, 12), F_C = 92.25 > F_{0.05}(2, 12) = 3.89; F_{RC} = 88.41 > F_{0.05}(2, 12) = 3.89$

这说明不仅手机网络服务商和上传文件的类型对文件的上传速度有显著影响，而且其交互作用也是显著的。由表9-18可知，在文件类型中，视频的上传速度的平均值最大，而在手机网络服务商中，第一个服务商上传速度的均值更大。即如上传图片和视频，应选择第一个手机网络服务商；如上传文本，则第二个手机网络服务商的速度更快。

9.5 用 Excel 进行有交互作用的双因素方差分析

某旅行社为了能够对各旅游路线进行更有针对性的推销，对端午国庆两个假期两个旅游路线的旅游组团情况（单位：人）进行了统计，通过试验共获得20个组团情况（单位：人）的数据，如表9-21所示。试分析假期、路线以及假期和路线的交互作用对组团情况的影响（$\alpha = 0.05$）

解：

表9-21 不同假期和不同路线的组团人数

因素		因素 B	
		路线1	路线2
因素 A	端午	26	19
		24	20

续表

因素		因素 B	
		路线 1	路线 2
因素 A	端午	27	23
		25	22
		25	21
		20	18
		17	17
	国庆	22	13
		21	16
		17	12

用 Excel 进行有交互作用的双因素方差分析的操作步骤：

第一步，打开 Excel，向单元格中输入文字与数字，建立表格；

第二步，单击"数据"选项中的"数据分析"选项。

第三步，在分析工具中选择"方差分析：可重复双因素分析"选项，然后单击"确定"按钮。

第四步，当对话框出现时：

单击"输入区域"框右边的按钮，用鼠标左键选中数据，再次单击；

在"α"方框内输入设定的显著性水平，本例选择"0.05"；

在"每一样本的行数"方框内输入"5"（根据数据实际情况）；

在"输出选项"中选择输出区域（这里选新工作表组）。

单击"确定"按钮后，得到输出结果，简化如表 9 – 22 所示。

表 9 – 22　输出结果

差异源	SS	df	MS	F	P – value	F crit
样本	174.050 0	1	174.050 0	44.063 3	0	4.494 0
列	92.450 0	1	92.450 0	23.405 1	0.000 2	4.494 0
交互	0.050 0	1	0.050 0	0.012 7	0.911 8	4.494 0
内部	63.200 0	16	3.950 0			
总计	329.75	19				

由表 9 – 22 输出的结果可知，用于检验"假期"（因素 A，输出表中为"样本"）的 P – value $= 0 < \alpha = 0.05$，拒绝原假设，表明不同假期的组团人数之间有显著差异，即假期对组团人数有显著影响；用于检验"路线"（因素 B）的 P – value $= 0.000\ 2 < \alpha = 0.05$。同样，拒绝原假设，表明不同路线的组团人数有显著差异，即路线对组团人数也有显著影响。交互作用反映的是假期因素和路线因素联合产生的对组团人数的复合效应，用于检验的

P – value $= 0.911\,8 > \alpha = 0.05$,因此不拒绝原假设,没有证据表明假期和路线的交互作用对组团人数有显著影响。

关键词:

方差分析　　总离差平方和　　均方差　　交互作用

习 题

一、选择题

1. 方差分析的主要目的是判断(　　)。
   A. 各总体方差是否存在
   B. 各样本数据之间是否有显著差异
   C. 分类型因变量对数值型自变量的影响是否显著
   D. 分类型自变量对数值型因变量的影响是否显著

2. 在方差分析中,不同水平下样本数据之间的误差称为(　　)。
   A. 组内平方　　　　B. 组间平方　　　　C. 组内误差　　　　D. 组间误差

3. 组内误差是衡量某一水平下样本数据之间的误差,它(　　)。
   A. 只包括随机误差
   B. 只包括系统误差
   C. 既包括随机误差,也包括系统误差
   D. 有时包括随机误差,有时包括系统误差

4. 在下面的假定中,哪一个不属于方差分析的假定?(　　)
   A. 每个总体都服从正态分布　　　　B. 观测值是独立的
   C. 各总体的方差等于0　　　　　　 D. 各总体的方差相等

5. 单因素方差分析只涉及(　　)。
   A. 一个分类型自变量　　　　　　　B. 两个分类型自变量
   C. 一个数值型自变量　　　　　　　D. 两个数值型因变量

6. 在方差分析中,数据的误差是用平方和来表示的。其中,反映各个样本均值之间误差大小的平方和称为(　　)。
   A. 总平方和　　　B. 组间平方和　　　C. 组内平方和　　　D. 误差项平方和

7. 组间平方和除以相应的自由度的结果称为(　　)。
   A. 组内平方和　　B. 组内方差　　　　C. 组间方差　　　　D. 总方差

8. 在方差分析中,用于检验的统计量是(　　)。
   A. 组间平方和与组内平方和之比
   B. 组间平方和与总平方和之比
   C. 组间方差与组内方差之比
   D. 组间方差与总方差之比

9. 在方差分析中,进行多重比较的前提是(　　)。

A. 拒绝原假设 B. 不拒绝原假设
C. 可以拒绝原假设也可以不拒绝原假设 D. 各样本均值相等

10. 有交互作用的双因素方差分析是指用于检验的两个因素（　　）。

A. 对因变量的影响是独立的 B. 对因变量的影响是有交互作用的
C. 对自变量的影响是有交互作用的 D. 对自变量的影响是独立的

二、简答题

1. 什么是方差分析？
2. 简述方差分析的基本思想。
3. 方差分析中的基本假定有哪些？
4. 简述单因素方差分析的基本步骤。
5. 什么是交互作用？

三、案例分析题

1. 某教师为了检验三种教学方法 A、B、C 的效果，从班上随机抽取了 15 名同学，并平分为 3 组，每组 5 名同学进行试验。最后对这 15 名同学进行统一测试，成绩如下：

教法	成绩				
A	50	50	43	40	39
B	32	28	30	34	26
C	45	42	38	48	40

试分析三种教法是否存在显著差异（$\alpha=0.05$）。如有差异，用 LSD 方法检验哪些教法之间有差异。

2. 为研究食品的包装方法和销售地区对其销售量是否有影响，在三个不同地区用三种不同包装方法进行销售，获得的销售量数据如下：

销售地区（A）	包装方法（B）		
	B_1	B_2	B_3
A_1	75	78	80
A_2	81	76	79
A_3	73	75	77

请检验不同的地区和不同的包装方法对该食品的销售量是否有显著影响（$\alpha=0.05$）。

3. 某晶体管的使用寿命与其制造材料使用地点的温度有关，现取四种不同类型的材料，三种不同的温度的每种组合各做三次试验，具体数据如下：

材料 (A)	温度 (B)		
	B_1	B_2	B_3
A_1	50, 68, 62	70, 80, 95	80, 94, 99
A_2	90, 81, 88	99, 86, 89	95, 103, 100
A_3	59, 65, 78	77, 99, 86	86, 79, 89
A_4	55, 76, 83	69, 82, 71	80, 75, 94

请对材料、温度及它们的交互作用做显著性检验。

附表 1

标准正态分布表

$$\Phi(x) = \int_{-\infty}^{x} \frac{1}{\sqrt{2\pi}} e^{-\frac{u^2}{2}} du = P\{\xi \leq x\}$$

x	0	0.01	0.02	0.03	0.04	0.05	0.06	0.07	0.08	0.09
0	0.500 0	0.504 0	0.508 0	0.512 0	0.516 0	0.519 9	0.523 9	0.527 9	0.531 9	0.535 9
0.1	0.539 8	0.543 8	0.547 8	0.551	0.555 7	0.559 6	0.563 6	0.567 5	0.571 4	0.575 3
0.2	0.579 3	0.583 2	0.587 1	0.591 0	0.594 8	0.598 7	0.602 6	0.606 4	0.610 3	0.614 1
0.3	0.617 9	0.621 7	0.625 5	0.629 3	0.633 1	0.636 8	0.640 6	0.644 3	0.648 0	0.651 7
0.4	0.655 4	0.659 1	0.662 8	0.666 4	0.670 0	0.673 6	0.677 2	0.680 8	0.684 4	0.687 9
0.5	0.691 5	0.695 0	0.698 5	0.701 9	0.705 4	0.708 8	0.712 3	0.715 7	0.719 0	0.722 4
0.6	0.725 7	0.729 1	0.732 4	0.735 7	0.738 9	0.742 2	0.745 4	0.748 6	0.751 7	0.754 9
0.7	0.758 0	0.761 1	0.764 2	0.767 3	0.770 3	0.773 4	0.776 4	0.779 4	0.782 3	0.758 2
0.8	0.788 1	0.791 0	0.793 9	0.796 7	0.799 5	0.802 3	0.805 1	0.807 8	0.810 6	0.813 3
0.9	0.815 9	0.818 6	0.821 2	0.823 8	0.826 4	0.828 9	0.831 5	0.834 0	0.836 5	0.838 9
1.0	0.841 3	0.843 8	0.846 1	0.848 5	0.850 8	0.853 1	0.855 4	0.857 7	0.859 9	0.862 1
1.1	0.864 3	0.866 5	0.868 6	0.870 8	0.872 9	0.874 9	0.877 0	0.879 0	0.881 0	0.883 0
1.2	0.884 9	0.886 9	0.888 8	0.890 7	0.892 5	0.894 4	0.896 2	0.898 0	0.899 7	0.901 5
1.3	0.903 2	0.904 9	0.906 6	0.908 2	0.909 9	0.911 5	0.913 1	0.914 7	0.916 2	0.917 7
1.4	0.919 2	0.920 7	0.922 2	0.923 6	0.925 1	0.926 5	0.927 8	0.929 2	0.930 6	0.931 9
1.5	0.933 2	0.934 5	0.935 7	0.937 0	0.938 2	0.939 4	0.940 6	0.941 8	0.943 0	0.944 1
1.6	0.945 2	0.946 3	0.947 4	0.948 4	0.949 5	0.950 5	0.951 5	0.952 5	0.953 5	0.954 0

附表1 标准正态分布表

续表

1.7	0.955 4	0.956 4	0.957 3	0.958 2	0.959 1	0.959 9	0.960 8	0.961 6	0.962 5	0.963 3
1.8	0.964 1	0.964 8	0.965 6	0.966 4	0.967 1	0.967 8	0.968 6	0.969 3	0.970 0	0.970 6
1.9	0.971 3	0.971 9	0.972 6	0.973 2	0.973 8	0.974 4	0.975 0	0.975 6	0.976 2	0.976 7
2.0	0.977 2	0.977 8	0.978 3	0.978 8	0.979 3	0.979 8	0.980 3	0.980 8	0.981 2	0.981 7
2.1	0.982 1	0.982 6	0.983 0	0.983 4	0.983 8	0.984 2	0.984 6	0.985 0	0.985 4	0.985 7
2.2	0.986 1	0.986 4	0.986 8	0.987 1	0.987 4	0.987 8	0.988 1	0.988 4	0.988 7	0.989 0
2.3	0.989 3	0.989 6	0.989 8	0.990 1	0.990 4	0.990 6	0.990 9	0.991 1	0.991 3	0.991 6
2.4	0.991 8	0.992 0	0.992 2	0.992 5	0.992 7	0.992 9	0.993 1	0.993 2	0.993 4	0.993 6
2.5	0.993 8	0.994 0	0.994 1	0.994 3	0.994 5	0.994 6	0.994 8	0.994 9	0.995 1	0.995 2
2.6	0.995 3	0.995 5	0.995 6	0.995 7	0.995 9	0.996 0	0.996 1	0.996 2	0.996 3	0.996 4
2.7	0.996 5	0.996 6	0.996 7	0.996 8	0.996 9	0.997 0	0.997 1	0.997 2	0.997 3	0.997 4
2.8	0.997 4	0.997 5	0.997 6	0.997 7	0.997 7	0.997 8	0.997 9	0.997 9	0.998 0	0.998 1
2.9	0.998 1	0.998 2	0.998 2	0.998 3	0.998 4	0.998 4	0.998 5	0.998 5	0.998 6	0.998 6
3.0	0.998 7	0.999 0	0.999 3	0.999 5	0.999 7	0.999 8	0.999 8	0.999 9	0.999 9	1.000 0

注：表中末行系函数值 $\Phi(3.0)$，$\Phi(3.1)$，$\cdots$，$\Phi(3.9)$。

附表 2

t 分布表

$$P\{t(n) > t_\alpha(n)\} = \alpha$$

单尾	0.1	0.05	0.025	0.01	0.005	0.001	0.000 5
双尾	0.2	0.1	0.05	0.02	0.01	0.002	0.001
df							
1	3.078	6.314	12.706	31.821	63.657	318.309	636.619
2	1.886	2.920	4.303	6.965	9.925	22.327	31.599
3	1.638	2.353	3.182	4.541	5.841	10.215	12.924
4	1.533	2.132	2.776	3.747	4.604	7.173	8.610
5	1.476	2.015	2.571	3.365	4.032	5.893	6.869
6	1.440	1.943	2.447	3.143	3.707	5.208	5.959
7	1.415	1.895	2.365	2.998	3.499	4.785	5.408
8	1.397	1.860	2.306	2.896	3.355	4.501	5.041
9	1.383	1.833	2.262	2.821	3.250	4.297	4.781
10	1.372	1.812	2.228	2.764	3.169	4.144	4.587
11	1.363	1.796	2.201	2.718	3.106	4.025	4.437
12	1.356	1.782	2.179	2.681	3.055	3.930	4.318
13	1.350	1.771	2.160	2.650	3.012	3.852	4.221
14	1.345	1.761	2.145	2.624	2.977	3.787	4.140
15	1.341	1.753	2.131	2.602	2.947	3.733	4.073
16	1.337	1.746	2.120	2.583	2.921	3.686	4.015

续表

17	1.333	1.740	2.110	2.567	2.898	3.646	3.965
18	1.330	1.734	2.101	2.552	2.878	3.610	3.922
19	1.328	1.729	2.093	2.539	2.861	3.579	3.883
20	1.325	1.725	2.086	2.528	2.845	3.552	3.850
21	1.323	1.721	2.080	2.518	2.831	3.527	3.819
22	1.321	1.717	2.074	2.508	2.819	3.505	3.792
23	1.319	1.714	2.069	2.500	2.807	3.485	3.768
24	1.318	1.711	2.064	2.492	2.797	3.467	3.745
25	1.316	1.708	2.060	2.485	2.787	3.450	3.725
26	1.315	1.706	2.056	2.479	2.779	3.435	3.707
27	1.314	1.703	2.052	2.473	2.771	3.421	3.690
28	1.313	1.701	2.048	2.467	2.763	3.408	3.674
29	1.311	1.699	2.045	2.462	2.756	3.396	3.659
30	1.310	1.697	2.042	2.457	2.750	3.385	3.646
31	1.309	1.696	2.040	2.453	2.744	3.375	3.633
32	1.309	1.694	2.037	2.449	2.738	3.365	3.622
33	1.308	1.692	2.035	2.445	2.733	3.356	3.611
34	1.307	1.691	2.032	2.441	2.728	3.348	3.601
35	1.306	1.690	2.030	2.438	2.724	3.340	3.591
36	1.306	1.688	2.028	2.434	2.719	3.333	3.582
37	1.305	1.687	2.026	2.431	2.715	3.326	3.574
38	1.304	1.686	2.024	2.429	2.712	3.319	3.566
39	1.304	1.685	2.023	2.426	2.708	3.313	3.558
40	1.303	1.684	2.021	2.423	2.704	3.307	3.551
41	1.303	1.683	2.020	2.421	2.701	3.301	3.544
42	1.302	1.682	2.018	2.418	2.698	3.296	3.538
43	1.302	1.681	2.017	2.416	2.695	3.291	3.532
44	1.301	1.680	2.015	2.414	2.692	3.286	3.526
45	1.301	1.679	2.014	2.412	2.690	3.281	3.520
46	1.300	1.679	2.013	2.410	2.687	3.277	3.515
47	1.300	1.678	2.012	2.408	2.685	3.273	3.510
48	1.299	1.677	2.011	2.407	2.682	3.269	3.505
49	1.299	1.677	2.010	2.405	2.680	3.265	3.500

续表

50	1.299	1.676	2.009	2.403	2.678	3.261	3.496
51	1.298	1.675	2.008	2.402	2.676	3.258	3.492
52	1.298	1.675	2.007	2.400	2.674	3.255	3.488
53	1.298	1.674	2.006	2.399	2.672	3.251	3.484
54	1.297	1.674	2.005	2.397	2.670	3.248	3.480
55	1.297	1.673	2.004	2.396	2.668	3.245	3.476
56	1.297	1.673	2.003	2.395	2.667	3.242	3.473
57	1.297	1.672	2.002	2.394	2.665	3.239	3.470
58	1.296	1.672	2.002	2.392	2.663	3.237	3.466
59	1.296	1.671	2.001	2.391	2.662	3.234	3.463
60	1.296	1.671	2.000	2.390	2.660	3.232	3.460
61	1.296	1.670	2.000	2.389	2.659	3.229	3.457
62	1.295	1.670	1.999	2.388	2.657	3.227	3.454
63	1.295	1.669	1.998	2.387	2.656	3.225	3.452
64	1.295	1.669	1.998	2.386	2.655	3.223	3.449
65	1.295	1.669	1.997	2.385	2.654	3.220	3.447
66	1.295	1.668	1.997	2.384	2.652	3.218	3.444
67	1.294	1.668	1.996	2.383	2.651	3.216	3.442
68	1.294	1.668	1.995	2.382	2.650	3.214	3.439
69	1.294	1.667	1.995	2.382	2.649	3.213	3.437
70	1.294	1.667	1.994	2.381	2.648	3.211	3.435
71	1.294	1.667	1.994	2.380	2.647	3.209	3.433
72	1.293	1.666	1.993	2.379	2.646	3.207	3.431
73	1.293	1.666	1.993	2.379	2.645	3.206	3.429
74	1.293	1.666	1.993	2.378	2.644	3.204	3.427
75	1.293	1.665	1.992	2.377	2.643	3.202	3.425
76	1.293	1.665	1.992	2.376	2.642	3.201	3.423
77	1.293	1.665	1.991	2.376	2.641	3.199	3.421
78	1.292	1.665	1.991	2.375	2.640	3.198	3.420
79	1.292	1.664	1.990	2.374	2.640	3.197	3.418
80	1.292	1.664	1.990	2.374	2.639	3.195	3.416
81	1.292	1.664	1.990	2.373	2.638	3.194	3.415
82	1.292	1.664	1.989	2.373	2.637	3.193	3.413

续表

83	1.292	1.663	1.989	2.372	2.636	3.191	3.412
84	1.292	1.663	1.989	2.372	2.636	3.190	3.410
85	1.292	1.663	1.988	2.371	2.635	3.189	3.409
86	1.291	1.663	1.988	2.370	2.634	3.188	3.407
87	1.291	1.663	1.988	2.370	2.634	3.187	3.406
88	1.291	1.662	1.987	2.369	2.633	3.185	3.405
89	1.291	1.662	1.987	2.369	2.632	3.184	3.403
90	1.291	1.662	1.987	2.368	2.632	3.183	3.402
91	1.291	1.662	1.986	2.368	2.631	3.182	3.401
92	1.291	1.662	1.986	2.368	2.630	3.181	3.399
93	1.291	1.661	1.986	2.367	2.630	3.180	3.398
94	1.291	1.661	1.986	2.367	2.629	3.179	3.397
95	1.291	1.661	1.985	2.366	2.629	3.178	3.396
96	1.290	1.661	1.985	2.366	2.628	3.177	3.395
97	1.290	1.661	1.985	2.365	2.627	3.176	3.394
98	1.290	1.661	1.984	2.365	2.627	3.175	3.393
99	1.290	1.660	1.984	2.365	2.626	3.175	3.392
100	1.290	1.660	1.984	2.364	2.626	3.174	3.390
120	1.289	1.658	1.980	2.358	2.617	3.160	3.373
∞	1.282	1.645	1.960	2.326	2.576	3.090	3.291

附表 3

χ^2 分布表

$$P\{x^2(n) > x_\alpha^2(n)\} = \alpha$$

α	0.995	0.99	0.975	0.95	0.90	0.10	0.05	0.025	0.01	0.005
1	0	0	0.001	0.004	0.016	2.706	3.843	5.025	6.637	7.882
2	0.010	0.020	0.051	0.103	0.211	0.605	5.992	7.378	9.210	10.597
3	0.072	0.115	0.216	0.352	0.584	6.251	7.815	9.348	11.344	12.837
4	0.207	0.297	0.484	0.711	1.064	7.779	9.488	11.143	13.277	14.860
5	0.412	0.554	0.831	1.145	1.610	9.236	11.070	12.832	15.085	16.748
6	0.676	0.872	1.237	1.635	2.204	10.645	12.592	14.440	16.812	18.548
7	0.989	1.239	1.690	2.167	2.833	12.017	14.067	16.012	18.474	20.276
8	1.344	1.646	2.180	2.733	3.490	13.362	15.507	17.534	20.090	21.954
9	1.735	2.088	2.700	3.325	4.168	14.684	16.919	19.022	21.665	23.587
10	2.156	2.558	3.247	3.940	4.865	15.987	18.307	20.483	23.209	25.188
11	2.603	3.053	3.816	4.575	5.578	17.275	19.675	21.920	24.724	26.755
12	3.074	3.571	4.404	5.226	6.304	18.549	21.026	23.337	26.217	28.300
13	3.565	4.107	5.009	5.892	7.041	19.812	22.362	24.735	27.687	29.817
14	4.075	4.660	5.629	6.571	7.790	21.064	23.685	26.119	29.141	31.319
15	4.600	5.229	6.262	7.261	8.547	22.307	24.996	27.488	30.577	32.799
16	5.142	5.812	6.908	7.962	9.312	23.542	26.296	28.845	32.000	34.267
17	5.697	6.407	7.564	8.682	10.085	24.769	27.587	30.190	33.408	35.716
18	6.265	7.015	8.231	9.390	10.865	25.989	28.869	31.526	34.805	37.156

附表3 χ² 分布表

续表

19	6.843	7.632	8.906	10.117	11.651	27.203	30.143	32.852	36.190	38.580
20	7.434	8.260	9.519	10.851	12.443	28.412	31.410	34.170	37.566	39.997
21	8.033	8.897	10.283	11.591	13.240	29.615	32.670	35.478	38.930	41.399
22	8.643	9.542	10.982	12.338	14.042	30.813	33.924	36.781	40.289	42.796
23	9.260	10.195	11.688	13.090	14.848	32.007	35.172	38.075	41.637	44.179
24	9.886	10.856	12.401	13.848	15.659	33.196	36.415	39.364	42.980	45.558
25	10.519	11.523	13.120	14.611	16.473	34.381	37.652	40.646	44.313	46.925
26	11.160	12.198	13.844	15.379	17.292	35.563	38.885	41.923	45.642	48.290
27	11.807	12.878	14.573	16.151	18.114	36.741	40.113	43.194	46.962	49.642
28	12.641	13.565	15.308	16.928	18.939	37.916	41.337	44.461	48.278	50.993
29	13.120	14.256	16.147	17.708	19.768	39.087	42.557	45.722	49.586	52.333
30	13.787	14.954	16.791	18.493	20.599	40.256	43.773	46.979	50.892	53.672
31	14.457	15.655	17.538	19.280	21.433	41.422	44.985	48.231	52.190	55.000
32	15.134	16.362	18.291	20.072	22.271	42.585	46.194	49.480	53.486	56.328
33	15.814	17.073	19.046	20.866	23.110	43.745	47.400	50.724	54.774	57.646
34	16.501	17.789	19.806	21.664	23.952	44.903	48.602	51.966	56.061	58.964
35	17.191	18.508	20.569	22.465	24.796	46.059	49.802	53.203	57.340	60.272
36	17.887	19.233	21.336	23.269	25.643	47.212	50.998	54.437	58.619	61.581
37	18.584	19.960	22.105	24.075	26.492	48.363	52.192	55.667	59.891	62.880
38	19.289	20.691	22.878	24.884	27.343	49.513	53.384	56.896	61.162	64.181
39	19.994	21.425	23.654	25.695	28.196	50.660	54.572	58.119	62.426	65.473
40	20.706	22.164	24.433	26.509	29.050	51.805	55.758	59.342	63.691	66.766

参 考 文 献

[1] 栗方忠. 统计学原理（第六版）[M]. 大连：东北财经大学出版社，2017.
[2] 贾俊平，何晓群，金勇进. 统计学（第七版）[M]. 北京：中国人民大学出版社，2018.
[3] 廖颖杰. 统计学[M]. 北京：人民邮电出版社，2014.
[4] 贾俊平. 统计学（第六版）[M]. 北京：中国人民大学出版社，2016.
[5] Gudmund R. Iversen，Mary Gergrn. 统计学—基本概念和方法[M]. 吴喜之，等，译. 北京：高等教育出版社，2000.
[6] 李庆东，战颂. 统计学概论（第二版）[M]. 大连：东北财经大学出版社，2016.